转型破局

中国十大行业数字化转型践行录

CIO 百人会　编著

電子工業出版社
Publishing House of Electronics Industry
北京 • BEIJING

图书在版编目（CIP）数据

转型破局：中国十大行业数字化转型践行录/CIO 百人会编著. —北京：电子工业出版社，2023.1
ISBN 978-7-121-44505-7

Ⅰ. ①转… Ⅱ. ①C… Ⅲ. ①产业经济－转型经济－数字化－研究－中国 Ⅳ. ①F269.2

中国版本图书馆 CIP 数据核字（2022）第 212616 号

责任编辑：缪晓红　　特约编辑：刘广钦
印　　刷：北京建宏印刷有限公司
装　　订：北京建宏印刷有限公司
出版发行：电子工业出版社
　　　　　北京市海淀区万寿路 173 信箱　　邮编：100036
开　　本：720×1 000　1/16　印张：18　　字数：310 千字
版　　次：2023 年 1 月第 1 版
印　　次：2025 年 3 月第 4 次印刷
定　　价：100.00 元

凡所购买电子工业出版社图书有缺损问题，请向购买书店调换。若书店售缺，请与本社发行部联系，联系及邮购电话：（010）88254888，88258888。

质量投诉请发邮件至 zlts@phei.com.cn，盗版侵权举报请发邮件至 dbqq@phei.com.cn。

本书咨询联系方式：（010）88254760，mxh@phei.com.cn。

编委会成员

罗艳兵　房地产CIO联盟秘书长、上海锐通管理咨询有限公司总经理

彭　强　软通动力执行副总裁兼首席数字官、创新研究院院长

盛　铎　郑州市大数据局副局长

陶传羽　奇瑞汽车股份有限公司数字化和信息中心总监

陶景文　华为技术有限公司董事、首席信息官

王甲佳　场景学社创办人

王　琅　奇瑞汽车股份有限公司副总经理

王小飞　深圳地铁建设集团有限公司系统设备中心专业副总工

王晓良　软通动力高级副总裁兼创新研究院副院长

吴小平　华中师范大学信息化办公室副主任

肖利华　浙江智行合一科技创始人兼CEO、原阿里巴巴集团副总裁、阿里云研究院院长

许维胜　同济大学信息化办公室主任

闫计栋　国家能源集团信息化部数字化处处长

鄢学鹍　阿里巴巴集团企业智能事业部负责人

姚世峰　广州地铁集团有限公司信息管理部总经理

袁　伟　中国铁路设计集团有限公司华南公司电信电力所所长

张爱军　扬子江药业集团CIO

张成刚　国家电投集团科学技术研究院有限公司数字化应用技术研究中心主任

张　决　蒙牛乳业（集团）股份有限公司助理副总裁、CIO

张　艳　中国工商银行软件开发中心党委副书记

张亚南　阳光保险集团总裁助理、科技中心负责人

朱晶熙　中通快递集团副总裁、CTO

（按姓氏拼音排序）

经济社会数字化转型是发展数字经济的主战场，这个主战场就是为了相应对象、场景或系统逐步走向现代化及更高水平的现代化。在这个主战场上活跃着一个群体——CIO。CIO 原指首席信息官，后来又演绎为首席智能官、首席创新官。如果将信息和数字这两个概念与数字化转型中的角色画上等号，这个群体就是推动产业数字化发展大军中的中坚力量。

这个群体在几十年信息化的实践中积累经验，在成功的喜悦、失败的痛苦及不被人理解的无奈中成长、发展、壮大。数字化转型是新概念，延续和渐进是社会进化的主要形态，CIO 这个群体正是在长期磨炼中，持续提升了实践的能力及对数字化转型规律和本质的理解。

数字化转型处于发展的早期，国民经济和社会发展各个领域的转型缺乏符合具体场景需要的典型经验或理论的指导。CIO 的积累和思考为填补这个空白提供了基础。

《转型破局——中国十大行业数字化转型践行录》一书正朝着这个目标努力。我真诚希望有志的 CIO，不仅为数字化转型这个波澜壮阔的伟大实践贡献青春年华，更要贡献智慧结晶，将实践总结为理论，成为历史发展洪流中能够沉淀下来的精华。

工业和信息化部原副部长

序二

不确定时代的数字化转型

国际形势风云变幻，信息技术日新月异，众多因素叠加在一起，正在驱动一场深层次的产业变革。数字化无疑是这个时代的主旋律，从新基建底座到产业经济结构，数字化的变革将掀起一股新的浪潮。

在这场产业变革中，风险与挑战并存，企业不得不在“战略机遇”与“沉没成本”中寻找合适的机会。作为企业数字化的领军者，CIO更加迫切需要深度交流，以明大势、洞真相，从而规避数字化转型道路上的各种陷阱。企业数字化没有固定的模式，不同行业、不同企业、同一企业不同阶段的价值点都不一样，我们需要在不确定的未来中去探索。面对未来的不确定性，企业只有采取适当的策略和方法，才能真正创造有效的价值，避免成为“先烈”。

关于转型的策略与方法，可以从一些先行者的经验与教训中总结出一些规律性的内容。首先，数字化转型应该从企业的痛点和问题入手，切忌财大气粗、贪大求全。往往投入越大，风险越高，因为大的投入之后往往是大的价值实现不了、小的价值不屑一顾，最终只能以失败告终。其次，数字化转型需要小步快跑，快速迭代。只有把大项目做小、把长周期项目变成短周期项目，企业才能快速应对需求和变化。面对不确定的未来，需求很难事先详细定义，而只能在不断推进和使用的过程中逐步迭代出来。再次，数字化转型需要建立数字化运营能力。与传统信息化做项目、上系统的模式不一样，新的数字化更加强调持续运营。数字化是一个持续投入的过程，企业需要一个数字化持续交付与运营的能力体系。数字化转型需要从过去不断建系统的模式变成不断打磨数字化产品的模式。最后，数字化转型需要不断积累数据。

数字化是一个持续不断的过程，在整个迭代前进的过程中，不断积累数据是深入推进数字化的基础。这些数据包括用户数据（特别是客户数据）、生产工艺数据、设备运行数据及运营状态数据等。大数据分析和数据智能都建立在大量有效数据的采集和处理之上。从某种意义上讲，数据积累就是智能积累。随着大数据和人工智能技术的深入应用，各行业、各领域都将逐步进入“数据+计算”的智能时代。

技术永远在进步，转型永远在路上，唯有更好地洞察趋势，方能更好地把握未来。

CIO 时代创始人兼研究院院长

序三

迎难破局，为数字化转型贡献力量

当前，新冠肺炎疫情反复、地缘危机、通胀压力等多重因素搅动，全球经济仍然被不确定性包围，宏观稳定成为稀缺资源。中国经济爬坡过坎，顶住下行压力，充分展现了强劲韧性和巨大潜力，推动高质量发展开始渗透到社会、经济、民生的各个领域。在新形势下，传统产业与新经济的边界在逐渐消融，以 5G、人工智能、云计算、物联网等为代表的新型基础设施正在加速重构社会经济结构，数字经济成为重组要素资源、重塑经济结构、提升市场竞争力的关键力量。

这一切，都为企业数字化转型提供了足够的施展空间，也孕育着更多新的商业机遇。其实不少企业正是在此复杂外部环境和内生需求下通过数字化变革破茧成蝶的。企业家群体也从未像今天这样，如此重视数字化，无论他们身处传统产业或已属于数字经济的一部分。更何况，新冠肺炎疫情以极端方式加速了数字经济的繁荣，很多线下生意都在尽一切可能进军“云端”。

不过，着眼点不应只停留在抗压性和回旋余地上，而应立足全局、谋划长远。数字化转型已然成为企业突出重围的必选项，但不要幻想一蹴而就，更别想仅靠一味地砸钱就能达成使命。

麦肯锡咨询公司的调研显示，全球 800 多家传统企业有 70%已启动数字化，但其中 71%停滞于试点，85%停期超一年。原因有三：一是转型前期成本巨大，短期效益不明；二是多数企业对数字化缺乏清晰认知，战略缺位；三是缺乏既懂数字技术又通晓业务运营的复合型人才。

数字化转型是一场涉及企业整体的系统性改革工程。首先，数字化转型要求企业家必须站在战略高度，摒弃惯性思维，建立明确的数字化转型目标，指明前进方向，探索出符合自身特色的数字化转型破局之路。其次，在战略驱动下，企业要通过创新和改革的一系列举措，实现思维方式、业务流程、组织架构、人才体系、商业模式的全方位重塑，构建以数据为关键驱动要素的价值创造体系，建立响应变化的敏捷能力。再次，全力为员工赋能，提升其数字化认知与能力，同时激发员工队伍创新活力，使企业上下能够力出一孔，加速全面实现数字化转型。最后，应高举数字向善的大旗，勇于承担社会责任，为社会未来发展贡献力量。除企业自身转型升级外，产业链主力军应积极发挥行业领导作用，带动整个产业链的转型升级。

软通动力这支中国领先、拥有软件与信息技术服务行业深厚积累和全面技术实力的队伍，是推动数字经济发展、帮助企业实现数字化转型的生力军，为多个行业客户提供端到端的以咨询和解决方案、数字技术为主的数字化创新业务服务、通用技术服务和数字化运营服务，致力于成为具有全球影响力的数字技术服务领导企业。软通动力在以客户为中心的服务理念下，以守正之心，迎难破局，深耕数字经济，为千行百业数字化转型升级贡献力量。

前路漫漫，当我们犹豫彷徨时，应该不忘初心，砥砺前行，内心始终充盈着强大的自信——唯有坚韧不拔，勇于创新变革，才能迎来更加光明灿烂的新天地。

坚持做，未来一定会道路广阔。

软通动力董事长兼首席执行官

前言

对于未来，我们从未停止过思考。

自新型基础设施建设（以下简称新基建）被正式写入《2020年政府工作报告》后，围绕新基建，越来越多的创新在5G、物联网、工业互联网、人工智能、云计算、数据中心、数据智能、智能交通基础设施和智慧能源基础设施等多个领域开花。与传统基建相比，新基建更能体现数字经济特征，能更好地推动各行业实现数字化转型升级。

有一群人始终站在数字化的前沿，在这样一个快速变化且不确定的VUCA（Volatility易变性、Uncertainty不确定性、Complexity复杂性、Ambiguity模糊性，意指变幻莫测）时代，他们既要抱团勇前行，又要孤军奋战敢破立。挑战，不仅来自内部组织，也来自外部环境。数字经济时代，对企业来说，无论是降本增效，还是寻找新的价值赋能，都面临着前所未有的挑战和困难。在数字化转型过程中，能制定前瞻性、系统数字化战略蓝图的企业凤毛麟角。CIO作为企业变革者，在感叹战役无声之时，又以革故鼎新的迅雷行动“数”说未来。

本书由“CIO百人会”发起，汇聚众多行业专家、业界精英、优秀CIO，对中国数字化转型的理念转变、转型能力、转型成本、转型阵痛期及转型成果等相关问题进行研究，呕心写作13章，涵盖理论、战略分析、行业策略及行业实践案例，并以CIO时代多年沉淀的CIO知识体系为依托，深度剖析中国十大主流行业数字化转型特征，深入了解“CIO百人会”中优秀组织的实践成果，提炼数字化转型经验和方法，期待本书能够发挥经典案例的示范和引领作用，为行业转型发展把脉，加快推进“数字中国”建设。

其实，我们可以这样理解新基建：“新”是新技术、新理念、新领域；“基”

是基础设施数字化；“建”是建立多元参与的数字生态体系，建设以成效为先的业务和数字的融合能力。人是数字化服务的根本对象，“以人为本”是服务的宗旨，CIO的新基建发力点是洞悉全局的视野和打造持续的创新能力。我们期待用自己的微薄之力，帮助CIO更好地理解新基建为企业带来的影响力。

特别说明的是，本书中呈现的案例均是政企数字化转型中的领导者、CIO和行业精英，通过各自的实践情况，对数字化转型过程中发生的种种现象或出现的问题，进行的精辟总结和经验萃取，希望通过分享经验、展示实践，助力组织完成数字化转型蜕变。衷心鸣谢所有提供精彩案例的组织，感谢所有的数字化领军者，感谢大家想时代之所想，感CIO之责，为中国政企的数字化转型贡献力量。

“德不孤，必有邻”。本书还得到了众多行业CIO、高校教授、行业专家的鼎力支持，他们以顾问身份加持，在本书的策划、组织和审读稿件等方面给予了非常大的指导和肯定。借此机会，对他们的付出表示深深的谢意，同时也感谢软通动力创新研究院对本书的大力支持。另外，对电子工业出版社的编辑在初稿审读、文字校对及出版发行等方面给予的充分支持也表示感谢。

“路漫漫其修远兮，吾将上下而求索”。本书旨在助力企业在数字化转型过程中“借势、悟道、驭术”，付诸实践，使数字化转型落地生根，开辟数字化、智能化的新未来。

编著者

目录

第一部分　政策与趋势

第二部分　新技术、新管理和新模式

第三部分　十大行业数字化转型

第四部分　组织数字化转型实践

第一部分

政策与趋势

当前，时代正经历着新一轮科技革命和产业变革的浪潮，互联网、大数据、人工智能、5G 等新一代信息技术的迅猛发展，加速了实体经济与数字技术、科技创新的深度融合，数字化成为时代发展的大趋势。

随着新技术的全面应用，数字经济、共享经济、平台经济、智能经济不断掀起经济变革浪潮，催生了新技术、新模式和新业态，人类社会正在经历又一次的大转型。

“十四五”规划提出的“加快数字化发展，建设数字中国”，加速了智慧社会建设，注入了数字经济建设新动力，推动了社会进步。变则通达，我国积极迎接新的时代变革，用“敢为天下先”的精神，站在新科技革命和产业变革潮头，成为全球数字化转型的主要引领者。

进入 21 世纪，中国已经开始全面迈向数字化新时代。

第 1 章

数字化新时代

数字化是不可逆的时代发展趋势，也是前三次工业革命和科技变革的必然结果，数字技术与实体经济的创新融合，必将推动数字产业化和产业数字化的协调发展。

如今，数字化已成为经济领域谈论的高频热词，数字化转型已成为各行各业实现转型升级的重要助推器，它覆盖了新兴行业和传统行业，尤其是传统行业，将数字化转型视为企业向上发展、破局而生的救命稻草，从业务流程到战略管理，从架构组成到人才培养，从认知到实践，全面推进数字化转型，力求在面对新经济生态时，找准破局之道。

数字化是一项技术革命，但又不止于此，它还是一种认知革命。数字化改变了人类社会固有的思维模式，同时也改变了各类传统企业的认知，被视为所有产业增长的符号。

在新的时代，科技创新不断发展，新兴技术不断涌现，以数字化为特点的第四次科技革命浪潮来袭，成为社会和企业面临的一个重大挑战和机遇，企业必须适应挑战，抓住机遇，向新的增长方式转变。

机遇与挑战并存。第一次工业革命开创了以机器生产代替手工劳动的时代，打破了原有的生产关系。它不仅是一次技术改革，更是一次政治层面和社会层面的变革。第二次工业革命促成了内燃机车、电器及通信事业的发展，推动人类进入“电气时代”。生产效率提高和生产力的飞跃让整个社会发生了天翻地覆的变化。

以计算机为代表的第三次科技革命，是继前两次工业革命后的又一次世界范围内的重大变革。人们的劳动方式和生活方式也随之发生了重大改变，造就了一代人的观念、思维方式，也使得人们的行为方式、生活方式逐步迈向现代化。以互联、数据、集成、创新和转型为特点的工业 4.0 时代，是继工业时代和信息时代之后的又一个新时代，也被称为智能时代。随着物联网、大数据、人工智能、云计算等数字技术的发展和应用，开启了数字时代，成为工业 4.0 时代的一个全新阶段，塑造了可与工业革命比肩的第四次技术革新。

纵观几次工业革命和科技变革浪潮，无一例外都是科技创新、技术变革推动了时代进步。但是，时代变革又不仅仅局限于技术变革，它也改变了社会的生产方式、生产关系、商业模式及管理模式，不断在变化中寻求新的平衡点。

第四次技术革命与前三次有着明显的区别，前三次变革成功地将机器和人割裂开。例如，以蒸汽机车为开端的火车加快了交通的速度；汽车改变的是物流的速度；以计算机为代表的第三次科技革命改变的是商业和整个流程的速度。然而，第四次技术革新浪潮，更加注重人和机器的融合，他们之间不再是割裂，而是形成了两者并行的新商业模式和新的供需关系。数字技术的应用，为新商业、新模式、新业态的形成提供了底层逻辑支撑。

数字化时代，产品、服务迭代的速度非常快，变化的速度成为驱动力量。事实上，数字化的本质是极大地提升了效率，它使得保护竞争优势的时间变短了，而且这种趋势在所有行业蔓延。例如，有线电话的普及率从 10%到 40%用了 39 年，移动模拟手机用了 6 年，智能手机只用了 3 年即完成普及。智能手机的出现，让手机从通信产品变成一个智能的终端，到现在，已经基本上形成了一部手机走天下的局面。

迎接新时代，从某种意义上讲，就是迎接和拥抱各种可预见的和未知的变化。新时代，宽松的社会环境给科技创新带来各种有利的条件和环境，而新技术创新推动着社会进入一个新的阶段，形成一个新的经济优势。按照约瑟夫 • 熊彼特创新理论中的“新组合”观点来看，数字化资源是以各种形式贯穿产业链的每个环节，衍生出无限可能的“新产业组合”。所以，对于新时代的企业来说，只有积极拥抱科技创新带来的各种变化，才有可能实现无限可能性。

新时代下，数字化已成为企业发展的新引擎。数字化转型袭来，有些企业已意识到未来已到，而有些企业却不知所措。如何理解数字化？数字化转型对于企业而言意味着什么？对于一连串的数字化问题，企业不仅需要一种新的运营模式，还需要重塑适合自身发展的价值主张，更需要认清自己在数字时代框架下的战略定位和未来的发展方向。

1.1 数字化转型的定义及内涵

在数字时代，数字化转型已经成为当下的热词，完成数字化转型成为企业和组织特别重视的一项革新行动。数字技术的快速发展和应用，使得市场竞争更加激烈，改变众多行业的同时，也为企业带来了许多机遇。

数字化是社会生产生活过程中广泛采用数字技术（信息技术）的过程。随着云计算、大数据、移动互联网、物联网等新一代信息技术的应用，数据采集和处理的能力大大增强，使支持大并发和大数据处理的数字化新技术得到广泛应用，数字化从一个单机应用阶段进入一个广泛连接、实时处理的互联网应用阶段。随着深度神经网络和机器学习等新一代人工智能技术的应用，又很快将数字化推进到智能化应用阶段。全社会各行各业正进入全面深入的数字化转型阶段。

数字化转型是指经济社会发展形态转向以数字技术为主要生产工具，数据作为主要生产要素，数据化运营作为主要生产方式的经济社会模式。对于单个企业或机构来说，全面采用数字技术，实现基于数据的研发、生产、运营、营销和服务等，是未来发展的大方向。

企业利用数字技术进行数字化转型，不仅能降低企业运营成本，提升内部运营效率，还能提升经营决策效率和优化服务体系，使得防范网络安全风险的能力增强，这是企业数字化转型的最大内涵和意义所在，如图 1-1 所示。

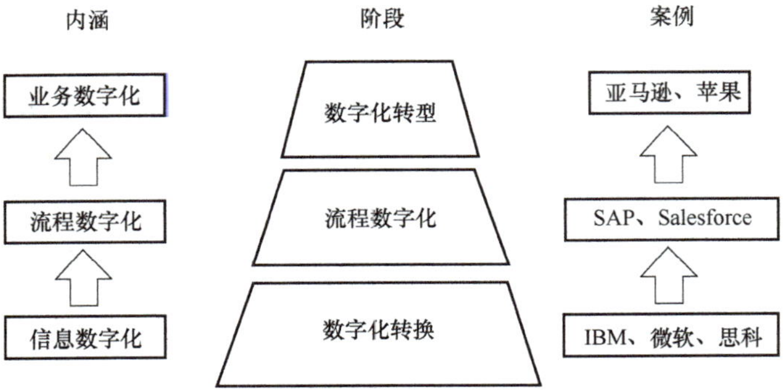

图 1-1　数字化转型的内涵

数字技术推动的数字化转型带来的机遇不言而喻，数字化技术令市场竞争变得激烈，世界各大企业纷纷摩拳擦掌，怀着雄心壮志，正在全世界范围内掀起一场波澜壮阔的数字化转型浪潮。

1.1.1　数字化转型的内涵

数字化转型是技术发展的必然趋势。数字化对企业的组织、管理、战略、运营、人才、服务等方面将产生很大的影响。

“数字化”是什么？该怎样定义数字化转型？数字化转型对于企业的内涵是什么？一系列问题成为当下企业遇到的最大难题。毫无疑问，企业提高认识，认清形势发展，才能更好地制定战略规划，顺应时代发展潮流，走上转型升级的“快车道”。

1.1.2　国际形势

物联网、人工智能、大数据、区块链和 5G 等新一代数字技术正在世界范围内驱动社会生产方式发生变革，数字化转型的推进重构了世界经济体系，引发了国际经济格局出现大的调整。虽然全球生产、投资和贸易格局的深刻调整还存在一些不确定性，但数字化转型的趋势特征已开始显现。

历次工业革命和技术革新的实践证明，任何一种生产方式和国际经济格局的变化调整都深受制度、经济、技术等多种因素影响，但是，数字化转型进程中，数字技术的快速发展和应用，无疑是推动变革的根本因素。

新技术的应用在某种程度上改变了生产关系，产生了新的生产要素，重构了生产方式，涌现了生产方式新的组合，即生产方式的深刻变革。各个国家和地区的竞争优势也随着生产方式的变革而发生了改变，逐步形成新的全球创新、生产、投资、贸易和安全的竞争格局。未来，数字化转型将会成为世界企业引领时代发展的驱动力，如图 1-2 所示。以数据为核心的生产要素对企业的原有资源和经营进行重新配置，成为在新技术革命驱动下，未来生产方式和全球生产体系调整的主要方向。

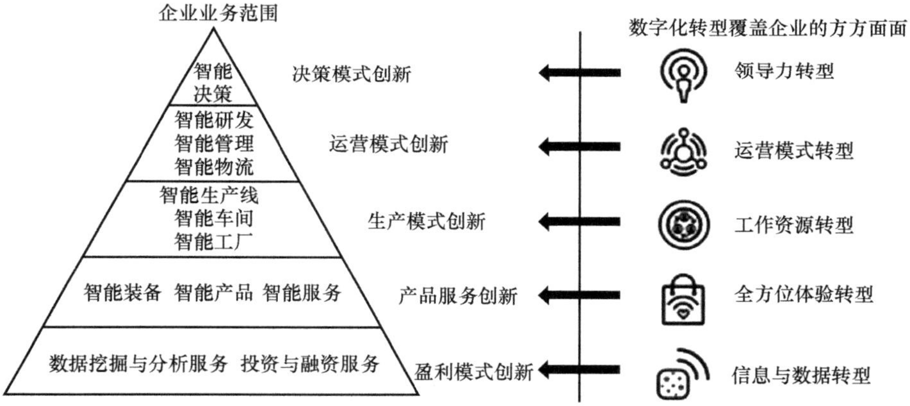

图 1-2　数字化转型将引领企业的未来

数字化时代，创新可以使全球资源的流动性得以提升，尤其是技术创新在推动企业转型升级、重塑世界经济体系变革等方面发挥着重要作用。创新推动世界进入一个万物互联的时代。互联网、车联网、物联网的“全球连接”功能为企业在开展国际研发、流程分工和合作方面创造了有利条件。世界企业也由传统的封闭、独立、线性化的研发向开放、合作、网络化的商业模式转变。例如，波音飞机设计模式就是利用互联网在全球同步开展24 小时设计，将设计时间缩短一半。

总的来看，数字化转型将世界带入一个开放、协作、万物互联的新时代，开辟了战略、业务、运营融合发展的全球生产体系。

1.1.3 国内形势

《中华人民共和国国民经济和社会发展第十四个五年规划和2035年远景目标纲要（草案）》中，将“加快数字化发展，建设数字中国”作为独立篇章，明确提出“打造数字经济新优势，坚持新发展理念，营造良好数字生态”。数字经济建设上升为国家战略高度，被列为“十四五”时期的目标任务之一。

国务院国资委在《关于加快推进国有企业数字化转型工作的通知》中提出了践行新发展理念，促进数字经济和实体经济融合发展，与“十四五”规划构建新发展格局的总定位高度契合。

习近平总书记多次指出，要加快数字经济发展。2020年4月1日，习近平总书记在浙江考察时再次强调，要善于化危为机，抓住产业数字化、数字产业化赋予的机遇，抓紧布局数字经济。

数字经济是未来经济的发展方向，新技术将推动新一轮的科技革命和产业变革，中国经济正处于一个前所未有的转型期。面对当前复杂多变的国际经济形势，加快数字化转型，降低企业运营成本，激发创新活力，完善全球供给体系是我国经济发展的大趋势，也是企业转型的迫切需求。

2021年，作为“十四五”规划的开局之年，对企业而言，是充满机遇的一年。国家已经为企业转型创造了有利的环境，再加上行业发展的迫切需求，中国大部分企业已经开始谋划数字化转型。抓住机遇，乘势而上，在国家的引领下，一条具有中国特色的企业数字化转型、创新驱动发展之路正呈现在人们面前。数字化转型是一项系统工程，目前，我国的数字化转型进程值得欣慰，有些企业已经借助国家政策的“东风”，从探索阶段步入了成熟发展阶段，正向下一阶段迈进。

在数字化转型的进程中，可以预见的是，随着企业数字化转型的深入，企业数字化转型整体成熟度将会进一步提升，加速推动产业数字化和数字产业化新生态的变革和重构，催生一大批数字化转型人才，积累更多的数字化转型经验。根据清华大学全球产业研究院的调研数据显示，我国各行业对新兴技术应用情况非常可观，如图1-3所示。

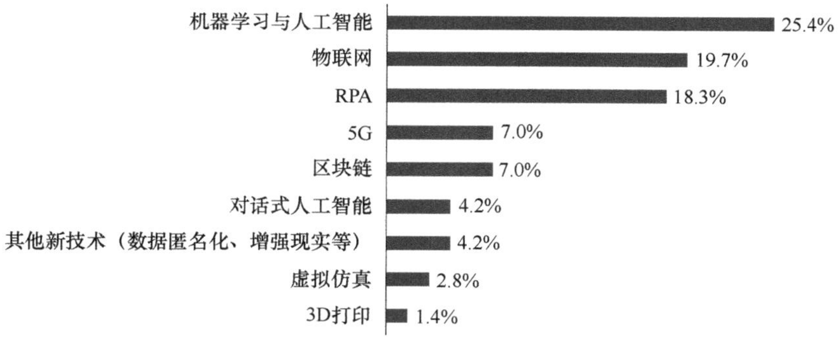

图 1-3　我国各行业对新兴技术应用情况

可见，新技术的应用加速推动了企业数字化转型建设，助力国家实现"数字经济""数字中国"战略，数字化转型开启了中国引领世界经济发展的潮流。

1.2　中国特色的数字化转型

数字化转型，对于当代社会经济发展具有重大意义。当前，整个世界都进入了数字化时代，德国的工业 4.0 和美国的工业互联网成为数字化发展的典型模式。由于发达国家启动和主导了前三次工业革命，有着完整的工业化、信息化体系，因此，在以数字化为主导的第四次技术革命中处于领先地位。与发达国家相比，中国各行业的企业供给端高度分散，城乡收入不平衡、需求多元化、基础技术和运营基础薄弱等问题制约着企业快速发展，同时，也成为推动中国加速数字化进程的"四大"强有力动因。

数字化转型作为数字化时代的一种技术变革，加之"四大动因"协同作用，塑造了独具特色的中国数字化发展模式，在数字化转型方面，中国处于世界领先水平。从国家层面看，我国政府部门大力支持大数据、5G、人工智能等新基建的建设和投资，数据成为继土地、劳动力、资本之后的新的关键生产要素；从消费者市场看，中国消费者的数字化程度全球领先，具有很强的包容度，据数据统计，我国移动支付渗透率高达 81%，是发达国家的 2.8 倍。

数字化转型，对于不同的国家和地区而言，由于经济、社会、环境、历史传承等自身禀赋的差异，导致了数字化转型的路径和特点也各不相同。中国的数字化转型呈现出以下 4 个方面的独有特征。

1.2.1 强有力的政策引导和支持

中国经济在 40 多年的高速发展中，政策的引导和支持是不可或缺的。面对全球的数字化趋势，中国政府紧随时代要求，将其逐步提升到了国家战略的高度。

早期阶段，政策更多集中在信息化建设方面，强调基础设施和服务。随着互联网产业的蓬勃发展，政府开始将数字经济纳入国家战略的组成部分。2015 年，《国务院关于积极推进“互联网+”行动的指导意见》发布，同时，相关部委密集出台相关的数字化产业政策。同年，政府还提出了“大众创业，万众创新”，进一步激发了国内发展数字经济的热情。

2017 年，政府工作报告中首次提及数字经济，国家重视程度进一步提升。在该形势下，地方政府层面纷纷跟进，出台相关的促进政策，推动数字化转型。

2021 年，《中华人民共和国第十四个五年规划和 2035 年远景发展规划》发布，数字化发展单独列章，明确提出要加快数字化发展，打造数字经济新优势，协同推进数字化和产业数字化转型，加快数字社会建设步伐，提高数字政府建设水平，营造良好数字生态，建设数字中国。一连串的“数字”表明，“加快数字化发展，建设数字中国”将是未来中国经济发展的主要抓手。

2021 年的政府工作报告中，明确提出数字经济和数字中国建设的具体目标和措施，标志着数字化上升成国家发展的战略重点。

1.2.2 庞大的数字消费市场为支撑

数字化转型，本质上是降本增效，实际上是满足消费者的需求。

在中国，真正意义上的消费市场起步较晚。正因为如此，中国的消费市场具有了后发优势——中国的消费者更容易接受和尝试新的消费方式。

随着通信技术的发展，智能设备大范围普及，中国经济取得了飞速发展。“轻装上阵”的中国社会率先完成了数字基础的建设。中国消费者直接“跨越式”地迈入了数字化消费时代，消费者毫无障碍地接受了如网上购物、出行、娱乐、教育、交易等全场景的数字化服务。数字产品和服务的智能化、个体化、便捷化的特性，反过来也进一步推动了数字化消费习惯的形成。

供给端和需求端形成了相互促进的结果，促使中国形成了世界上最大的数字消费市场。《中国互联网络发展状况统计报告》显示，截至 2021 年 12 月，中国网民规模达 10.32 亿人，互联网普及率达 73%，使用手机上网的比例达到 99.7%。

庞大的数字消费市场必然会诞生巨大的需求，正是这种数字化消费需求，推动和支撑了中国企业的数字化转型和发展。

1.2.3 灵活的消费互联网企业推动

最庞大的数字消费市场，必然带来最激烈的市场竞争。

在极速变化的市场需求面前，快速生产、频繁迭代、及时调整成为中国消费互联网企业必须选择的生存模式。为了更好地适应这种生产节奏，轻量级技术应用成为企业数字化的首选。

较低的资源消耗、微架构体系、便捷的开发性，这些轻量级技术不仅可以帮助企业提升执行力，还能让企业在复杂多变的市场环境中迅速调整方向，实现转型。

我国是全世界唯一拥有所有工业门类的国家，基础设施完善，各个行业上下游聚合优势明显，再加上国内庞大的科技和专业人才的规模优势，使得新兴的互联网企业的数字化试错成本极低。

极易转型的轻量级技术应用、极低的试错成本，再加上包容性极强的庞大数字消费市场，使得中国企业的数字化转型走到了世界的前列。

1.2.4 消费升级带来的新需求

消费是推动市场发展的根本动力。随着中国经济的快速发展，国民收入也迅速提升，随之而来的是国民经济需求得到提升。国民经济消费需求得到提升，对国民经济发展具有长远意义。根据国家统计局数据，2021年我国国民人均收入已经超过 1 万美元，全国居民可支配收入也达到了35128 元。

近年来，随着政策的落地实施，中国消费结构加快升级，促进了产业结构调整，国内消费市场则呈现出消费场景全面数字化的趋势，足不出户，一网知天下，不再是天方夜谭。随着电子商务的发展，网购早已成为我国居民消费的主要方式，新冠肺炎疫情更是大大加速了生活场景数字化的进程。无论是购物、出行，还是学习、娱乐，甚至是工作、服务，都开始全面数字化转型到线上，更便捷、更快速、更智能的数字时代已经呼之欲出。

随着消费者对数字化需求的极速提升，企业的数字化产品和服务却稍显“滞后”，在智能化、个性化、便捷性方面略显不足。消费者的需求和市场供给之间，始终存在一条“鸿沟”。

从另一个角度而言，正是因为这条“鸿沟”的存在，极大地刺激和推动了企业数字化发展，促使企业不断自我提升和升级。

中国企业在数字化转型进程中，充分借助中国数字化转型的发展优势，集合和匹配包含技术、产品、服务、流量等多维度分散资源；开发多场景应用数据工具，实现海量数据双向流动和高效运用；本土化创新驱动的技术成果以平台形式向外赋能；完整的解决方案提升了全价值链的深度运营能力。

1.3 传统信息化到新型数字化

信息时代，数字技术变革推动了人类数字化变革，成为数字经济推动力。

简言之，信息化技术是数字化技术的基础和初始阶段，数字化技术是信息化技术的进一步提升和发展。从传统的信息化到新型的数字化，意味着在信息化的基础上，利用大数据、人工智能、物联网等新技术、新手段，将万物连接在一起，解决信息和物在时间和空间上的分离，使整个世界成为一个整体。

当前，在万物互联的发展趋势下，从传统信息化到新型数字化的转变已经初现端倪。从技术建设角度而言，其变化主要体现在以下 4 个方面。

1.3.1　技术工具从单机到平台

在传统信息化时代，单机系统是企业选择的主流技术路线。这个阶段，信息化系统的研发和建设更加侧重包括 ERP、BPM 等在内的各种内部业务软件工具的部署。相关性能的拓展也是基于单机性质的扩展。信息化系统，更多是通过人工操作去推动流程的运转，企业的信息化目的更强调信息的输入和整理。

随着新型数字化阶段的到来，具有分布式计算特征及弹性扩展特征的云平台开始成为主流。在此阶段，各个企业的技术选择也从传统信息化阶段的单机，发展到了向“云平台”的迁徙。

推动企业实现从单机到平台的技术升级，已经成为国家计划的一部分。2020 年，工业和信息化部推动新增上云企业达到 100 万家。根据亿欧智库发布的《2021 中国企业上云指数洞察报告》，我国实体经济上云渗透率为 18.9%，零售业、制造业上云渗透率最高，分别占比 31.6%和 29%；民营企业上云率为 49.2%，国资企业上云率为 33.7%。

1.3.2　建设模式从迟缓到敏捷

在传统信息化时代，项目建设中，企业更多采用的是自上而下的瀑布式开发方式——按照需求、分析、开发、测试等分级步骤严格推进。每个阶段的完成都是下一个阶段开始的前提，每个阶段都要进行审核，以保证整体项目质量。

当前，随着市场需求的快速变化，瀑布式开发方式的劣势被放大，开发周期长，效率低下，并且对于需求变化不敏感，经常出现需求与供给脱钩、严重滞后的情况。在市场和新技术的双重推动下，以快速迭代为特征的敏捷开发成为数字化建设的主流——项目不再按照层级一级一级自上而下地“纵向”建设，而是以用户的需求为核心，通过“横向”开发，将最重要的核心率先发布，然后在实际使用场景中不断完善、迭代，直至客户的需求得到满足。

1.3.3 数字化从部门到整个组织

传统信息化时期，信息化（数字化）的任务更多集中在 IT 部门，其主要职责是对涉及部门的业务进行信息化建设，用以提升企业管理和运营效率。除了 IT 部门，其他部门更多是被动地配合和使用。

随着数字经济的发展，数字化不再局限在企业的个别业务流程中，而是进化成一个在统一平台、统一构架下的微服务形态产品，一个可以持续迭代和不断更新的数字化产品。

在数字化进程中，信息化建设需要从以集中的企业核心系统向分散的业务单元发展，从以企业内部应用向企业扩展应用发展，数字化不再是一个部门的工作，而是整个组织都需要参与其中的任务。

1.3.4 从单个流程到全流程、全场景

传统的信息化应用场景比较单一，更加侧重企业内部业务。信息化过程不改变流程和业务本身，而主要是将其从线下迁到线上平台，利用技术工具提升内部的工作效率。

数字化时代，随着市场和消费群体的率先数字化，企业的数字化需求从单一流程转向全流程，从企业内部转向外部市场，从单一场景转向全场景。

数字化的作用不再是简单地提升企业内部效率，而是对内、对外赋能，从产品的设计、开发、销售，到客户的发掘、运营、管理，全流程、全角度、全场景地渗透。

数字化催生了新数字化工具、新商业运营模式和新企业管理模式。数字化对供应链、生产和运营的影响正在进一步深化。

第二部分

新技术、新管理和新模式

时下，世界正经历百年未有之大变局。

世界经济形势和经济体系将发生深刻变革。从根本上说，变局是科技革命推动改变原有生产力和生产关系的必然结果，也是推动人类社会进步发展的潮流和趋势。

数字技术的应用，加速了世界旧的经济体系消亡，推动全球经济由单一向协作互联转向。正是由于数字技术的发展应用，促使世界形成新技术模式、新商业模式和新管理模式于一体的新经济业态，变局为企业带来挑战的同时，也为人类带来了巨大的发展机遇。

未来，数字化转型作为数智时代的一个重要阶段，正赋能企业在新技术应用落地、重构产业生态等方面抢抓机遇，激发创新活力，加速塑造数字经济新优势。数字化转型改变着人们的生产和生活，推动世界进入一个全新的时代。

第 2 章

数字化转型趋势

数字经济是国民经济发展的国家战略，也是时代发展的潮流和大趋势。

数字化转型是一项巨大的系统工程，从资金投入到持续时间，都无法在短期内体现出商业价值，给企业领导者以“转”的决心。目前，数字化转型需求迫切，但又没有成功经验可循，这在一定程度上造成企业数字化转型思路方向不清晰，没有发展规划，造成业务部门及其他部门无法快速响应市场，企业陷入无法真正持续推进数字化转型的尴尬窘境。

行业内流行着一句话：“企业面对数字化转型，转，还有一线生机；不转，则将必死无疑。”这句话道出了企业在数字化转型进程中遇到的最普遍问题，就是落在“转”上。企业数字化转型是一个趋势，它是企业能否向前发展的命脉。

数字化转型是一场技术含量高的企业进化革命，事关企业长远发展大计，“转”是企业长期发展的必经之路。但是，怎么转、转向何方、“不敢转”“不会转”等一系列问题成为萦绕在企业管理者心头的一块症结。

本章对企业关心的数字化转型怎么转、转什么及未来发展价值等方面进行全方位、多维度解析，期待照亮更多中国企业数字化转型的前行之路。

2.1 新技术驱动数字化新模式

科学技术是第一生产力。随着经济的发展和科学技术的进步，整个社会数字化转型的趋势越来越明显。从产业角度而言，数字化已经改变了企业的信息化建设模式，催生了新的商业模型，重塑了新的管理方式。

在数字时代，企业信息化、数字化建设模式也发生了根本变化，以数字技术为支撑的新业态、新模式，推动了我国经济社会的发展。

后新冠肺炎疫情时代，企业传统商业模式受到严重冲击，线上零售、在线会议、互联网医疗、工业互联网和人工智能营销等新商业模式不断凸显，正在重塑全行业。数字化技术对商业模式的创新和商业生态系统的打造，逐渐形成了新的产业链。各行业，尤其是传统行业看到企业发展的曙光和路径，纷纷拥抱新商业模式，主动进行变革，转变管理模式，应用新技术，以期获得数字化转型新成效。

技术驱动的商业模式给企业带来的变化十分明显，它改变了企业过去传统单机建设，转向了分布式网络的云平台；数字技术成为企业最核心技术；全场景数字化、场景智能化成为明显趋势；系统向全平台转变，项目建设方式也持续创新。

2.1.1 新一代信息技术催生下一代数字化模式

一个典型的企业 IT 系统从逻辑上可以分成基础层、网络层、存储层、服务器层、操作系统层、数据库层、中间件层、应用软件层、数据信息层，共 9 层。其中，基础层到服务器层可以统称为基础设施层，其他的可以统称为平台软件层。

传统的 IT 时代，企业要搭建 IT 系统通常会按照从底端的基础层开始，然后逐层推进的“竖井”式施工方法。采用这种方法建设，企业一般会自行采购硬件和租用 IDC 机房，服务器、机柜、带宽、交换机、软件安装、虚拟化等众多事项都需要专业的 IT 人员来负责。

传统的 IT 系统建设模式，不仅耗时较长，而且投资巨大。因为固件和正版软件价格昂贵，而且 IT 系统的建设周期一般需要几年，对企业而言将会承担不小的资金压力。

在传统信息化建设时代，IT 系统的建设是按照项目来筹备的，也就意味着企业每次要实现一个应用，就需要购买相应的一套设备。每个应用仿佛一根独立的“烟囱”，互不相通。本来属于企业的整体资源被人为割裂，无法实现整体的利用规划，从而导致信息化建设效率低下，资源极大浪费。

随着互联网技术的发展，分布式网络技术开始出现，容器、微服务、DevOps 等云原生技术大爆发。分布式网络技术将数据分散于多台独立设备的方式，成功解决了传统单机部署的诸多问题，大大提高了系统的可靠性、可用性和拓展性，演变成新一代的数字化模型——云平台。

企业采用云平台技术，相当于打破了过去“烟囱”式的开发方式，将所有 IT 信息化资源整合为一。计算资源整合成计算资源池，存储资源整合为存储资源池。所有的资源都被聚合在一个个“横向”的池子中，然后基于资源池基础构架去建设相关应用。同时，由于新技术下 IT 系统并不局限在本地部署，异地部署也变得可行，从而使得云平台的计算资源在理论上可以变得无限大。

采用分布式网络技术建设模式，意味着企业不再需要装修机房，也不需要购买各种硬件设备，以及安装操作系统和应用软件；同时，也不再需要维系庞大的 IT 维护团队。如此一来，企业就大大降低了前期的信息化资金投入，可以更加专注自己的核心业务和市场。

在新的数字建设模式中，由于云平台的计算资源是无限的，云构架具有快速弹性的特点，使得企业可以方便迅速地按需获取和释放计算资源。这样一来，不仅可以减少企业的资源使用费用；同时能够快速响应客户对于系统的弹性需求，从而满足企业的业务变化。因为在传统的 IT 系统建设模式中，扩容需要数月才能实现，而这将会错过最好的市场时机。

在分布式网络技术开发模式下，数字化建设者的建设成本大大降低——企业仅仅需要考虑自己的业务需求，而不需要再去考虑平台的硬件层，以及其他层的架构、后期的运营等复杂问题。

分布式网络技术发展，让处于系统最上层的软件系统的研发模式，由过去的瀑布式开发替代为当今的敏捷开发，不再遵循需求、开发、设计、测试的严格流程，而是更加灵活多变，被以客户需求为核心的敏捷开发方法所替代。

2.1.2 数字化技术成为企业核心技术

科学技术是第一生产力，科技创新、经济发展离不开科学技术的驱动。数字时代，数字经济正是基于数字技术的变革，推动经济社会发展。一直以来，企业大多以业务为核心价值链导向。在这种观念影响下，信息化、数字化被认为是 IT 部门的业务范畴，与企业中其他部门关系并不紧密。但是，随着数字化浪潮的到来，企业的价值导向已经从“以业务为中心”转变为“以客户为中心”。面对市场需求的极速变化，用数字化为整个企业赋能，助力企业提速转型成为必然。

因此，数字化的技术定位已经从支撑性地位转变为企业的核心竞争力。数字化不再局限在 IT 部门，而是向整个企业组织拓展，每个部门和系统都需要实现数字化的转型。

在数字化转型过程中，原有的 IT 部门定位和职责都发生了转变。IT 部门不再被动地响应其他部门的要求，而是由传统的执行转向通过 IT 系统和应用提供信息化服务。在新的数字化趋势下，IT 部门转变为驱动型的职能，从单纯的技术输出变成了通过数字化技术去改变和推动业务发展，并且给公司管理者提供决策参考。

因此，IT 也进行了架构的调整，一部分 IT 人员跟随以 ERP 等为核心的系统应用下沉，转变为企业的整体能力中心。同时，根据市场需求和业务场景，将需要快速业务响应、需要开发定制应用的数字化专业人员剥离，和原来的部门业务人员整合，打造新型的数字化团队。如此一来，企业就建立了基于市场需求、可以独立快速响应的敏捷业务单元，为数字化的改造打下了坚实基础。

随着数字化改造的推进，企业的业务模式也发生了巨大的变化。之前，企业和组织更多的以产品和业务为核心，根据产品和业务去建构企业的架构和相关流程。因此，产品的品质把控、业务流程的梳理优化及市场的拓展是企业最为看重的核心竞争力。但是，大数据、人工智能及物联网等新技术的发展，让企业的运营逻辑发生了根本性的变化。

依靠大数据和人工智能技术，企业可以迅速获取市场的需求变化，可以在一定程度上预测可能出现的需求。如此一来，产品的生产不再盲目，而是可以精准地跟随消费者的需求变化而生产，产品和业务不再是聚焦点，“客户”成了核心。

在生产环节，借助于物联网和大数据，产品从设计到生产都会基于客户的需求，甚至客户可以一定程度地参与其中。未来，定制化生产将会成为一个重要趋势。在销售环节，由于物联网等技术的应用，产品的库存、物流，以及销售场所和销售对象都会被掌握得一清二楚，企业的生产和销售效率得到极大的提升。由于数字化消费场景的完善，使得消费者可以足不出户就能便捷、快速、个性化地购买符合自己需求的产品，个体需求得到了最大的满足。

企业以数字化能力作为基础，扩展内部和外部的数据连接范围，扩大对客户的接触或对整个上下游产业供应链的掌控能力，敏捷地根据市场变化的需求来构建新的商业模式。

因此，在数字化时代，数字化技术将成为企业的核心技术和竞争力。

2.1.3　流程信息化转向场景智能化

人类进入信息化时代以来，传统的物质服务逐渐向全社会可共享的信息化演进。打造高效、便捷、合理的业务流程成为企业的核心竞争力之一。在数字化转型之前，由于通信、网络及计算机技术的普及和发展，企业已经开始将传统业务中的流程和数据通过 ERP、CRM、OA 等各种信息化工具进行采集和规范，实现上述活动的推进、流转、辅助、管理。

信息化演进过程，本质上是对各个环节的业务信息的数字化存储和管控，将线下流程变为线上工作，将纸质文档转化为电子文档，将整个流程记录形成数据。数据将用来帮助企业的管理者把控和了解，如“业务情况”“工作进展”等具体信息。信息化推动了业务数据化发展，有助于企业提升效率，开展大规模的协作。

传统的流程信息化阶段，其手段比较原始，数据的采集和输入大部分只能采用人工方式。对于基层员工而言，其工作量并没有降低，反而大大增加。

同时，由于数据量庞大，在人工采集数据过程中不可避免地会出现各种错误和无效数据，导致企业无法得到真实完整的数据，也就无法据此做出各项决策。同时，由于数据本身的海量性和复杂性，导致人工对其进行细致和深入的分析变得极为困难。数据的使用更多停留在支撑阶段，无法转变为驱动力量。

随着物联网、大数据和人工智能等新的数字技术的推广，传统的流程信息化开始向场景智能化转变。在这个阶段，企业可以通过智能传感器、视觉识别系统等技术设备，实现自动的全息全程的数据采集，打造数字孪生体，如图 2-1 所示。然后依靠人工智能对海量数据进行分析和筛选，对具体场景进行分析和预判，助力企业实现基于数据的相关决策。

场景智能化阶段，智能系统将会具备自适应、自校正、自协调等能力，极大地降低人工工作量，提升企业的业务效率，将员工从大量枯燥、机械的工作中解放出来。

因此，数字化更强调对流程业务的创新，在数据中寻找新的创新点和增长点，强调发挥数据的价值来改变业务本身。同时也更加重视人的体验，更加人性化，倾向于根据人的自身需求将各种场景和业务流程融合，打造更符合员工及消费者的极致体验。

以目前最为流行的机器人流程自动化（RPA）工具为例，它通过模拟人工手动操作方式，可以实现自动处理规则清晰、批量化的高频业务，如邮件的读取、账务汇总、生成文件和报告等枯燥、重复的工作。

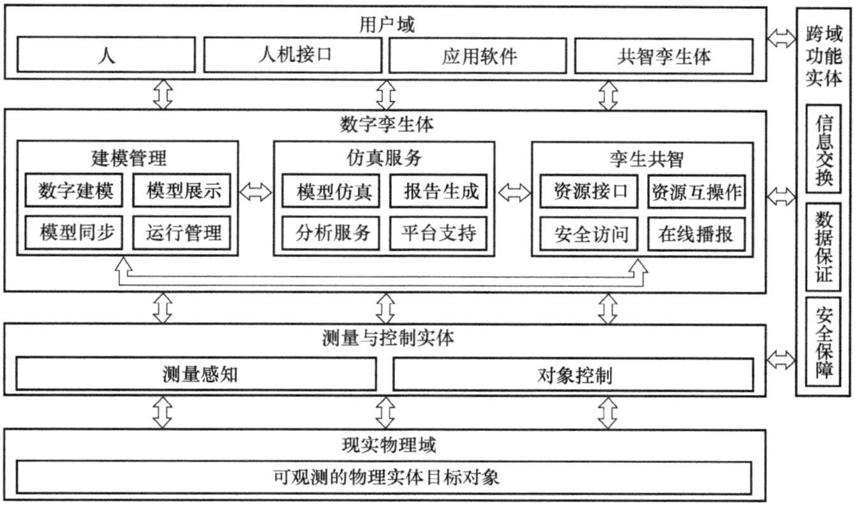

图 2-1　流程信息化转向场景智能化

在机器人流程自动化工作过程中，工作流程被大大简化，数据的处理效率和准确度也得到了极大的提升，避免了人为失误。将员工从重复枯燥的数据工作中释放出来，让他们更专注于创造性的工作，为企业创造更多价值。

随着 RPA 技术的发展，其与人工智能的结合也已成为一大趋势。通过引入人工智能，RPA 将在文字识别、人机对话等方面获得突破，从而进一步推动场景的智能化，带动企业的数字化转型。

2.1.4　系统集成平台转向全连接平台

企业数字化转型正在受到云计算、大数据、物联网、移动 App、区块链和人工智能等新兴技术的驱动。实际上，企业数字化转型是在新技术驱动下，实现基于智能型互联网平台的资源整合，平台的作用贯穿整个企业的数字化转型，影响着企业数字化转型进程。未来，系统的集成平台将会在新技术的驱动下走向全连接的平台，它不仅是万物互联世界的发展要求，更是企业数字化转型的一个趋势。

过去，企业的信息化通过一个集成的平台，就能满足业务发展要求，实现设定的目标。其实，系统集成平台是基于中间件技术与 XML、Web 服务等技术结合成的 ESB 提供网络最基本的连接中枢，面向服务构建一个服务体系结构，也就是 SOA，以此通过接口为终端用户应用程序或其他服务提供服务。实际上，系统集成平台就是将各种系统集成在一起，做到系统间数据共享业务，通过接口为终端用户提供服务。例如，德国“工业 4.0”是把原有的遗留系统，通过端到端进行连接，再通过新的平台把它集成组合起来，也就是系统集成平台的升级。

现在，随着时代的发展和新兴技术的应用，基于总线单点机制的系统集成平台必然会遇到瓶颈，它无法满足连接更多的平台，收集数据，更无法进行大数据处理。系统集成平台逐渐退出历史舞台，全连接平台将成为企业转型的主战场和竞争优势。

全连接平台是分布式的，需要底层建设云的全连接平台作为支撑。全连接平台不仅要连接系统，更重要的是连接数据，连接所有的服务，甚至随时连接每个人，既包括企业内部的人，还包括外部的一些人，为他们提供所需要的服务。

建设银行的数字化转型就是由集成平台向全连接平台转变的典型案例。之前，建设银行 IT 系统平台建设只实现了“部门级”协调，部门与部门间是独立运行的，业务和 IT 间是独立运行的，每个部门、分行、网点间都是独立运行的，数据无法实现共享。然而，2010 年开始建设的“新一代核心系统”从根本上改变了 IT 系统建设模式，打通了底层架构，业务与 IT 实现融合，形成了完整的企业级架构。通过面向服务的架构，实现对客户的深刻洞察及灵活应变，有针对性地满足客户的需求。建设银行的数字化转型，实现了平台系统的全连接、协同创新的数字化经营局面，助力普惠金融、住房租赁和金融科技“三大战略”的全面实施，打造了数字化转型的良好基础。

当前，“全连接”平台是企业转型的关键，未来的企业将会变成一种连接的企业和数字的企业。未来的世界是互联互通的，企业通过平台端到端的连接内部、外部、合作伙伴，形成双向的信息流和业务流，甚至能够实现企业生态的连接。由此看来，全连接平台是企业数字化转型的一个主旋律，是时代发展的大势所趋。

2.1.5 大项目建设走向快速持续创新

创新是企业健康长久发展的命脉，也是企业发展的活力所在。企业的产品、服务快速迭代离不开大项目建设。智能时代背景下，快速持续创新对企业的大项目建设起到了推动作用，成为企业数字化建设的变革根源。

从运营模式方面看，企业的大项目建设在持续创新的推动下，快速完成了产品、服务的迭代。随着技术的发展和运营方式的改变，持续创新也在不断变化中，也就是说，企业通过不断变化的运营方式，持续创新，促使产品和服务不断迭代，项目持续创新也是企业数字化转型的巨大推动力。未来，新一代信息技术数字化转型的方向和趋势，将是由大项目的模式变成持续创新的运营模式。

从路径选择方面看，德国和美国不同的技术背景，决定了德国的“工业 4.0”和美国工业互联网的两种不同的发展路径。德国制造发展得非常好，其工业革命分成 4 个阶段，现在的第四次信息技术革命被命名为“工业 4.0”时代，德国所谓的“工业 4.0”是指基于前三次工业革命的基础，利用物联信息系统（Cyber Physical System，CPS）将生产中的供应、制造和销售信息数据化、智慧化，最终达到快速、有效地提供个性化的产品。其实，德国“工业 4.0”时代是对前三次革命的升级，也就是由信息时代升级为智能时代。德国“工业 4.0”强调的是在“工业 3.0”基础上实现三个集成，即纵向集成（基于未来智能工厂中网络化的制造体系，实现个性化定制生产，替代传统的固定式生产流程，如生产流水线）、横向集成（企业之间通过价值链及信息网络所实现的一种资源整合，是为了实现各企业间的无缝合作，提供实时产品与服务）、端到端集成（贯穿整个价值链的工程化数字集成，是在所有终端数字化的前提下实现的基于价值链与不同公司之间的一种整合，这将最大限度地实现个性化定制）。美国提出的工业互联网，是将 IT（信息技术）、OT（制造技术）、CT（通信技术）等技术融合在一个统一的互联网平台上。无论是德国的“工业 4.0”，还是美国工业互联网的概念，都是新一代信息技术革命的产物，本质上都是为基于数字技术的数字化转型打下基础。

事实上，工业互联网的概念在国内一直就有，并非舶来品，本质上是全球工业系统与高级计算、分析、感应技术及互联网连接融合的一种结果。2015年，中国发布了智能制造战略规划，确定了以体现信息技术与制造技术深度融合的数字化、网络化、智能化制造为发展主线，其中，明确提出了“完善制造业技术创新体系”的策略。

中国智能制造战略规划与德国“工业 4.0”、美国工业互联网的共同点如下：基于数字技术发展，利用技术的持续快速创新，赋能企业数字化转型。

企业大项目建设，正是依赖于新一代信息技术的发展应用，实现产品和服务的快速迭代。因此，新一代信息技术的快速发展和国产化战略实施，将为企业大项目建设的快速创新和产品迭代提供有利发展机会。

2.2 数字化催生新商业模式

一个时代的商业模式最能反映该时代的技术特征。

数字化发展使得企业价值创造方式发生了改变，云计算、大数据等技术的发展催生了以消费者市场为主导的生产方式，也提高了产品的生产质量，极大地促进了市场环境良性循环。另外，技术的应用还能够更大限度地利用各生产要素来实现新价值创造，智慧生产成为生产模式改进的代名词。规模化、服务化延伸是智慧生产的表现，数字化使企业供应变得更加精准，能够很敏锐地捕捉市场动态，过去的大规模生产模式一去不复返，开始向定制化生产转变。消费者需求决定了企业不断升级产品和服务，最终实现产业结构和整体业务创新能力提升。

数字技术与信息技术的融合，降低了企业生产成本的风险，实现了技术的深度应用，明确了企业创新的方向。“大众创业，万众创新”的环境给了企业创新的土壤，实现了新型的跨地域、多元化、高效率的开放协同创新模式，推动企业调动所有生产要素在创新驱动下创造出产品和服务。

随着大数据、人工智能及物联网等新数字技术的发展，原有的商业模式也发生了改变，从商品服务的生命周期到整个产业链的发展形态，从员工的个人管理到企业的组织架构，从新产品新服务的创新方式到企业工作重点，均出现了巨大的转变。

数字化时代，人类正在进入一个更加便捷、高效、经济，更加人性化的新商业时代。

2.2.1　基于智能型互联网平台资源组合

随着数字化进程的加快，数字技术与实体经济深度融合，改变或重塑了传统实体行业的价值创造模式，随之带来了更多的商业模式。智能型互联网是目前互联网发展的最新阶段。根据不同的商业形态，智能型互联网发展可以分成如下 4 个阶段。

第一个阶段是信息初步互联网化阶段，也就是 Web 1.0 阶段。互联网以只读信息为主，内容提供者和受众之间无法互动。在这个阶段，内容只能做静态的展示，客户需要去主动寻找和发现相关内容。因此，搜索引擎的聚合作用被大大强化。在这个阶段诞生了谷歌、百度等公司，利用算法排名实现了商业盈利模式。

第二个阶段是内容产业互联网化阶段，信息实现了双向流通。用户不再单纯地获取信息，还可以在网上自由发布信息，如维基百科、百度百科、博客、微博等。此时，各种形态的内容（包括文字、图片、视频和音频）实现了数字化，传播方式出现新变化。内容和服务通过社交方式开始初步链接，搜索引擎不再是唯一的信息获取渠道。

第三个阶段是移动互联网阶段，发生了互联网化、数字化的改变。由于人工智能、4G/5G 技术的发展及云平台的逐步成熟，空间、时间及个体身份的信息被融入网络，过去分散在各个场景的数据逐步被完整收集，并且通过联网方式，打破了之前的“信息孤岛”状态。因此，该阶段的互联网已经可以被称为初级的智能型互联网平台。

此时，商业模式的创新发展出现了不同于以往的特点，新模式的出现更多的是依靠着数字的“赋能”。通过大数据和智能化等工具，将过去根本无法组合的资源和需求进行数字层层匹配，于是产生了全新的商业模式。

例如，在出行领域，以往面对大量碎片化的出行需求时，传统的租车模式并不能将需求有效匹配。一方面是出租车无法找到最合适的客户，只能依靠“运气”去“碰”顾客。如此一来，导致了空驶状态大量出现，车辆资源被严重浪费；另一方面是有需求的客户也无法及时找到空驶的出租车，时间资源也被大大浪费。

随着智能手机、定位系统等数字工具的发展，基于智能的互联网平台，出行公司建立一套数字化模型，通过自身的大数据平台，在没有雇佣一个司机的情况下，非常高效轻松地解决了双向难题——有载客需求的“空车”和有出行需求的“旅客”，可以通过智能化的大数据平台在极短的时间内实现自动匹配。在没有增加更多资源的情况下，只是通过数字化技术就实现了最佳的资源组合配置，一个最经济的商业模式由此诞生。

不仅在出行领域，在消费领域、教育领域、娱乐领域，由于数字技术的普及和推广，过去的资源得到了重新组合匹配，诞生了外卖、线上教育、现代快递等众多的新商业模式。

第四个阶段是完全的智能型互联网平台阶段，物联网成为基础，世间万物将连在一起，完成数字化。人工智能在智能型互联网平台阶段实现高度监护，将会自动完成数据的采集、分析和应用。

智能型互联网平台阶段，生活已经全部场景化，产业之间的界限也被打破。各类资源可以根据人们的需求进行任意组合，智慧产业会成为整个世界的主流模式。

2.2.2 以人为中心重塑产业链和生态链

在传统的商业模式中，产品位于最核心的地位。生产商制造产品，零售商采购、销售产品，消费者使用、消耗产品。产品非常自然地由产业链的上游向下游一层一层传递，最终到达消费者手中，完成整个流程。

传统生产消费的过程是“自上而下”的，在漫长的传导过程中，每个环节始终只能被动地面对下一个环节，而且传导大部分时间都是单向的。因此，在传统商业模式的产业链中处于最末端的消费者便天然地失去了“发言权”，他们只能被动地等待和接受。来自用户的反馈信息想要“逆流而上”，则需要经过无数的环节才能最终达到产品的生产方。

在旧的商业时代，企业之间的竞争并不激烈，产品大部分时间处于短缺的状态，因此，消费者的反馈意见并不重要。生产商只需要将产品源源不断地产出，最终总会被不同的消费者接受，一个生产消费闭环就此成功形成。

随着经济社会的发展，商品极大丰富，市场竞争日趋激烈，消费者的需求也发生了巨大变化。研究资料显示，当代社会消费者需求越来越复杂，需求表现为个性化、碎片化、移动化，购买过程呈现出简单化、快速化、透明化等特点，如图 2-2 所示。

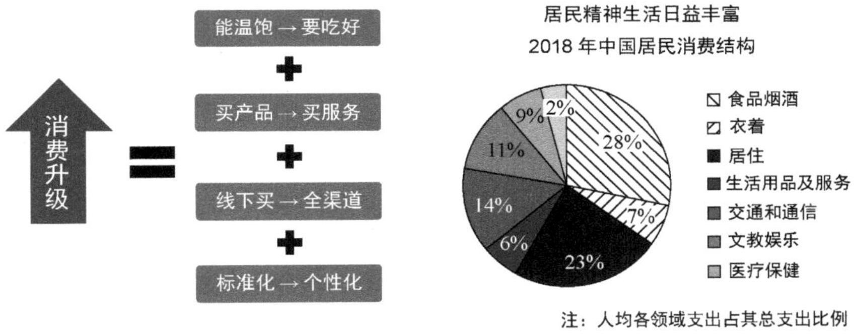

数据来源：艾媒数据中心

图 2-2　消费者需求变化

另外，市场和用户对产品本身的要求也在不断提高。因此，以往标准化的产品开始呈现出不能满足消费者日益增长的多样性需求态势，消费者不再为滞后市场要求的产品“埋单”。但是，由于产业链对于消息传递的滞后性，导致了生产者对此一无所知。大量不符合需求的产品仍然源源不断地被制造出来，只不过此时产品还没有进入市场便已被消费者抛弃。传统的商业模式开始濒临崩溃，造成的结果就是消费者的需求无法得到满足，生产商陷入大量破产的困境。因此，市场急需新的产业链和生态链。

随着云平台、大数据及人工智能等新技术的发展，整个生产、销售流程开始了数字化转型。在这个过程中，“人”替代了“产品”，成为这个新的产业链模式的核心。一切活动都开始围绕着消费者的需求展开。

在生产端，生产商被各种新技术“赋能”，围绕着消费者的需求，通过线上线下的各种渠道采集相关的数据，然后利用人工智能，通过对消费者行为的数据化分析，实现准确的市场定位，通过精准地发掘目标客户，实现按需生产、准确销售。

数字技术推动形成新产业链，利用新技术有效提升了产品的流通效率，原来的众多层级的销售公司将逐渐减少，传统的销售层级将被打破。同时，消费者的需求反馈也会更加及时。

在消费端，企业为客户提供了多场景、多渠道的购物体验、场景化的购物体验、定制化的产品服务将越来越完善，消费者甚至可以参与产品的设计、生产。

在新产业链模式下，生产商大幅降低了企业成本，实现了零库存，提高了应对市场的能力；在产业链的中间阶段，由于层级减少，居中的零售商的利润率将会大幅提升；而在消费端，消费者的需求被极大地满足。如此一来，生产变得高效、合理，生产商根据消费者的需求，提供优化的产品和服务，一个优化的产业链闭环就此形成。

当今社会，移动互联网、人工智能和大数据等数字技术，可以感知每个人的需求，将消费者需求、体验数据化，打破了传统“自上而下”的产业链和生态链系统，在生产商、零售商和消费者三者之间构建了“以人为中心”的一种深度互动、高效的新产业链模式和行业生态链。

2.2.3　产品与服务跨界组合成常态

在数字化技术普及之前，消费者的大量的统一的需求是被割裂成碎片的。尽管大多数时候相关的需求之间有天然的黏性和延续性，但是由于信息不充足、相关资源无法达到有效匹配等现实问题，导致相关的产品和服务也被人为地分开。

随着大数据、新的移动通信技术及人工智能等数字化技术的推广和普及，社会各个场景逐渐数字化。在这种趋势下，分裂的产品或者服务开始重新紧密地联合在一起。看起来毫不相干的产品（服务）由于某些特定的场景，开始结合成为一种全新的形态，用来满足本来就存在的延续需求——产品和服务的跨界组合。

产品和服务的跨界组合并不是简单地将两个需求拼接在一起，而是以新的技术和新的平台为基础，将现有产业领域的各种生产要素、产品服务等，首先经过相互融合、渗透或者重新排列，然后组合利用到一起，实现产品和服务价值的转变和升级。

产品和服务价值的转变和升级的基础，是数字科技和数字经济的发展。大数据、人工智能等基于互联网的新技术，为各种要素和服务重新融合创造了可能性。新的数字经济的高附加性、虚拟性的特点，让产业与产业、产品与产品之间的关联更加紧密，产品与服务的信息要素在各个不同的商业主体和行业之间快速流动，它们之间的界限逐渐模糊。

以出行为例，当消费者想要预订酒店时，其需求并不是单纯的“住宿”，在生活场景中，消费者不仅要解决“住”的问题，还要解决“吃”“穿”“行”的问题。

几个需求原本应该是统一的，但是在新的数字化技术出现之前，由于产品、服务都处在“信息孤岛”状态，和消费者的需求并不能完全匹配，从而导致产品和相关产业被人为地割裂了。首先，消费者只能通过经验和其他有限的信息渠道来了解当地的天气气候，以便稳妥地解决“穿”的问题；其次，通过电话预订或者其他方式解决“住”的问题。再次，入住酒店之后再通过低效的“询问”等方式来解决“吃”的问题。最后，涉及出行时，只能靠运气等出租车。

在传统出行场景中，产品或者服务的供给是低效的，而消费者的需求也没有得到最优的满足。因此，这种模式造就了一个低效的商业模式，造成了大量资源的浪费。

在新技术赋能消费场景下，消费者只需要下载一个整合吃穿住行等全场景服务的 App 就可以解决出行过程中遇到的所有问题。大数据和人工智能技术瞬间实现了出行场景中，涉及的吃穿住行等服务的数据采集，再通过大数据分析，最终依据得出的结果提供服务。

产品和服务作为跨界的新产品，利用数字技术打通了过去各种需求之间的数字壁垒，成功实现了对消费者需求的整合，成为一种全新的服务。未来，随着数字技术的进一步发展，产品和服务的跨界组合将成为常态。

2.2.4 个人成为商业主体和连接器

在传统商业时代，作为自然人的个人更多以消费者或者企业员工的面貌出现。在日常的经济活动中，出于从根本上减轻自然人在社会经济活动中的负担、促进经济的发展、规范经济秩序甚至整个社会秩序的需要，进行商业活动的主体成为法律规定的法人，即企业和组织。

之所以企业和组织成为商业活动的主体，是因为相对自然人的个体而言，它拥有更容易被社会记录和承认的完整“信用”。信用是整个社会经济和金融体系的核心和基础，只有建立了良好的“信用”体系，整个经济社会才能够以最低的交易成本良好运营。在当今的经济社会，由于信息不对称、投机主义等行为的存在，导致进行任何一项活动交易，交易双方都要使用额外的时间、精力和财力来验证交易的各个环节，以防止自己有所损失。因此，在这种情况下，交易成本大大增加，而信用的存在，则可以大幅降低交易风险，减少企业的额外支出，推动整个社会的健康发展。

随着云计算、大数据等数字技术的发展，信用体系建设不再局限于企业和组织的范围。个人作为自然人的信用系统也开始逐步建立，个人的资产、工作、消费及各种信息都被数字化记录。在数据体系下，个人的社会特征和相关信用都得到了真实而完整的体现。个人拥有了“数字信用”，因此被赋予了成为新的商业主体的可能性。

新技术的出现、应用，是推动个体真正转变为商业主体的关键，个人可以通过智能移动终端，利用互联网平台，将自身的各种资源和外界完成高效率、低成本的连接。个人逐步成为商业活动的中转站和连接器。

例如，在产品的销售环节，面对优质的产品和服务，越来越多的个人选择将其“分享”，以个人的信用背书，将产品或者服务推荐给自己关系链上的人。对企业而言，个人分享大大降低了产品的推广营销费用，获客的成本大幅降低；对被分享个人而言，由于人际关系的信用，降低了额外的交易成本，而对推荐人而言，则获得了社交价值。

在万物互联时代，企业的产品销售和获客渠道不再依赖广告、商店和销售人员，而是依靠一个个的自然人。人成为最新的渠道，成为连接消费者和产品之间的连接器。

随着微博、微信、QQ 等数字化社交工具的大爆发，自然人作为商业主体和连接器的商业模式逐步成熟，淘宝店店主、微商店主、网络直播带货……多种以个人为核心的销售模式纷纷出现。未来，随着个人数字信用体系的进一步完善，个人为商业主体的模式将越来越成为整个经济活动的主流。

2.2.5　产品和服务生命周期缩短

产品生命周期（Product Life Cycle，PLC）是产品和服务的市场寿命。一般而言，PLC 是指一种新产品或者服务从进入市场开始，到被市场淘汰的整个过程。

根据该理论，任何产品都和人的生命一样，要经历形成、成长、成熟、衰退 4 个阶段。同时，该理论还认为，科技水平的差距和不同，导致同样的产品在不同地区和国家的周期表现各不相同，科技水平越发达，产品的整体周期越短；科技水平越落后，产品的整体周期越长。

科技越发达，市场竞争越激烈，科技水平决定产品的整体周期长短，因为在不同的国家和地区，科学技术决定该市场的发育程度。科技水平发达的国家和地区，一方面，同质性的产品会快速大量出现，迅速满足消费者的需求；另一方面，由于激烈的企业竞争，产品迭代更新速度变快，导致产品和服务的生命周期被大大缩短。

在信息化时代，尽管科学技术不断进步，但是相对而言依旧进步较慢，社会经济发展缓慢，同质性的产品和服务竞争不足，消费者的需求变化也不会非常频繁。同时，由于企业可以获得足够的利润，内部和外部都缺乏变化的动力，导致了技术和设备发展停滞不前。因此，一个产品和服务的生命周期是漫长的，有些甚至可以长达十几年。

随着各种新的数字技术和工具迅速普及，市场上的企业竞争开始激烈起来。数字技术的应用推动了企业竞争，加速了产品服务迭代更新的速度，打破了固有的市场竞争均衡。一方面，产业链上游生产能力的极速提升，导致了同样的产品会在短时间内充斥整个市场；另一方面，消费者的需求越来越多样化、个性化，导致其对产品的需求不停地迅速改变。哪怕是“爆款”产品，由于生产环节的技术取得长足进步，其性价比、规格和能效都会不断升级，更新换代的周期也随之缩短。如同出现时一样迅速，“爆款”产品陷入停滞衰落期也会同样迅速。

根据相关数据统计，作为标志性的通信设备，固定电话在国内的市场普及率从 10%到 40%用了 39 年，而移动电话用了 6 年，智能电话则仅仅用了 3 年；作为 PC 时代的标志性社交工具，QQ 达到 5 亿用户的规模用了整整 10 年，而作为移动时代社交工具的微信，用户数量达到 5 亿，仅仅用了 3.5 年。

数字技术的发展，从根本上改变了市场的预期，消费者变得更加挑剔。在数字时代，社会普遍认为：“想要这款产品的人都会迅速购买，没有购买的人只是在等你或其他新公司提供更好、更便宜的产品。”

因此，消费者和企业更换产品和服务的速度，不再是按部就班地缓慢进步，而是取决于科技升级的速度。企业面对更激烈的挑战和消费者更高、更快、更多的需求，也不得不加快创新的速度，由此产生了一个数字经济时代的重要特性——市场的活力远远大于之前的任何一个时代。

随着产品和服务生命周期的缩短，新的机会和尝试不断涌现，整个社会经济结构被不断搅动，行业的垄断性不断被自身发展打破，甚至发展成整个国家经济强劲的动力，助力整个社会向更先进、更合理的方向发展进步。

2.2.6 基于数据驱动的工作形态

在人类社会发展历程中，生产要素决定着一个时期的社会经济的特点和发展程度，同时也决定着经济活动中人们的工作形态。但是，生产要素并不是一成不变的。

在社会经济发展过程中，会不断有新的生产要素形成，推动人类社会向更高的阶段发展。例如，在农业时代，土地和劳动力为主要的生产要素，社会的工作形态主要围绕其展开。种植、农业为主要行业和工作内容。在工业时代，资本成为新的生产要素，因此诞生了各类金融企业，生产过程中的各个环节也被金融要素所渗透，工作形态以金融为驱动。

在数字化时代，以人工智能、大数据、云计算等数字技术为代表的技术都表现出数据驱动的基本特征。数据重建了人类对于世界的理解和控制、预测，让人类的活动不再依赖于经验。

从长期趋势来看，数据逐渐成为一种新的生产要素，开始影响劳动、资本、技术等其他要素，增加了其价值。并且数据还提升了其他要素之间的配置效率，使整个生产流程中的资本、技术、劳动等要素可以低成本、高效率、高质量地进行组合和运转。同时，数据还具有巨大的投入替代作用，可以激活其他要素，提高产品、企业组织的创新能力，提升个体的创新能力，用较少的物质资源就可以创造更多的产品和服务。例如，基于数据的电子商务减少了大规模的商业基础投入；移动支付减少了传统的 ATM 机的建设；等等。

因此，数据已经成为数字经济时代最重要的生产要素，将推动和促进新一轮的经济增长和社会发展。在我国发布的《关于构建更加完善的要素市场化配置体制机制的意见》中，更是将数据列入了中国经济的五大要素之中。数据在整个国民经济中占据重要地位已经成为社会共识。

在数字转型的浪潮中，数据工作成为各行各业的内在驱动力，如图 2-3 所示。数据驱动模式成为企业转型最重要的抓手，企业的生产已经由流程驱动变为了数据驱动。无论是生产环节还是存储运输环节，以及终端的销售运营环节，数据都成为运转的基础，演变成为主要的工作形态。

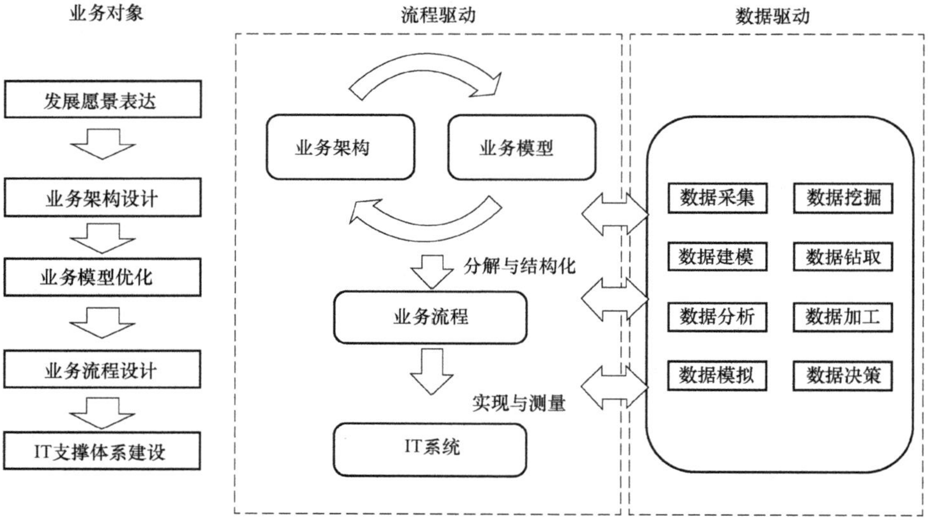

图 2-3　数据驱动

以蒙牛集团为例，在传统的生产过程中，包括奶源地的建设和管理、奶产品的存储和运输，包括后期产品的销售和运营，都是基于之前的生产方式和方法，由土地、资本、劳动力等各种要素驱动。但是随着数字时代的到来，数据首先为其他的生产要素赋能——基于物联网等各种智能传感器收集数据，其次利用人工智能等新技术对得到的大数据进行分析整理，最后根据得到的数据推动企业的决策运营。

因此，土地要素上的奶源地建设不再粗放，数据的收集、整理和应用变得更加高效；由于数据支撑，整个运输和存储环节更加流畅和合理，所花费的时间、劳动力和空间也更小；在销售终端，消费者的需求也不再被忽略，市场的需求变化由于数据的加持变得更容易被监测到，有些需求甚至可以提前“预测”。

当数据成为主要生产要素后，各行各业都将以数据为中心，不断采集和利用数据的工作形态。数据管理工作将成为企业的主要工作方向。

2.3　数字化加速新管理模式创新

智能时代，数字技术驱动第四次信息技术革命发生数字化转型变革，与之前三次工业革命相比，中国已经由追赶者的角色一跃成为变革引领者，中国的数字经济一直处于引领潮流的“快车道”上，并仍呈现出不断提速的发展趋势。

“十三五”期间，中国数字经济发展迅猛，无论是数字产业化，还是产业数字化的规模，都得到了平稳快速发展，目前，中国已经成为公认的数字化大国。如图 2-4 所示，根据中国信息通信研究院预测，到 2025 年中国数字经济规模将达到 60 万亿元，数字经济将成为经济高质量发展的新动能。

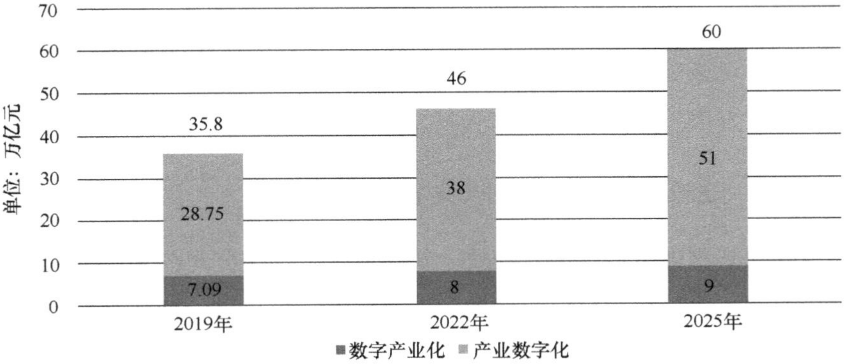

图 2-4　2019—2025 年中国数字经济规模及预测情况

任何一次变革、转型，都将给新生事物带来强大的生命力和潜在商业价值，但与机遇同来的还有陷阱。人们往往在转型变革的涌动中，被一时的景象蒙蔽双眼，比如，企业的数字化转型。

数字化转型是数字时代的变革潮流，不少企业已经成为数字化转型大潮中的一员。通过数字技术，增强竞争优势，实现业务增长或革新，最终实现营收，成为企业数字化转型的根本驱动力。

然而，呈现在人们面前的现实是，虽然数字化转型的呼声很高，但是，转型大军的成功者却寥寥无几，可以说，所有企业都处于数字化转型探索中，变幻莫测的时代环境将企业带到了一个新的十字路口。有些企业数字化转型仅限于从技术上变革，或者是在商业模式上进行变革，甚至很多传统企业陷入了不知所措的境地，"摸着石头过河"成为当下企业转型的真实写照。

新技术驱动企业数字化转型，基于数据的工作形态催生了企业的新商业模式，不仅如此，企业的数字化转型也是对管理模式的一种变革。数字化转型催生的新管理模式，是与商业模式密切相关的。原有的、旧的管理模式，无法适应新技术的应用，也就无法满足新商业模式产生新价值的要求，因此，随着企业商业模式的变化，企业的管理模式必然随之发生变化。

企业管理模式的转变决定着企业战略决策的实施，直接影响着企业经营的目标，反过来它也影响着企业技术变革和业务发展的方向和成效。随着数字技术的应用和新商业模式的诞生，企业数字化转型对管理模式进行重塑，最终催生了以去公司化的自由职业者管理、企业边界、敏捷能力、组织结构及自我管理等为内容的新管理模式。

2.3.1 去公司化的自由职业者管理

数字化转型催生了新商业模式，新商业模式促使公司的管理模式也随之发生了改变，传统的管理模式逐渐消亡或转变，衍生出一种适应新商业模式的新管理模式。去公司化的自由职业者管理成为新管理模式的最显著特征，在公司管理、业务管理等方面发挥了显著作用。

孟子曰："天之高也，星辰之远也，苟求其故，千岁之日至，可坐而致也。"古人已经认识到了规律的存在，任何事物的发展都具有一定的规律性。同样的道理，企业数字化就是认识人类思维与实践活动的根源，新兴技术快速发展的客观世界与人类活动的发展规律，都预示着未来的数字化趋势。

过去，公司化的管理遵循的是一成不变的流程，按照公司的组织机构、管理模式、劳动计酬、劳动合作关系等因素处理各项事务。传统管理模式相对比较固化，无法激发出员工个人的创造性、创新性。

现在，基于互联网技术的平台崛起和初步发展，个人成为商业主体，未来随着技术的进一步发展，技术支撑越来越多的人成为自由职业者。自由职业者的出现改变了公司化管理的传统体制，激活了公司现有的组织体制，重新焕发出灵活和独一无二的优势。这些优势可以助推公司在一些新的领域实现更高层次的创新，资源得到扩展，提升全球范围内的竞争力，甚至许多公司已经将自由职业者作为其战略增长的一部分。

显然，公司化的管理明显跟不上自由职业者的脚步，去公司化的自由职业者管理成为治理的新课题。自由职业者是基于互联网平台，不再受限于落后的公司化管理手段和形式，因此，对自由职业者的管理，不仅是对公司内部的管理，也涵盖着业务方向的管理。

激励和赋能是对去公司化自由职业者管理的两大主要手段：一是激励。根据美国心理学家马斯洛的需求层次理论，人类最高级别的需求为增长需求，也就是自我实现需求，人们有追求实现自己的能力或者潜能，并使之完善化的愿望，如图 2-5 所示。激励能够唤醒人的自我实现的需要，使之产生超越自我价值观实现的动力。例如，互联网出行平台对司机的管理，没有传统公司化的考核，根据接单量进行奖金分配，根据顾客评价分配任务。二是赋能。通过优化平台机制，建立发展体系，设定达成目标，为自由职业者提供良好的服务，让自由职业者成为达成目标、获得收益的主导者，获得认可，最终促使自由职业者为公司业务实现增长。

自由职业者模式就是人才"共享经济"模式，未来，去公司化的自由职业者管理将成为企业的主要管理模式，也是企业在转型过程中收获的最大战略增长点。

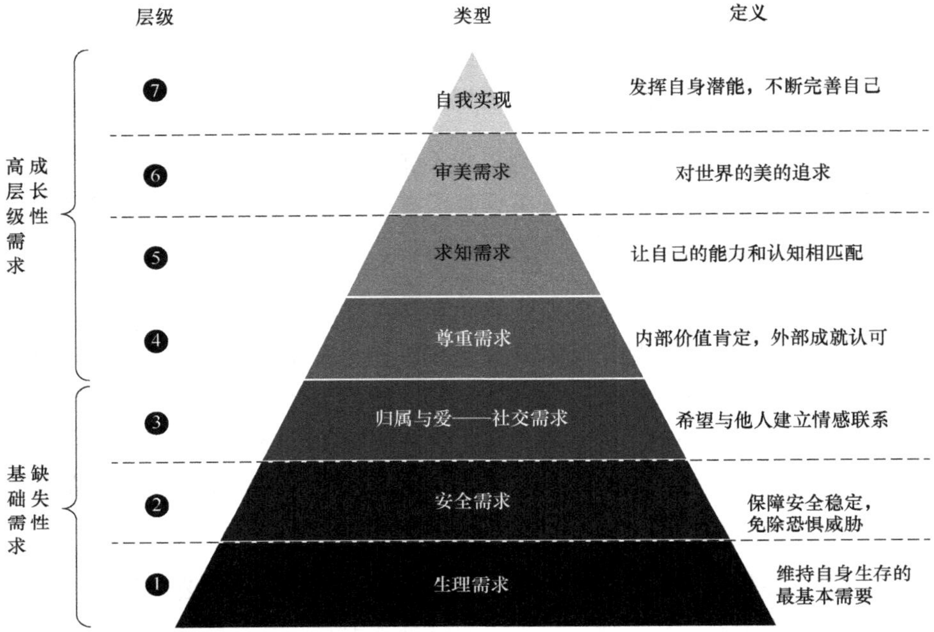

图 2-5　马斯洛需求层次理论

2.3.2　管理工具打破企业边界

新时代，随着数字化转型的深入和新兴技术的应用，管理对象和管理工具没有了企业边界。巨大的变革打破了企业常规的管理方式和管理规模，反而改变了企业通过扩张、扩大经营规模增加生产效率的尴尬困境。

企业边界是什么？

企业边界是企业组织结构的基本特征之一，它也是一个非常重要的企业管理概念，是指企业以其核心能力为基础，与市场产生相互作用而形成的经营范围和经营规模，受经营效率的影响。

美国的企业史学家钱德勒并没有明确提出企业边界的概念，但是他从大量材料的研究和实证中发现，效率是最终决定企业规模的因素。也就是说，企业规模边界的扩张是为了产生效率，当它不能产生效率时，企业需要停止扩张活动。

经济学家指出，企业的优势在于专业化、规模化的经营活动，因为企业内部交易成本要大大低于社会交易成本。如果对传统企业组织结构进行更细的划分，传统企业组织结构存在垂直、水平、外部和地理 4 种企业边界，而这也是传统企业决策和行动的准则。过去，企业边界更像企业管理生产功能的系统。企业只要在一定范围内，对人员、设备和相关的系统进行管理就能够实现效率的增长，企业的战略决策、投资决策、效率和控制协调能力等都受企业边界的影响。

企业边界的存在在一段时间内造就了众多企业管理者，创造了辉煌，但是在数字技术广泛应用的今天，企业边界很可能使企业过分强调自身竞争力，失去活力；也可能造成企业故步自封，错失市场交易带来的机遇，出现官僚主义，商业竞争环境陷入沼泽。

20 世纪末，企业开始呈现管理模式的变革，一种扁平的、群策群力、倡导信息分享、透明的“无边界”模式开始受到企业的推崇。因此，企业纷纷以身试之，开启了“有边界”向“无边界”模式的转变，如图 2-6 所示。企业的“无边界”模式，不仅仅是思维模式的升维，更带动了企业内外部的人和物，同时也协调了组织内外部的所有业务发展。

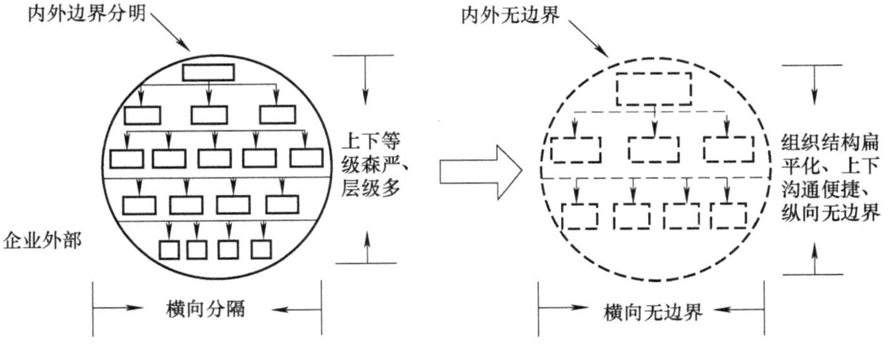

图 2-6　传统管理模式向“无边界”管理模式的转变

我国的白色家电行业巨头海尔集团倡导“企业无边界”。张瑞敏认为，在互联网时代背景下，企业是无边界的。海尔集团有一句非常形象的话——世界就是我的人力资源部，世界就是我的研发部。由此可见，“无边界”模式，极大限度地提高了资源利用率和生产效率。

进入 21 世纪，随着大数据、人工智能及 5G 等数字技术被不断应用，互联网平台迅速发展，去公司化自由管理者兴起，企业开始走上了变革道路，企业管理对象和管理工具没有了企业边界。企业原有的封闭式体系被不断打破，企业的很多业务通过平台不断被外包出去，更多的自由职业者成了企业发展的“核心”一员，企业不再依靠扩张企业规模，也能够降低企业成本，提升产品和服务质量。

例如，上海某管委会为了一个大企业能够在 3 个月内落地，通过管理工具打破原有的各部门的边界，建立一个虚拟的组织，由管委会主任组建一个群，将企业落地审批所涉及的工商、税务、财政、审计等各部门的领导及企业负责人拉进群，然后通过各部门领导及企业负责人将具体办事人员拉进群。企业和各部门办事人员在群里随时说、随时办，并且有明确的路径和办结时间。这种打破边界的方式不仅节省了申办企业的时间和流程，也提升了政府服务能力建设，增强了政府服务效率。

总的来看，企业愿意接受“无边界”模式，除了受技术应用的推动，毫无疑问，企业战略、市场环境、企业规模及人员管理等都是推动企业接受“无边界”模式的动因，如图 2-7 所示。

首先，企业有追求卓越目标的愿景和导向，并且技术能够支持其实现效率的提升，组织就更加灵活；其次，随着新兴技术的变革和应用，市场环境也在不断变化，企业无法控制外部环境，只能选择适应；再次，企业依靠扩大规模增加效益的经验表明，企业庞大的规模会衍生出复杂和规范化，无法保证创新，激发企业活力；最后，人员管理对规模庞大的企业来说是一个很大的难题，仅靠权力控制者管理已经不再适合企业发展。因此，这些动因促成了企业在变革中愿意接受“无边界”模式，激发企业发展活力，提升企业竞争力，走上健康、创新的发展之路。

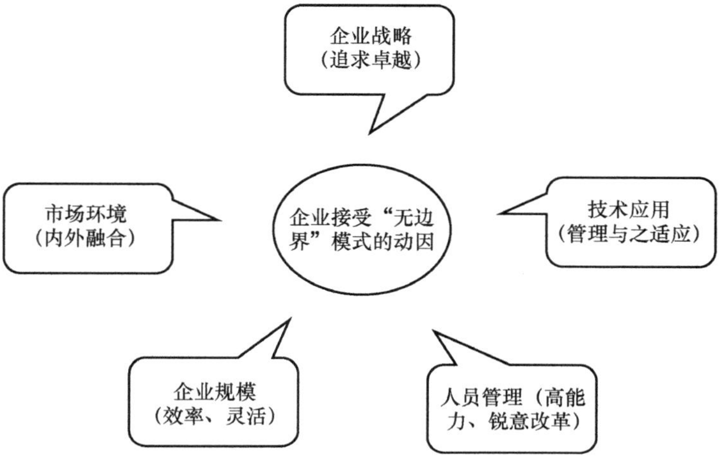

图 2-7　企业接受“无边界”模式的动因

2.3.3　敏捷能力成企业生存关键

新时代，数字化是社会经济发展的大趋势。“通其变，天下无弊法；执其方，天下无善教。”王通在《中说·周公》中写的这句话，点出了积极应对时代变化的内涵。转型于企业而言，正是适应时代变化的必经之路，转，企业发展才会迎来生机。

企业在应对各种变化中，敏捷的开发能力发挥着巨大的作用。敏捷开发能力虽然不是完全的市场竞争主体，但是它的快速应对变化能力，是企业在面对变化时，做出战略决策的主要依靠和关键性因素。

敏捷能力，顾名思义是指企业在时代变化浪潮中，在不可预测的经营环境中，善于应变的能力。敏捷能力是企业战略进化、迭代的一种开发方式、理念和综合能力。其实，敏捷能力是一种方法，需要依靠技术积累应用在项目和团队中，通过沟通、响应积极应对变化，实现企业发展的途径。

过去，公司的系统和开发模式是固化的，项目基本上采用的是瀑布式开发模式，其基本流程是首先提需求，其次进入设计阶段，最后进行具体开发和测试，每个阶段都会有严格评审，保证各个阶段工作稳步推进，这种流程更倾向于严格控制的管理模式。虽然瀑布式开发模式能够保证每个阶段的完成质量，但是，瀑布式开发模式项目的失败率会比较高，因为它存在很大的缺陷——这种模式容易受到各种条件的制约。有可能会发生系统进入测试阶段才发现问题，或者发现即使系统通过测试也无法满足业务需求，造成“胎死腹中”或重新开发规划的尴尬局面。因此，不仅浪费了时间，还可能导致产品延期发布，瀑布式开发模式有可能导致错误的高发性与不确定性的后果是不可估量的。

随着新兴技术的快速应用和互联网的兴起与发展，软件交付模式发生了巨大变化，敏捷开发模式引起了企业的好感。越来越多的企业开始接受以敏捷开发模式的思维，积极应对快速的不可预测的变化。

敏捷开发模式采用的基本流程如下：首先将需求方最关注的软件原型做出来，进行交付或上线，通过实际场景检验产品，快速修改存在的 Bug，弥补原需求中的不足，其次发布迭代版本。其实，敏捷开发模式就是将一个“大而全”的产品拆分成若干个小项目，通过市场的检验，进行一个个的小迭代，如此循环，直到市场（客户）满意。

很显然，敏捷开发模式与瀑布式开发模式有着本质的区别，原来的瀑布式开发模式比较适用于需求比较明确、to B 端的项目；而敏捷开发模式则适用于需求不明确、创新性或者需要抢占市场的项目。当然，在项目管理过程中，无论哪种开发模式，并不都是单一的遵循模式内容，它一定掺杂着其他模式内容。如图 2-8 所示，通过两种开发模式和思路的比较不难发现，瀑布式开发模式呈现出不确定性，无法快速应对当今世界发生的变化，也就不能让企业在关键时刻做出关键、有利于企业发展的决策；而敏捷开发模式则恰恰相反，它能够积极应对变化，打破原有的固化系统，对数据进行分析，对市场进行解读，赋能企业做出正确决策。

数字时代，敏捷开发模式具有快速应对市场环境发生变化的能力，成为决定企业生死存亡的关键。

内容	瀑布式开发模式	敏捷开发模式
工作方式	1.重视和强调过程文档，以文档驱动项目，将软件项目开发周期严格划分为几个固定阶段（需求分析，系统设计，软件设计，编码，测试，交付），每个阶段结束都有对应的详细文档作为输出； 2.上一个阶段的输出就是下一个阶段的输入，直至完成整个开发流程	1.更加强调人的协作（团队之间，客户与团队之间），在高度协作的环境中使用迭代方式进行增量开发； 2. 客户可对每次迭代的成果提出修改意见，开发人员进行调整和完善； 3. 进行多次迭代直至完成完整产品交付
优点	1.每个阶段目的明确，阶段人员完全专注于该阶段的工作，有助于提高阶段效率； 2.由于存在详细的过程文档，在早期就能明确出项目的范围和概况，能够更有效的组织和调配资源开展项目	1. 阶段性成果可以在开发过程中被客户查验，从而降低项目开发的风险性； 2. 灵活性高，需求的变更可在任何时候进行
缺点	1.开发过程中大量的文档，极大的增加了工作量； 2.项目后期才能展示成果给客户，增加了项目开发的风险 （例如，项目最终与客户预期差别很大，若要修复会造成项目的延期和成本增加）； 3.需求变更的成本较高 （需求的变动理论上也会严格按照各个阶段去实施，导致时间成本过高）	1. 最终交付的内容无法预测，预期和实际完成的内容经常会有很大差异； 2. 敏捷需要高水平的协作以及开发人员和用户之间的定期沟通。业务和IT人员在沟通前需要做大量的准备工作，但很多情况下业务的沟通时间无法保证
适用项目	软件需求十分明确并且不会有频繁变化的项目	需求不明确、具创新性或者需要抢占市场的项目

图 2-8　敏捷开发模式与瀑布式开发模式对比

2.3.4　建立网状组织结构

在数字时代，随着新技术的应用和商业模式的转变，企业的管理模式也随之发生转变，企业原有的金字塔式的层级组织、扁平化的组织架构、沉浸式的管理，已适应不了消费者市场日趋多样的个性化发展。

随着信息技术的发展，借助现代技术手段升级而成的网状组织结构应运而生。未来，企业的管理方式将会是基于技术手段实现的跨部门、信息随时穿透的，甚至整合内外部资源的网状组织结构。

1. 企业组织结构发展历程

人类社会经历了第一次工业革命，世界发生巨变，人类历史进程由农业经济时代转向工业经济时代，高度集权式直线制组织结构很适合早期规模很小的手工作坊式工场。随后，几次工业革命促使企业规模不断扩大，员工越来越多，显然，手工作坊式工场的集权式组织结构已无法满足企业的发展需要，直线职能制组织结构、事业部制组织结构等形式的出现，极大地改善了企业杂乱无章的情况。随着企业规模的不断扩大，管理幅度也越大，因此形成了金字塔式的层级组织，企业规模越大，层级就越多，形成了纵向一体化管理模式。纵向一体化管理模式最大的弊端就是脱节、机构烦琐、办事拖拉。因为老板或者集团管理者不了解底层部门或者分公司的发展情况，如果公司做决策的话，就必须长时间去做调研，大大地浪费了运营成本。

随着信息技术的发展，扁平式组织结构借助现代新型技术，组织企业的运作，成为企业组织架构调整的主流。扁平式模式不仅改变了机构烦琐，也可以提高管理效率，降低管理成本，还将通过科学化和民主化的管理功能，积极促进管理业务流程的合理重组，优化管理职能，企业可以根据实际情况进行快速决策。

在数字时代，世界经济全球化、一体化的趋势日益凸显，消费者的价值观也随着世界经济结构的变化，呈现出多样化和个性化的发展。随着经济全球化进程加快，竞争更加激烈，市场变幻莫测，企业组织调整的速度无法追上世界经济市场的变化，企业的生存和发展受到严重威胁。

网状组织是在扁平式组织基础上的进一步深化、升级，它突破了组织结构的有形界限，进行跨部门、信息可穿透的内外部资源整合重组，有利于企业应对变化，做出正确的决策。

2. 网状组织结构内涵

网状组织结构是基于新型技术手段，适应市场的低成本竞争和变化，发展起来的一种新型虚拟的组织机构。实际上，网状组织是利用组织内部的“协定”运作的一个虚拟组织，它是依靠跨部门协作、信息共享等形式的有关人员、部门相互之间的协定与沟通。

网状组织结构是由企业总部控制的，但它的权限或者动作有限，仅能够在组织内的单位或节点的各自分工范围内运作，真正作业的则是独立的单位。例如，在网状组织中，A、B 两家分子公司可以在遵循集团协定的前提下进行直接沟通，不需要总部的参与，这时，A、B 两家分子公司是独立的实体，他们直接沟通，为自己的决策负责，决策时间就被大大缩短，效率自然就提升了。

3. 网状组织结构企业应用

随着信息技术的发展和企业管理模式的变化，企业的组织结构也在进行着调整，网状组织结构作为一种适应时代发展的新型组织结构，既符合未来经济社会发展的大趋势，也符合企业发展的规律和方向。

网状组织结构作为企业一种新型的组织结构，其展现出了适应时代发展的优势。

第一，网状组织结构能有效地处理多角化经营与专业化业务生产的矛盾。众所周知，多角化经营虽然能够令企业应对变化，但是给企业造成的结果是资源过于分散，无法形成规模经济和提高产品的竞争力；专业生产虽然能够形成企业规模，但是无法帮助企业应对外部环境变化，规避经营风险。网状组织能够把一个多角化经营的企业，有机地割裂成许多相互独立而又相互联系的小组织，并在一个统一的协议下遵循一定的标准有效地运作，而且还可以精简机构、减少预算，降低组织总部运营成本。

第二，网状组织结构可以有效地提高企业的快速反应速度，帮助企业增强弹性和可再造性。俗话说，“船小好掉头”，网状组织将一个庞大的企业集团拆分成若干独立的小实体，以适应市场快速多变的需要。

第三，有效降低企业业务运作成本。相对于层级组织、扁平组织，网状组织没有总部或者上级组织的概念，它是虚拟的组织架构，也就不涉及企业运营成本、业务运营成本。不会陷入传统层级组织里一层层的费用开支的恶性循环。

第四，符合未来社会朝个性化、自由化方向的转变。在信息时代，网络遍布世界各个角落，万物互联得以实现，社会对个性化、自由化方向的发展有了需求和倾向，企业从集中办公走向个体办公、家庭办公，并逐渐发展成为趋势，网状组织的特征正好满足个性化、自由化的有效途径。

当然，网状组织结构在企业应用过程中也存在一些挑战，如协定的广度、深度和执行等层面的问题都很难保证网状组织结构的运行。企业在运营网状发展过程中，也在不断地探索更有效解决问题的方案和路径。

2.3.5 基于数据智能的自我管理

在数字时代，随着互联网的普及和发展，数据已经成为与土地、劳动和资本同样重要的企业管理战略资源和要素。

未来，基于数据驱动将成为公司的主要工作形态，而公司的管理体系也将转变为基于大数据引擎，对数据进行收集、存储、计算、挖掘和管理，使数据实现“智能”，数据智能是公司向数字化、智能化转变的最重要的方式和途径，也是最显著的特征。

数据智能是指在大数据引擎的基础上，通过深度学习技术和大规模的人工智能技术，对海量数据进行处理、分析和挖掘，提取数据中所包含的有价值的信息和知识，进行数据智能管理、建立模型，形成解决方案，可以对未来进行预测。例如，在智慧交通建设过程中，交通主管部门可以根据交通情况进行预测，未来某一路段的拥堵情况、出行人流量情况，甚至可以预测到某一时段的具体情况，主管部门可根据预测制定相应的预案，疏解交通或加大公共交通投入力量比例。

其实，对于公司来说，基于数据智能的自我管理，能够更好地对企业人员、业务等进行有效管理，不需要老板、管理者对员工下达指示，布置工作内容，尤其是大规模的公司，管理者只需要在平台或系统上根据数据提出意见或者评分就实现了公司管理。因为意见、评分等都在系统中留痕了，相当于一种检验，对员工行为的检验。

在互联网发展过程中，由于技术手段的不断进步，更精细的量化成为可能，也就是人们通常所说的数据，数据也越来越多地变成人们的一种思维方式。数据可以直接体现事物、产品的价值。数据还有一个众所周知的简单粗暴的说法——流量，在中国的互联网生态上下游，流量是出现频率最高的一个词。

在信息爆炸的今天，各行业开始将数据上升为企业重要资产和生产要素，自然而然地对数据收集、存储、计算、挖掘和管理转向了智能。智能数据，相当于给企业提供了一个外接“大脑”，在技术发生革命性的变革的背景下，企业能够通过数据智能外部“大脑”功能较为游刃有余地生存下去，甚至还会生存得很好。当然，智能数据是制度化、规范化的现代社会对于信息搜集、追溯、评定和预测的依赖性的要求。

打车的场景是一个基于数据的自我管理的典型案例，以前打车会遇到司机态度特别不好的情况，顾客体验非常不好，即使投诉，出租车公司由于成本的原因无法展开调查，顾客却无可奈何。症结何在？由于出租车司机所属公司没有关于恶劣行为司机的数据，无法调取司机态度变化原因、是否区别对待等一系列问题，也就无法做出客观的判断。但是，大数据时代，情况就会发生天翻地覆的转变，如果司机态度不好，顾客可以在平台上或系统上留下评价，公司根据平台上的数据分析后就会得出相对客观的结论，着手制定措施应对。而且，由于数据留存，司机会担心顾客对自己的评价过低，影响接单率，因此会更加注重服务。

数字时代，一切都在通过数据“留痕”，一切都可以基于数据自动评价。基于数据智能的自我管理，无论是对员工还是对外部资源的合作方，都有着极强的自我约束力。

第三部分

十大行业数字化转型

信息革命开启后，中国成为智能时代信息技术变革的主导者和引领者，企业不断创新和进步。一时间，大众创业、万众创新成为经济社会的热潮。企业是科技创新和经济社会建设变革的主力军，更是开启数字化新时代的助推器。

转型，是企业在数字化时代实现技术与业务从本质上发生变革的过程，也是企业实现降本增效、谋求发展的必经之路。数字化转型是企业未来发展的共识，企业虽然拥有无限发展的机遇，但也面临着巨大挑战。

在数字化转型趋势下，千行百业呈现出不同的特点，在每个行业中，企业的发展又各不相同，有的在数字化转型道路上进行摸索，有的已经取得了很大的进展。在数字化转型过程中，先锋企业推动了整个行业的数字化转型进程，为其他企业的数字化转型提供了很好的参考和借鉴。

第3章

十大行业数字化转型特征

数字时代，数字化战略已经上升为各国的首要战略，各国在基于以数字手段推动数字经济发展这一课题面前达成了共识，但是根据各个国家发展的不同状况，英、美、法、德、日等国家纷纷采用不同的数字化战略和落地措施。同样，中国也打造了一条具有中国特色的数字化转型之路。

在面对各行各业不同的发展状态时，数字化转型也呈现出了不同的特色和特征。从传统产业到新兴的互联网产业，从高精尖的高端制造业到金融行业，从能源行业到消费品零售行业，不同行业的生产者和消费者的不同，推动着行业数字化转型发展百花齐放、各具特色。

3.1 银行业——深入推进数字化转型

国家“十四五”规划明确提出“加快数字化发展 建设数字中国”的目标。数字化转型以数据、技术双要素为驱动，加速服务模式、产品模式、管理模式的创新，实现行业转型升级，达到高质量发展目标。

银行业一直以来都高度重视数字化建设，积极把握科技革命和产业变革趋势，三十多年来持续推进金融科技发展，先后历经了电子化、信息化、智能化等发展阶段。在电子化发展阶段。银行积极用计算机代替手工操作，逐步实现了业务处理与经营管理的电子化，提升了经营效率。在信息化发展阶段，各银行积极实施数据集中与运行集中，保障了数据的实时性与一致性，全行信息共享，运行管理更加高效；同时积极推进各应用系统的整合，实现了境内外业务系统的统一，业务处理、经营管理、风险管理能力显著提升。在智能化发展阶段，各行利用大数据、人工智能、云计算、区块链、互联网等新技术，实现业务营销、产品赋能、经营管理等领域的创新。科技赋能成为银行业发展的驱动引擎。

当前，我国提出坚持创新在现代化建设全局中的核心地位，把科技自立自强作为国家发展的战略支撑，加快建设科技强国。金融科技在银行发展全局中的作用越发凸显，是实现银行高质量发展、提升金融服务新发展格局水平的重要力量。银行业将进一步深化数字化转型，主动适应技术发展趋势，赋能高质量发展。第一，深化数字化转型将发挥科技优势，进一步服务实体经济，满足人民群众对金融服务的需求，体现银行业弘扬金融报国理念、助力建设科技强国的责任担当。银行业实现数字化转型，也将进一步提升全球金融服务能力，促进国内、国际双循环。第二，新一轮科技革命和产业变革深入发展，大数据、人工智能等技术创新应用成为未来全球银行业竞争的制高点，深化银行业数字化转型将有效提升我国金融业新技术应用水平，增强金融科技的全球竞争力。第三，全社会加快数字化升级，深化银行业数字化转型，将提升金融数字化供给能力、生态化链接能力，推进银行与各行业协同联动，提升公共服务、社会治理等数字化、智能化水平，推动银行服务向开放化、生态化转型，实现银行业融入数字中国建设大局。

同时，当前银行业的数字化转型也面临着严峻挑战。一是数字化基础能力需要提升。我国产业链自主可控能力有待增强，一些关键核心技术受制于人，银行基础设施面临一定风险，技术架构转型面临重大挑战。二是数字化转型的技术与业务应对能力有待提高。金融科技新业态、新技术、新政策不断涌现，需要进一步提高前沿动态的研判能力，积极应对外部变化，快速做出适应性调整和布局。三是体制机制有待突破。当前，银行业在科技资本运作、试错容错等方面机制不足，金融科技机制不能很好地满足市场需要，金融科技人员激励机制不足。

在“十四五”期间，银行业将全面贯彻落实党中央、国务院关于数字经济和数字中国建设要求，立足新发展阶段，贯彻新发展理念，坚持以人民为中心的发展思想，以数据和技术为关键生产要素，加快推动经营模式和治理模式的数字化变革，以金融高质量发展服务新发展格局。

未来数字化银行深化转型的发展，将精准对接国家“十四五”时期重大战略任务，加强数字化转型顶层设计和统筹规划，在更好服务经济高质量发展的基础上，努力实现银行高质量发展；以建设人民满意的银行为目标，充分发挥数据和技术要素对金融高质量发展的重要作用，加快推进金融科技成果转化和数字化经营转型，不断催生新服务、创造新模式、培育新生态，创造卓越价值；加强前瞻性思考、全局性谋划、整体性推进，统筹各业务领域、各机构的数字化转型进程，促进业务、数据、科技互动和良性循环，系统性开展数字化转型工作；坚持开放理念，打造优势互补、开放共赢、合作共享的金融生态圈，构建银政企数字共同体；促进全业务、全要素数字化连接，构建高效协同的数字化经营管理体系，形成强大合力；统筹好发展与安全，有效控制新技术应用带来的潜在风险，有序推进基础设施自主可控转型，加强数据安全和隐私保护，积极运用数据和技术提升风险防控效能，夯实数字化高质量发展基础。

深化银行业数字化转型将聚焦在以下 5 个方面。

一是充分利用数字技术积极开拓对外服务能力，充分发挥技术作用，与其他产业、行业深度融合，拓展上下游客户，打造开放化生态。重点围绕政务、行业、医疗、教育、普惠、乡村等领域拓展数字化合作场景，共建跨界生态。推进金融服务线上线下一体化，做强线上线下金融服务主渠道，强化手机银行与网点的智能化服务能力。在支付、融资、理财等重点金融领域创新数字化应用，并打造高效的数字化运营平台，让金融服务更加惠民、便民、利民。

二是大力增强数据的应用水平。夯实数据基础，推动数据共享，激活数据价值。健全银行企业级数据资产整体视图，完善数据管理平台，优化数据资产治理体系。深度参与数据要素市场化改革，广泛引入各项公共数据等优质外部数据，形成内外融合的数据服务体系。加强数据治理，建立数据中台，推动打造覆盖营销、产品、运营、风控、决策等领域的智能化数据服务，提升数据应用价值，增强数字发展能力，活跃数字经济循环。

三是显著提升数字技术创新能力。充分利用大数据、人工智能、区块链、物联网、元宇宙等新技术，加大研发投入，加快金融行业前沿技术的应用实践，实现全客户、全产品、全渠道的服务升级，促进实体经济发展，推动城乡联动，赋能智慧产业。以科技创新推动经营管理改革，提升经营效率智能控制风险。加大与国家战略科技力量的产学研用联合创新，推动银行业“卡脖子”技术攻关取得关键突破，构建具有行业示范效应的基础设施平台，将科技创新成果加速转化为业务价值。

四是着力强化数字化安全运营能力。推进信息化基础设施的绿色低碳转型，保障信息系统的稳定运营，夯实数字化转型发展根基。强化网络安全防护，加强数据安全和隐私保护，筑牢信息安全防火墙。加强技术自主可控，加快技术架构转型，打造一系列自主可控的企业级技术平台，为数字化转型提供坚实的技术支撑。

五是有效优化数字化银行组织体系。完善数字化治理体系，加强产学研联合攻关，加大前瞻性研究，统筹推动数字化转型，构建市场敏锐、人才复合、联动高效的组织架构和体制，加快数字化变革时代响应速度，推动市场化改革突破，优化研发、测试、生产机制，加大资源投入，实现全行数字化人才稳步增长，激发创新动力。

3.2 能源行业——传统行业焕发转型新机

3.2.1 智能能源聚焦数据管理创新

数字化正在深刻影响着每个社会领域，重塑各行各业的发展格局。我国“十四五”规划纲要提出，到 2025 年，我国数字经济核心产业增加值占 GDP 比重将从 7.8%提升到 10%，加快数字化发展、建设数字中国已成为国家未来重点发展的方向与重大战略。作为对国民经济健康发展起着举足轻重作用的传统行业，能源行业也必须积极迎接数字化大潮的洗礼，这样才能确保行业紧密跟随社会演进的步伐，并能为社会发展和“3060双碳目标”的实现提供应有的助力。

风力发电、光伏发电等新能源的开发与应用因存在对气候条件的严重依赖，因此，在可预见的未来，继续依托化石能源及化石能源开发与应用企业，为中国社会构建持久稳定的社会能源供应体系是能源行业发展的应有之义。大力发展基于清洁能源的智能化开发及应用技术是建立清洁低碳、安全高效的能源体系的必然选择。建立贯穿能源全生命周期的精细化管理体系，离不开深度融合信息化、数字化技术，并将多能互补和源、网、荷、储、用各环节纵横结合的智能能源方案，其可对碳生成、碳排放、碳回收进行全程数字化量化跟踪与处理，是落实“3060双碳目标”的有力抓手。

城镇燃气企业作为能源企业的重要代表，提供了清洁化石能源开发与业务应用的基本平台。国内众多城镇燃气企业连接了各型城市的燃气管网输配、燃气计量销售、燃气工程施工、燃气安全管理等诸多业务环节，拥有开展企业数字化转型的丰厚潜力与良好前景。应用数字化新技术，对于建设燃气管网全生命周期、全要素的全连续、全时空管理体系，对于打造数字化工厂和综合数据分析系统，对于建设安全、稳定、高效的基础网络与数据驱动的经营管理系统，乃至搭建燃气工业互联网平台将是一种强大的能力保障。为解决数字化转型面临的业务断续、切入点模糊、安全不配套等问题，城镇燃气企业可考虑采取以下措施：以统筹安排、提前规划、有效实施、充分培训确保业务连续；从保障供应角度进行数字化转型设计、实施和管理，并做好应急准备；可快速迭代、快速部署、对敏捷性需求较高的新兴业务或相关模块优先开展数字化；充分考虑全流程的安全防护、安全监测、安全恢复和审计溯源能力；按各信息系统的业务复杂度、适用场景、安全等级、重要程度、影响范围、数字化迫切程度、数字化成熟度等因素分步实施数字化。

为了提供智能能源所构想的更透彻的感知、更互联的通信、更集成的数据、更精准的调控、更科学的运营、更智慧的决策等多方面能力，打造安全、和谐、绿色、智能的新型城市能源供应体系，中国社会需要规划、引导清洁能源有序流动，提高能源系统的安全性、生产率、可及性和可持续性。在此过程中，能源企业应重新设计围绕技术应用的客户体验新方法，实现数据和技术的去中心化，厘清数据所有权、控制权、管理权，明确专业技术的应用场景和应用价值，并重塑商业模式、树立新的行业标杆，同时更加突出区域化、技术主导化的发展特征。为达成上述关切所对应的战略目标，能源企业需要采取一系列数字化转型措施。

（1）加强顶层设计。从整个企业发展的视角进行取舍，不是进行发展评价，也不是标准体系建设，而是涉及组织、流程、业务、部门协作等一系列的变革；不是业务部门的修修补补，而是推进智能化标准体系建设，加快“能源智能化发展评价体系”和“智能能源标准体系”的建设。“能源智能化发展评价体系”通过明确智能能源的发展阶段，了解现在和未来的发展方向，确定实现智能能源所需的前提条件。“智能能源标准体系”则是为确定标准化发展路径提供标准范式，实现有据可依，利于更快地规模化建设智能能源系统。两个环节相辅相成，缺一不可。

（2）推进标准化。只有通过术语定义、参考架构等基础性标准的规范，数字化转型过程中的新技术才能真正落地，从而加速数字化转型，避免出现“先乱后治”的情况。应搭建数字化转型标准框架结构，建立以基础共性、通用技术、数据要素、数字化工具、安全等领域组成的标准体系。其中，基础共性标准用于同一数字化转型的术语、相关概念及通用要求，为其他类型标准的制定提供支撑。通用技术标准包括在工业大数据、工业云、数字孪生、工业智能等领域所用到的通用技术标准。数据要素标准可以为数字化转型的核心要素数据的全生命周期流动运转提供规范和引导，包括数据采集、数据存储、数据可视、数据共享和数据确权等方面的标准。数字化工具标准包括数据字典规范、数据治理框架、平台选型指南和 App 开发环境要求等方面的标准。安全标准是用于指导实现企业数字化转型的安全保障，包括数据安全、网络安全、平台安全和供应链安全等方面的标准。

（3）加强智能化设施投入，完成智能化设施升级改造。以城镇燃气企业的设施智能化为例，在燃气调压站与调压箱方面，较高压力级制的重要节点建设投入相对较大，智能化程度较高，但较低压力级制节点的智能化程度相对较低，客户数据无法与设备衔接；燃气阀门井因缺乏阀位监测等功能，存在安全管理短板；燃气管线缺乏防破坏预警、防腐预警等功能。在燃气表具方面，非民用计量表智能化程度较高，但民用计量表远传功能及数据分析与管理能力不完善。

（4）完善数据应用与管理，增强智能化深度应用。应全面加强对能源管网设备设施的实时监控，建立设备档案，将相互关联的数据集中在同一系统中，形成设备数据的完整性视图；保证实际管网设备与图档数据的一致性；统一客户数据的识别，提高数据采集录用效率，降低成本，保持及时更新；提高便捷性，让客户和运营方可以通过智能终端随时随地访问相关数据。

（5）完善智能信息平台，加强核心系统自主可控能力。通过统一的信息化运营平台，实现自上而下的统筹管理；各系统之间建立数据共享机制，从而对异常、事故、作业等管理过程进行闭环跟踪和管理；充分发挥数据的价值，挖掘其中蕴含的规律和模式，为企业的科学决策提供辅助支持；抓住当前国内信息化高速发展的契机，实现核心信息平台等重要技术方案的自主可控。

企业数字化转型是发展理念、组织方式、业务模式、经营手段等要素的全方位转变，既是战略转型，又是系统工程，必须体系化推进并抓住一系列关键点，即以战略规划为思想引领、以路径选择为成败关键、以企业上云为切入点、以数据共享为技术路线、以适应变革为创新导向、以供给侧结构性改革为关键保障、以人才保障为核心动能、以机制建设为持续保障。数据管理创新对于能源企业具有特别重大的意义，作为企业生存的血脉，数据流是能源企业构建数字经济时代核心竞争力的关键。打通能源企业各个环节留存数据，促进业务数据在能源企业各个环节快速共享将有利于降低数据使用成本，有利于能源企业信息流引入物资流、资金流、人才流和技术流，有利于更好地促进能源企业业务创新和发展方式的转变。能源企业应当构建企业大数据中心，统筹规划企业数据资源，建立企业基础信息库、业务信息库等，推进各类业务信息系统数据和系统分离，实现企业数据资源的统一规划、统一存储和统一管理。同时，应根据业务数据流动的需求，加快能源企业信息系统升级改造，推进企业信息系统互联互通，确保数据能够根据业务应用需求实现无缝流动。通过构建企业数据开发利用统一支撑平台，完善数据开发利用规则，健全数据治理机制，以数据应用创新推动业务创新变革。

能源行业应努力提供智能创新、集约共享、移动互联、敏捷安全的数字化服务，引领能源企业向数字化企业迈进。能源企业数字化转型的过程包括如下 3 个阶段。

第一阶段：优先在能源行业领先企业中倡导建设企业智能化开放创新平台及相关标准，从涵盖的业务形态到采用的信息技术，全面数字化。基于物联网、云技术、大数据、人工智能等新技术的融合，构建企业智能化开放创新平台，辅助智能决策和业务自动化，驱动业务系统数字化升级，实现能源企业的个性化、定制化、精细化的生产和服务。通过在能源行业领先企业中优化增强、全面推广企业智能化开放创新平台，拓展既有成果在能源企业及其各分支机构的应用推广。

第二阶段：在前一阶段成果的基础上，重点进行能源行业平台的建设。结合现有专业优势，聚焦于行业应用服务化建设和行业数据汇聚与服务，积累围绕城镇燃气等的行业大数据，形成大数据分析能力，并输出自身数字化能力；聚焦于平台运营和物联网、人工智能等新技术应用能力，探索新的商业模式，有效促进传统能源产业的转型升级，创造新的商业价值，实现市场规模性扩张，进一步扩大能源企业影响力，提高在新常态下的发展动能和竞争力。

第三阶段：在能源行业的不同领域持续完善，服务于各分领域的行业进步需求。例如，在城镇燃气行业，通过逐步推广领先企业在构建完善数字化服务体系方面的经验，进而链接同一行政区域的物联网、大数据，并以由数字规划与数字建造管理构建出的数字孪生城市为基础，与城市政府紧密合作，支持构建此行政区域的城市智能运行平台，通过快速处理区域市政设施物物相联后运行中产生的大量数据，及时做出预测或发出指令，提升在线优化分析能力，成为智慧城市的重要组成部分，为智能化、精细化的城市管理奠定基础。

面对中华民族实现伟大复兴的历史使命，中国能源行业将勇于担当，努力抓住数字化转型发展的历史机遇，成为国家经济发展与社会进步的强大引擎。

3.2.2　数字化转型支撑构建新型电力系统

以移动通信技术、大数据处理、云计算、人工智能、区块链、工业互联网等为代表的现代数字信息技术迅猛发展，赋予了各行各业高速、高效、高准确、高敏捷等一系列功能属性，实现了在许多传统技术体系下无法完成的任务和工作，全社会也掀起了“数字化转型”的浪潮，电力行业也不例外。

在“碳达峰、碳中和”的总体目标下，构建清洁、低碳、安全、高效的能源体系，构建以风力发电和光伏发电等“新能源”为主体能源的新型电力系统，成为电力行业新时期发展的重点任务。无论是新能源大规模高比例并网，以及分布式电源和微电网接入，还是大力加强需求侧管理，都亟待运用新一代数字信息科技提升电力系统全息感知、灵活控制、系统平衡能力，有效支撑水、火、风、光互补互济，以及源、网、荷、储协同互动和安全风险管控能力。因此，持续推进整体电力行业“数字化转型”，全面推进发电、电网、电力建设及电力市场和用户服务等相关机构和企业向数字化、网络化和智能化转型发展，必然成为构建新型电力系统的重要支撑。

3.2.3　电力行业各领域数字化转型现状

“十四五”规划开局以来，电力行业全面开展了数字化转型规划和实践工作。

1. 发电领域

（1）重点实施数据赋能，挖掘数据资源，打通数据壁垒。将数据资源作为重要的资产进行管理和运营，把握核心元数据、根数据，不断开放和扩大数据资产。同时，通过全流程贯通、全要素覆盖，培育基于大数据的全方位感知洞察、智慧决策与管控能力，不断推进数字化技术与生产、经营、资产、管理等各环节深度融合，将数字化、信息化技术从传统的业务支撑功能转变为发展驱动的原动力。

（2）全面打造智慧电厂（站）、智慧矿山，推进各发电领域效率提升、管理优化，实施发电设备数据管理和智能管理，保障机组全寿期可靠运行，提高发电安全水平。同时着力利用数字化技术开展风力发电、光伏发电等微观选址优化、发电功率预测和设备运维管理等应用。

（3）以建设新能源智慧运维平台为基础，逐步形成以云平台为基础，具备大数据分析和处理能力，全面支持微服务、紧密连接物联网的数字化生态整体 IT 融合架构，全面接入水电、火电、燃机和核电等生产数据，形成一体化智慧能源数据平台。

（4）以数字化转型为契机，推动传统的生产型企业向生产服务型企业转型，实现企业管理数字化、智慧化，形成支持生产运行、经营管理、市场营销和组织团队的数字化能力。

2. 电网领域

（1）坚持战略引领，坚持顶层设计和基层创新相结合，施行“双向发力、迭代创新”，以建设“数字电网、数字企业、数字服务和数字产业”为电网高质量发展注入新动能，编制并出台数字化转型战略规划，纳入发展战略，进行统一研究、整体部署。

（2）抢抓数字新基建机遇，夯实数字化发展基础。全面施行数据管理，打造智慧物联体系，重点建设数据中心和企业中台。以“电力+算力”支撑绿色能源供给体系，以大数据和人工智能提升能源配置效率，以数据资产作为治理纽带，实现精益管理，以标准化工作抢占电网数字化创新制高点。

（3）推进电网生产、企业经营和客户服务数字化，催生智能电网运营商、能源产业价值链整合商、能源生态系统服务商。同时利用人工智能和数字服务，解放用户自由发展的用能需要，满足用户不断提升的用能体验。

（4）拓展数字产业化。以数字化转型促进高质量发展新动能、新优势，开展能源电商、智慧车联网业务，创建电力大数据征信服务。

在国家电网公司发布的《构建以新能源为主体的新型电力系统行动方案（2021—2030 年）》重点工作任务中，明确要求加强电网数字化转型。

- 提升配电网智慧化水平，建设安全可靠、绿色智能、灵活互动和经济高效的智慧配电网。加大配电网智能终端部署、配电通信网建设和配电自动化实用化，大幅提高可观性、可测性和可控性；通过多能互补及源、网、荷、储一体化智能协调控制技术，推进新型储能、需求侧响应，提高配电网调节能力和适应能力。
- 打造电网数字化平台。加快国网云平台建设，创建数字孪生电网，推广网上电网等业务应用。加快信息采集、感知、处理、应用等环节建设，构建连接全社会用户、各环节设备的智慧物联体系。推广人工智能、国网链、北斗等共性平台和创新应用，提高全息感知和泛在互联能力，实现电网、设备、客户状态的动态采集、实时感知和在线监测。
- 营造能源互联网生态圈。推动新能源云成为国家级能源云，完善新能源资源优化、碳中和支撑服务、新能源工业互联网和新型电力系统科技创新四大平台。建设能源大数据中心，推动能源数据统一汇聚与共享应用。建设能源工业云网，为产业链上下游企业提供“上云用数赋智”服务，同时加大数据共享和价值挖掘，拓展新业务、新业态、新模式。

3. 电力建设领域

面对“数字+可再生能源”时代的到来，电力建设领域从打通内部、融合外部和构建生态 3 方面着力，聚焦价值创造，以产业数字化为目标，以业务发展为驱动，充分利用“云大物移智”等新技术，紧紧围绕管理数字化与业务数字化，加大产信融合力度，打造数字生产运营体系，创新数字化产品，不断提升企业的精益化生产、数字化建造、现代化管理和智能化决策能力，加速推进传统工程企业步入数字时代。

（1）搭建以 BIM 为核心的基础数字技术平台。充分发挥 BIM 的研发能力，开发工程构件数据库和自动编码软件，实现对构件命名、编码、建模方式、属性等信息标准化管理和海量构件自动化编码。

（2）全面运用新一代数字化技术有效支持实时在线沟通、在线工作、在线协同和在线监管，实现敏捷响应，统筹部署，形成支撑服务工程建、管、运数字化平台。开发并实施如“基于大数据的多方协同智慧工地建设”“5G 智慧化应用工程管理”“工程文件数据全息关联管理创新和实践”等项目。为构建数字化工程管理体系和智慧化运营体系奠定基础。

（3）通过“工程产品+服务”推动建造服务化转型。利用物联网和人工智能技术实现海上风电工程规划数据、建设数据、运营数据、维护数据的收集、存储和分析应用，通过数据交换、信息共享和价值共创，有效促进海上风电管理模式向智能化服务转变。

（4）构建互利共赢融合发展的产业链生态圈。深度结合 5G 切片、边缘计算等技术，开展智能运检、供电可靠性及高等级负荷精准控制研究与实践工作，弥补配电网末端光纤覆盖不足等问题，降低用户成本，增强电网供电能力，提高电网供电可靠性。

3.2.4 电力数字化转型关注点

电力数字化转型关注点有以下几方面：

（1）“数字化”功能角色转变。在全力开展电力数字新基建的基础上，充分发挥云科技、人工智能、中台、5G、区块链等新一代数字信息科技，为电力行业“赋能”和“创造”，使数字化功能从单纯业务和管理“助力者”的角色向行业整体发展的“引领者”和价值创造“整合者”的双重角色转变。

（2）电力数据要素价值激活。数据是电力数字化转型过程的核心要素之一。电力数字化转型在数据层面可体现为业务数据化、数据融通重组化和数据业务化的全过程。打破业务和数据壁垒，建立上下贯通、横向协同的数据协作体系，使电力数据成为安全可控、共享共用的核心资源，充分激活数据要素价值，释放各类电力企业生产力潜能、优化调整系统内外部生产关系，重塑能源电力产业生态。

（3）电力新兴产业开拓。电力数字化转型是推动数字技术与能源电力业务、数字经济与实体产业深度融合的过程。强化开放合作是培育电力企业基业长青的新动能。主动融入数字经济发展浪潮，根植主业、服务实业，在优化提升核心业务的同时，创新发展新兴产业，开发能源数字经济这一巨大蓝海市场是电力企业数字化转型的重要内容。电力企业关于数字化技术的深入应用，可进一步积极稳妥地开拓电力金融、电力商业、电力信创等新兴产业。

3.2.5　数字化转型实践中的几点建议

在全面开展数字化转型实践工作以来，电力行业各领域均取得了显著的进展和成果，同时也显现出了一些值得重点加强的工作。

（1）坚决保障网络安全。随着网络化、智能化、平台化技术的深入应用与发展，电力系统生产、运行和管理各环节基本实现互联互通，但网络的安全风险也日益凸显。电力行业各领域要不断加强网络安全保护意识，加大各种资源投入力度，持续提高护网和应急技术水平。

（2）坚持数据开发和保护并重。电力数据既是企业的战略资源和核心生产要素，也能够直接反映经济运行、社会民生、产业运转、用户信用等情况，涉及大量敏感信息。在挖掘数据“富矿”价值、开发数字产品、发展数字经济时，必须把保护数据安全、合法合规使用作为首要前提条件，坚决防止发生敏感数据和个人信息泄露，避免引发电力系统安全事故。

（3）致力于自主可控技术的研发与应用。实现技术产品自主可控是数字化转型建设的关键环节，是全系统安全的重要保障。电力行业及相关企业、大专院校和科研院所，要致力于自主研发和设计芯片、关键零部件、各类软件和系统等产品和相关服务，实现电力监控系统从硬件到软件的研制开发、应用、生产、升级、维护的全程自主可控，全面摆脱依赖进口电子信息技术产品和服务“卡脖子”的局面。

（4）加快研究并推行创新性管理。创新是数字化转型的主要驱动力。电力行业既是基础工业，也是传统行业，并以国有企业为主。虽然大部分电力企业已广泛应用信息技术和数字科技产品，但传统的管理意识根深蒂固，仍沿用传统的人员管理模式和手段，尤其是在基层单位和研发机构，不利于发挥技术人员的创造力和主观能动性，甚至会打击工作热情。电力行业各领域应针对自身战略发展需求、组织结构、业务要求和人员组成，研究并推行创新性管理，为电力行业数字化转型打造适宜的发展环境。

3.3　制造行业——数字化制造是生产方式的重大变革

谈到数字化制造，映入眼帘的通常是无人工厂、黑灯工厂、智能工厂、智能车间，还有5G网络、AGV小车、生产机器人、传感器……这些自然是数字化制造的范畴，也可以说成智能制造的范畴。撇开概念上的重叠与纠缠，数字化制造的显著外部特征是生产装备的数字化、生产系统的数字化，在生产力水平方面有极大的提升。在一些行业，有些企业在进行颠覆性的能力跃升，“虹吸”了这个产业许多企业的订单，成为隐性的“巨无霸”。以前需要几十年乃至上百年才能铸就的“隐形冠军”，现在可能只需要从一个说得过去的智能车间开始，用几年的工夫就能做到。这不禁让人浮想联翩，也非常容易吸引企业家奋力前行，加大投入，赢得生存之地。

生产力的先进性最终会带来什么？或者说一部分先进的生产力和更多的“落后生产力”是一个简单的替代关系吗？我们升维来看，数字化制造实际上促进的是在生产方式方面的重大变革，这对社会经济的影响会更加巨大。

初步看，数字化制造在生产方式变革方面，至少呈现出以下几个显著变化。

（1）未来制造业的B2B交易对象，不再是产品，而是加工制造能力。在张西振先生的“和谐生产方式”理论中，这个加工制造能力就是附着在具体能力单元上的。由于个性化需求越发成为主流，以相对固定形态的产品满足市场越来越不现实，更不经济。通过“能力延迟整合”的方式，一旦需求确定后，就立即组织交付，这个方式成为主流。加工制造的能力开始“上网”，并且进一步社会化，进入交易市场。与产品交易最终面向终端用户不同，能力的交易是带时间标签的，需要在一个“恰好”的时间做能力调用才有意义。这就需要非常强大的技术支撑，以期对能力单元进行高效的展现、识别与匹配。

（2）从温特尔（Wintelism）主义到中国制造业的数字产业集群。温特尔是“Windows+Intel”的组合，温特尔主义指的是围绕着产品标准在全球有效配置资源，形成标准控制下的产品模块生产与组合。温特尔主义利用掌握的强大信息网络，以产品标准和全新的商业规则为核心，控制并整合了全球的资源，使得产品在其最能被有效生产出来的地方以模块化方式进行组合。在完成产品价值链的全过程中，标准制定者与模块生产者有不同的分工，标准的制定掌握在极少数国家手中，而大多数模块生产者则以模块化生产的形式，实现和落实这些标准。在这个架构中，标准和规则能够确保规则制定者的根本利益，但与此同时，标准的使用和落实者，也可以通过产品模块的生产与组合获益，形成双赢局面。

温特尔主义模式是一种全新的生产经营方式，在这一模式下，某些掌握关键技术、其产品已被视为业内“无形”标准部件的公司，专注于某种关键部件或技术，且不断使其产品更新换代、精益求精，以维持其在本行业中的标准位置和垄断地位，从而将顾客锁定在一种无形的永久关系之中。

温特尔主义通过资本直接或间接地控制产业。中国本土的特色制造业产业集群却面临着一个全新的发展机遇，一方面，在分工体系上已经拥有温特尔主义的基本效应；另一方面，在组织形态上却是众多中小企业相互协同形成的产业互联网在起作用，而且，产业互联网的数字化程度越来越高，不仅成为数字经济的新载体，更是中小企业生存与发展的数字家园。

3.3.1　数字技术加持下的产业升级

数字技术已经弥漫到了企业的多个领域，由点到面，由面组网，在一些先进企业，已经形成了对产业进行升级的示范效应。

例如，在家居行业，全屋定制这样的服务不仅可以满足用户的个性化需求，从制造业的高质量发展角度来看，实际上也是输出了一个升级了的价值链。基于定制的精心设计，在储物空间与室内布局方面会产生更多的精益。江苏有一家企业在统计了数千个全屋定制项目之后，一个 120m^2 三室两厅的新居，采用家居定制模式，可以比传统方式“新增”4～5m^2 的室内面积。

价值链的升级，自然包括设计、生产、运输与现场装配这些环节，每个环节都会更加精益，并且相互协同。可以预见，再过一段时间，家居企业会越来越 IT 化，越来越像 IT 公司了。

又如，在白酒酿造行业，通过传感器的数据采集和经验学习，进一步调优下一批次产品的工艺参数与环境参数。这使得学习可以长期进行，知识积累迅速形成后续业务的投入，产生了复利，而且时间越长，复利越大。“数字酿造”的真正含义是将之前只有丰富经验的老师傅才能掌握的精微之处，充分结构化，并置于若干复杂的模型之中，以极其动态的方式演进，彻底改变了这个行业的生产模式。

家居、白酒酿造这些极其传统的行业，从生产工具的先进性到生产方式的先进性，都是数字技术在发挥作用。制造业的许多行业正在发生这样的变化。

3.3.2 5G 在制造领域必将形成新的序参量

5G 在制造业的商用，让制造业“如虎添翼”，空间相对固定，组网方便，低时延的效用在工业生产场景中价值显著。目前，5G 只在有限的企业中有规模化的商用，相信不久将成为中国制造的一个全新驱动力量。在《企业管理》杂志的年度关键词中，对此有鲜明阐述。

（1）工业数据采集。机床设备的数据通过 5G 网络实时上传，连接的数量和质量都大大提升；通过 MEC（Mobile Edge Computing，移动边缘计算）实时处理，设备响应更及时。设备故障率降低 4%，综合生产效率提升 3%。

（2）叉车自助搬运。借助 5G 大带宽和 MEC，结合人工智能视觉识别和实时回传技术，实时路径规划，无须任何提前设置，真正实现叉车自由穿梭；

结合人工智能视觉识别、精准定位和实时精准操控技术，完成不同高度、突发货物偏移和不规则摆放的自动装卸货物。可降低人工成本 50%，节能 20%，提高仓储效率和效益 30%，事故率降低 80%。

（3）AGV 云边协同。大量 AGV（Automated Guided Vehicle，自动引导车）的运行，对无线网络的带宽、时延有着非常高的要求。通过云化部署和 5G 网络，能够实现 AGV 的灵活调度和控制。每台 AGV 效能可提升 5%。

（4）机器视觉质检。轮毂轴承淬火流程对加热线圈的加热时间和加热位置有着极高的要求，通过基于 5G 网络的人工智能算法，实时检测产品质量并实施反馈，提高产品质量和质检效率。

（5）生产实时监控。生产环节遇到突发情况实时预警，为及时处置创造更好的窗口期。

（6）远程作业服务。在钢铁生产、垃圾焚烧等作业环境较差的场景，远距离实时操作。AR 培训及专家远程指导也很便利。

5G 逐步成为企业生产车间（工厂）的基础设施之后，生产力的变化乃至跃进将是一个新常态。这一轮生产力的升级，是一次系统性的升级，不是单一要素及部分行业的升级。这对于众多企业来说是难得的机遇，也必将成为许多企业生存与发展的新的分水岭。

数据采集、机器视觉、AGV、工业 AR/VR、高清视频监控、质检、移动巡检、远程操控、智能仓储物流、安全管理等工业场景，只是我们可以看到的一部分，更多的场景变迁正在等待我们去实践。

3.3.3　数字化经营管理让中小企业的单点优势越来越突出

订单任务跟踪、工作量统计、工资计算、质量检查、设备监测等一线工作，只需要极少的人力参与，传统的中层管理干部几乎无事可做，大部分转行为专业领域支持者。企业市场与现场的连接也越来越通畅，虽然这个变化目前尚且是个案，但是更像新工业革命到来的征兆。

有一家电子零件生产企业，通过智能化改造之后，产能大幅度提升，生产成本显著下降，质量更加稳定可靠。它们为海外某大型汽车配件产业集团供货，很快就拿到了原来分配给国内其他企业的生产订单。

这个“蚕食”般的订单转移丝毫没有停下来的迹象。这实际上产生了看不见的产业“虹吸效应”。

我国制造业企业的信息化是在设备自动化还不充分的情况下开始的，因此，企业往往要消耗更大的管理成本和 IT 投入，才能通过流程的受控、业务信息的共享，对经营体系的确定性提供保障。

3.4 地产行业——地产数字化重构运营模式和管理模式

在过去的 20 年，地产行业经历了蓬勃的发展阶段，为国民经济发展做出了巨大贡献，也培育出众多数千亿元市值的地产企业。现阶段，国家连续出台调控政策，在“房住不炒”“三道红线”等政策监管下，地产市场逐渐“降温”，已经从顶层设计上改变了整个行业的发展模式和规则。

在新市场环境下，高周转、高负债扩张的模式已经难以为继，无论是龙头房企还是中小房企，都是“囊中羞涩”，多地楼市遇冷，去化堪忧，新增融资又受阻滞，不少头部房企相继“爆雷”，违约事件和信用危机交替发生，传统粗放式的管理方式面临重重挑战，如何通过转型平稳过渡，是摆在众多房企面前的一道难题。

最了解企业资金状况的必然是企业自己，但是很多企业因数字化水平不高，目前只能了解大概，具体到融资、监管资金、应收款、库存积压、合作项目资金情况等实时动态数据，还不能做到准确、及时、完整掌握，地产数字化转型任重而道远。

为什么很多地产企业进行了一些系统建设，数据却仍然不准确呢？根据调研走访收集，我们总结梳理出了如下 8 种常见困惑。

困惑一：系统建了很多，但各系统数据不通、孤岛林立。
困惑二：同一个系统，为什么有的项目数据质量好，有的不好？
困惑三：业务部门报的数据为什么和财务部门提供的数据不一致？
困惑四：数字化顶层规划该如何做？数字化到底对标谁？
困惑五：合作项目占比很大，未操盘的数据该如何从对方处获取？
困惑六：如何激励一线员工积极主动使用系统，用好系统？
困惑七：管理层该怎么做才能真正支持数字化项目有序推进？
困惑八：企业规模不大，IT 团队也不可能很多，如何少而精？

带着困惑深思改革，不难发现地产数字化转型面临着以下严峻挑战。

第一，老板不重视。很多 IT 负责人很痛苦，IT 在很多中小房企是二级部门，很少有机会向老板汇报，但数字化项目是一把手工程，信息“交圈”难。因此，只有老板重视数字化，企业才能快速发展。

第二，预算不足。以前很多系统建设都是救急式的，哪个部门急就给哪个部门先上。很多企业认为数字化预算是给 IT 的，重要性和紧迫性不高，预算很少。其实，数字化预算是给业务部门服务的，帮助他们利用“数字化武器”在市场竞争中快速制胜。

第三，专业 IT 人员不足，难以大规模推进。很多成长型房企只有一两个 IT 人员，基本上是在做系统运维，很难站在更高的角度去推动数字化建设。

第四，缺少顶层规划。一个好的数字化规划对企业发展非常重要。通过分析和借鉴行业标杆的经验教训，可以有效指导企业未来 3 年的数字化建设，并能让各个业务部门协同“交圈”，让数字化真正成为企业发展的 DNA。

第五，合作项目在联合操盘中遇到的问题。成长型房企很难获取合作项目更多的操盘权，无法对合作项目进行有效的管控，这是当前地产公司的普遍难题。在合作双方信息共享方面，合同底价等保密问题都是根本问题，但缺少一些行业规则，导致数据很难及时共享。

前 4 个挑战是企业内部管理问题，合作项目联合操盘却不是单个房企靠自己的力量就能轻易解决的。项目合作是当下房企普遍采用的模式，也是今后很长一段时间会继续保留的模式。但是在这种模式下，非操盘方想要从操盘方那里获得准确、及时、完整的数据就变得非常困难了。虽然双方在投资协议中也同意共享数据，但是共享数据的细致颗粒度没有明确，传输方式和频次也没有明确，导致在合作过程中数据不能得到及时共享，这也令很多企业高层感到非常困惑，到目前也没有很好的解决办法，严重拉低了企业数字化的价值。

这个问题为什么无法有效解决？我们前期在走访很多企业高层和CIO并深入交流后发现，一种现象是很多操盘方不愿意把自家成本类、费用类等敏感信息共享出来，而非操盘方因为缺少这些数据，在自家系统中无法动态显示利润等指标，这就导致了供需矛盾。还有一种现象是心理矛盾，有的企业在某个项目上是操盘方，需要共享自己的数据但又不愿意；在另一个项目上又是非操盘方，需要对方共享数据而又得不到。这种矛盾心理在房企中普遍存在，这也是导致合作项目数据难共享的症结所在。

解铃还须系铃人，只有大家都持开放心态，愿意共享合作项目数据，才能形成共享数据池，各家才能各取所需。

首先，地产行业数字化转型的未来趋势，还是要充分重视现金流的精细化管理，实现全面数字化。房企现金流数字化目前大多停留在收支层面，在息、税方面还存在短板。大部分房企只做了台账登记，未实现业财税一体化。现金流全面数字化管理，是指将“收支息税”各环节全部打通，实现在线化，其中“收”是指销售收入，“支”是指成本和费用，“息”是指融资利息，“税”是指应缴税款。通过对每个销售订单、每个合同等进行数字化管理，能够把与“钱”相关的每笔收、支、息、税都计算得清清楚楚。

其次，地产数字化转型一方面要做好风控管理，包括经营风控、运营风控、舆情风控等；另一方面要根据服务对象和权责重新梳理工作流，站在服务对象利益的视角去建设流程和系统，而不能单纯以领导指令思维、从管理角度出发建系统，那样一旦管理层发生调整和变动，管理思路变化后，系统就会被弃用或重建，导致系统资源严重浪费。

最后，数字化要服务客户、员工、供应商，就要分别从客户满意度、员工满意度及供应商满意度的视角出发，考虑他们的利益，优化目标人群的用户体验。可以针对销售、客服、物业等与客户服务相关、能提高客户满意度的场景切入，提供精细化服务，从而提升客户满意度和销售转化率。在员工满意度方面，要加强数字文化建设，学习互联网大厂的人才培养机制，实现费用报销透明公开，提高工作积极性，让员工对企业有归属感。在供应商满意度方面，可以从生态共赢的角度去实现降本增效，房企不能一味挤压供应商的利润，应携手供应商站在统一战线上，共同抵御风险。

3.5 物流行业——数字物流正在重新定义世界

在美国人马克·莱文森编写的著作《集装箱改变世界》中文版的推荐序中，时任中国集装箱工业协会会长、中集集团董事长兼总裁麦伯良先生写道："《世界是平的》一书谈到全球化及新技术把世界抹平了，而在此之前，集装箱已经用有形的力量把世界连接在了一起。"集装箱改变了世界，它改变的基础是标准化，以及基于此的一整套运输体系，包括全球范围内的船舶、港口、航线、公路、中转站、桥梁、隧道、多式联运相配套的物流系统。集装箱的标准化带来了所装货物、产品的变化。以集装箱所代表的标准化、集成化、组装化等先进的工业化生产方式正在延伸到其他行业，对非物流领域也产生了不同程度的影响，最典型的就是模块化建筑，也就是集装箱技术向建筑领域的延伸应用，如酒店、学生宿舍、旅游景区、矿山营地、救灾医院等。

从 20 世纪 60 年代集装箱运输开始，随着第三次工业革命的浪潮，全球贸易进入了一个全新的时代，全球物流成为实体经济的第一大变量。中国在 1993 年实现了集装箱产销量世界第一，一直持续至今。到了 21 世纪，欧美国家在自动化码头方面的创新也将集装箱运输提升到了一个极高的层级，但是在投入产出比方面，一直被认为是"贵族码头"。

2017年5月11日，全球领先、亚洲首个真正意义上的全自动化码头——青岛港全自动化集装箱码头一期工程投入商业运营，二期也于2019年11月28日投产运营。二期项目推出了山东港口自主研发、集成创新的氢动力自动化轨道吊，运用“5G+自动化”技术等6项全球首创科技成果，领军当今世界最先进的全自动化码头科技水平，再次以中国“智”造、中国创造向全球港航业奉献了“中国方案”。该码头岸线长660米，拥有两个泊位，设计吞吐能力为170万标准箱/年。

青岛港全自动化集装箱码头送货物的“主角”是7台全自动化双小车桥吊、38台AGV（自动化导引小车）、38台全自动化轨道吊及1台调箱门固定吊，通过融合码头操作系统（TOS）、设备控制系统（ECS）、闸口控制系统（GOS）、电子数据交换系统（EDI）和网站预约查询系统，采用物联网感知、通信导航、模糊控制、信息网络、大数据云计算和安全防范等技术构建而成。整个码头空无一人，只有各种设备在高效地运转，现场安静得让人诧异。

激光扫描、校准，仅需几秒，全自动化双小车桥吊的主小车锁定集装箱上的锁孔，抓取、抬起至高空，蓝色的桥吊携着货物到达中转平台。

定位、码放，不足1分钟，副小车在中转平台将集装箱“转交”给AGV，整个过程无人参与，设备上安装的26个摄像头就是货物抓取、运送的“眼睛”。

无人驾驶的自动化导航运输车接到货物，按照事先规划的运送路线，朝着轨道吊行进。道路上每隔几米就有一块嵌入地面的圆形磁铁，运输车的行进轨迹与磁铁精准对接，行进路线分毫不差。

轨道吊迅速抓取运输车上的货物，不到半分钟，集装箱已经被准确地码放在堆场上了，整整齐齐、分毫不差。

青岛港全自动化集装箱码头与传统的人工码头不同，依托于工业互联网，自动化码头中的信息传递过程走出了“系统—人—系统”这一环节，通过搭建工业互联网“毛细血管”，实现了全自动化码头信息指令在系统间的“体内循环”。

青岛港自动化集装箱码头不仅省人工，更凭借超高的数据处理能力，让作业效率达到 40 自然箱/小时，作业效率约提升 30%，是当今自动化程度最高、装卸效率最快的集装箱码头。

整合系统具备自动配载、智能设备调度、自动堆场管理及自动闸口、业务处理等功能，可以统筹协调上百个生产要素，从而做出生产计划策略及作业任务序列；系统可以实施流程管理及设备调度控制，让生产全过程有机协调、无缝衔接。此外，它的精准定位及智能控制功能，可以实现零冲击、无声响平稳操作，确保货物零损伤。

可以预见，青岛港全自动化集装箱码头的优秀实践，必将影响国内外的其他港口，新一轮物流数字化升级正在展开。

发达的快递物流已经以数字化的方式渗透到社会经济与居民生活的方方面面了。

在社区周边星罗棋布的菜鸟驿站之类的快递收发点，快递的取件码与收发点的货位号一一对应。这是快递行业在“最后 100 米”的解决方案。这个小小的变化，很可能是社会生活变迁的一大步。

如果有一天，你所在小区的一家配送点的兼职职员来敲你家的门，让你签收两袋速冻水饺，不要纳闷，那是你授权给冰箱的，是它向人家通风报信的。冰箱有了它的微博，它会将自己的状况定期@服务站点，会将你设定的冷藏、冷冻的食品在缺空的时候，@配送点补货，当然，它不一定会要求你只要开冰箱的门就去刷一下条码，虽然刷起来也很方便，甚至也不增加什么成本。这不仅是现代的标称为物联网冰箱的功能，还是未来电子设备甚至非电子设备的一个基本配置。

不仅市政有关的停电、停水信息可以直接传递给家用设备，以便于采取约定之预案，而且社会的各种变化所影响人的行动的变化都可以按照一定的秩序展开。

贸易、生产与消费越来越被置于宽宏的数字化物流大网之中了。

不管从相对宏观的服务产业的集装箱运输，还是相对微观的家门口的快递物流，我们真切感知到的都是无时无刻不弥漫在周边的数字系统。这个方面的场景还在持续进化中。一种基于“感知—响应”机制的按需分配的物流形态也即将形成。

物流以需求的矢量力为导引，用越来越经济的方式将各种各样的产品汇集过来服务场景，这个场景也将新的产出以产品的形态通过物流抵达更多的场景，生生不息。数字物流在其中以越来越精微的计算让每个参与的角色都获得更精致的性价比。

数字物流将以为产业带来红利为荣。

3.6 零售行业——数字化重构人货场新模式

在所有行业中，零售行业几乎是变化最为激烈、最为高频的，说它是“一日千里”一点儿也不为过。各种新理念、新技术往往首先在零售领域被引入和实践，一方面来自被 IT 武装到极致的电商的争夺；另一方面由于终端业态的多样性让 B&C 的关系得以充沛地以多种方式来表达，从而留下足够的商业创新空间。

然而，仔细梳理一下这个实践，可以发现其背后的变量和结构，以及在数字化浪潮下的演化特性。

简单来说，就是一个刚性的“人货场”关系的变迁，以及以消费场景为中心的“变卖为买”的组局式零售架构的形成。

3.6.1 人与场的统一，经营“私属顾客”

传统的终端演变成顾客和终端合二为一，可能分不清是顾客还是终端，它既是顾客的身份，又是终端的身份，现在当它们合二为一的时候，我们会发现很多的变化。

做电商必须先买流量，每个平台都设计了很多买流量的方式。流量既能流进来，也能流出去。不断地买流量，有可能一下子很火爆，但是一旦不买了，马上就没了，消失得无影无踪。

做零售，也要花钱，花钱买什么？买朋友，可以把他们称为会员，也可以称为老顾客。如何定义这个“朋友”的概念？什么样的人才算得上朋友？相互帮助的人，才称得上朋友。

要发展什么样的朋友关系呢？我帮你做什么，你帮我做什么，界定得非常清楚。有些事情，厂商来做没有你做得好，就让你来做。例如，朋友之间相互推广的事，你肯定比我在行；关于传播（什么产品什么活动非常好），你说比我说会有效一些，也容易一些。这样的事，就让朋友来做。朋友做了什么，要清楚地定价，这个系统能做到，定价以后我们之间就产生了交易关系，我帮你做什么，你帮我做什么，而这样的关系是非常有意思的。

其实这是一种经营私域的方式。物理的传统的终端也就成了展示、体验、小规模线下活动的载体，直接的销售功能只占少数的价值比例。

所谓“粉丝”，是你品牌的关注者和热切关注者，而会员则是真正将你当作他生活方式供应的人。会员不是买你商品的人，是到你这里寻求支持的人。你虽然不是牧师，但是可以让你的商场成为礼拜之堂。

3.6.2　用虚拟货币和实体货币构建第二交易体系

积分就是某种意义上的虚拟货币，它能自动区分老顾客和新顾客，平台的活动只针对老顾客。为什么老顾客这么重要？其实很简单，零售行业老顾客越多，生意就越好。相互之间有帮助、有信任。

我们用虚拟货币（积分）和实体货币（法币）的混合交易来实现这一点。本质上，积分是一种信任，也是一种待兑现的承诺。消费者为商家付出了哪些劳动，消费者就可以获得多少积分。最初商家并不需要支付金钱就可以获得这些劳动的价值，但在事后需要为消费者兑现这部分价值。在这个过程中其实就涉及两件事情：一件事情是如何将积分发行给消费者；另一件事情是如何将积分进行回收。

下面以一个食品品牌商为例说明这个“左右手游戏”。

1. 如何发行积分

品牌商可以按如下方法进行设计。

（1）关注。消费者关注品牌商的公众号，并注册个人信息，成为会员，品牌商送积分给消费者，这是一项基础工作，也是和消费者建立联系的前提。

（2）传播。消费者（这时消费者就是会员身份了）将品牌活动消息分享出去，被其他人点击（阅读）一次，品牌商支付一定的积分给会员。

（3）交易。如果该活动被其他人预订了一次，继续支付积分，或者是交易之后再支付积分。交易送积分是重要的一环。

（4）价值互动。品牌商还有许多工作需要会员提供帮助，例如，了解会员的需求、了解产品怎么改进更合适、会员有什么具体建议等。这其实就是让有会员身份的消费者来深度参与品牌商的市场调研工作，在这个参与过程中，品牌商和会员之间就建立了一种很好的关系。如果这个参与是有价值的，品牌商就给会员送积分。

2. 如何回收积分

（1）在销售终端兑换商品。品牌商为现有的销售终端提供积分兑换商品功能，其实就是将终端持续激活，为终端引流。从回收积分的角度看，用到极致之后它可能不再是销售终端，主要功能将是兑换和提货，因为交易关系已经在手机上实现了，只需要找个地方把它兑现就行。兑换的过程涉及实体货币和虚拟货币双重交易，为了吸引人群，早期可以是纯积分兑换，后期则是混合交易，主要根据目标人群的总量及会员消费画像来设计。

（2）积分换购。这是对会员进行长期经营的重要手段，也就是通过实实在在的长期换购活动来形成业务互动关系。所谓积分换购，就是花一部分钱，再花一部分积分的活动。怎么衡量？花多少钱？花多少积分？需要根据市场的进度去设计，会员需要多大的“刺激”，品牌商就给多大的“刺激”。例如，零售价为 16 元一袋的培根，一次性买两袋，可以用 500 积分抵 5 元。这个混合交易是长期模式，可以一直有这样的活动，虽然幅度可以灵活，但是零售价不能少。这款 16 元一袋的培根，今天可以卖 10 元，因为会员有价值 6 元的积分可以抵；明天可以卖 9 元，因为会员有价值 7 元的积分可以抵，价格体系不会乱。

（3）赋予不同量级积分的会员拥有不同等级的信用及特权。例如，持有 10000 积分和持有 5000 积分的会员的优惠程度是不一样的。持有的积分成为会员身份的一个重要标志，再辅助许多活动方式来满足会员需求，体验特权感觉。

上述是食品品牌商在会员经营初期的安排，后续还有很多创新，在不同阶段可以安排不同的积分策略，这样就不用担心前期送出去的积分收不回来了。

在这个过程中，可以通过货币化的积分实现对交易关系在不同场景下的有序调节，并实现商家的意图。

3.6.3　消费世界与生产世界的和谐之路

消费世界与生产世界正处于全面融合的“前夜”，各式各样的商业模式开始浮出水面。伴随着商业模式的创新，电子商务的前台作用将越来越后台化，它早先是商业模式推行的辅助工具，从现在开始将逐步演化为商业模式赖以生存的载体。

虽然商务和业务的融合在一些 B2C 行业已经开始，但是从客户这一端来观察，他们虽然有了参与业务过程的热情，但是在耗费的时间与精力上还存在一个经济边界。能不能提供那种“刚刚好”的服务呢？将这种“刚刚好”的服务称为“履带式”服务。什么叫“履带式”服务？我们都知道坦克是怎么前进的，当轮子有了动作节拍之后，履带会按照对应的节拍形成“路上之路”，后一条路是完全适应轮子的需求的。

推而广之，基于这样一个确定性关系才会有精细交付的可能。在企业中，精细交付是建立在客户需求与内部供给能力的充分耦合基础上的。这个耦合必须以“构造”为媒介，也就是将需求进行产品化的过程。企业的内部能力与外部能力构成满足客户需求的角色体系，这些角色被分配到具体岗位之上，进行业务管理与作业活动。这样接近客户的那一端就形成了前台，接近供方的那一端就形成了后台，它们围绕订单展开必要的活动。

这些暗含的关系在平常不容易被发现，一旦遇到大面积的交付问题时，就容易被发现，通常会用经验进行处置，而非在明确的规则下去处置。

3.6.4 单品的增长局限与新场景的涌现

在零售领域，爆品的例子不少，但是对于绝大部分商品，依然处于产销匹配难题之中。如何破局是众多商家的热点话题，一个显而易见的情形是：

（1）商家不可能为所有群体服务，商家能做的事情是聚集上游生产者，为同类群体的生活需求或者生活需求的一部分服务。如果单个商家不足以服务这个群体，那么就需要联合更多的商家。

（2）当前的消费者需要“漫游式”的场景服务，不仅是在某一商家的地盘可以满足，还可以基于这个商家通过商家的“友商”进行一揽子的满足。这其实是电商兴盛的奥秘，对于消费者而言，通过电商购物往往是“零件式”补偿生活需求，极少有电商企业可以完整地为某个群体的生活方式服务，这恰恰是传统流通零售企业本来就有的优势。将消费者置于生活方式或者生活场景中进行采购，这个领域最成功的莫过于宜家。直接提供“样板”生活场景，让顾客对标来为家里补充“零件”。在创意消费者与主流消费者中，商家如何站队？商家选择的必须是主流消费者。

（3）如果单品可以支持足够多的消费场景，那么意味着“被需求”的机会会大增，销售成功的概率也自然会提升。

综上所述，零售行业的数字化特征将聚焦在如下几个方面。

（1）以人（消费者）为中心的黏度工程。

（2）虚拟货币（积分）的深度使用。

（3）突破“人货场”限制，创造出更多的消费场景，包括数字消费场景。

（4）单品融合到更多消费场景中，间接成为“被需要”。

3.7　交通行业——数字化助力城市轨道交通行业高质量发展

3.7.1　交通行业数字化转型遇到的问题和挑战

截至 2021 年第三季度，中国累计有 49 个城市投运城轨交通线路 8553.40 千米，其中地铁 6737.73 千米，线网里程规模已位居世界先进行列。目前仍处于大规模建设阶段，“十四五”期间运营里程数还将新增 3000 千米，累计客运量将突破千亿人次，我国已从城轨大国迈向城轨强国。在高速发展的同时，各城市城轨企业普遍遇到既要管理和运营好庞大的“存量”网络，又要规划建设好新型“增量”网络的问题，如大规模工程建设遇到的安全施工问题、超大规模网络化运营问题、线路的降本增效问题及人民日益增长的美好出行需求问题等。城轨企业面临着如何可持续发展的重要课题，而数字化转型正是实现高质量发展的必由之路。

2020—2021 年，《国家综合立体交通网规划纲要》《关于加快推进国有企业数字化转型工作的通知》相继发布，极大地推动了作为国有企业的各城轨企业开展并加速数字化转型工作。城轨行业普遍认识到，数字化转型本质上是信息技术引发的系统性变革。信息技术作为通用使能技术，通过智能感知等技术，实时掌握城市轨道交通系统运行和企业运营的状况，并做出有针对性的预警和干预。通过大数据及人工智能等技术，可以实现轨道交通运行系统的智能化，进而实现少人化、无人化，并保障设备的健康运行，确保企业的降本增效。通过管理的数字化、智能化升级，提升企业的运作效率，促进管理持续优化改善，解决企业经营成本、管理效率、乘客体验等突出问题。

3.7.2　城轨企业数字化转型特征——以场景智能化建设驱动城市轨道交通行业数字化转型

在“十四五”规划期间，虽然国内城市轨道交通整体的建设速度对比“十三五”期间有所减速，但仍处于大规模建设阶段。预测到 2025 年年底，全国 57 个城市在建和待建轨道交通线路共 541 条（段），共 14767 千米。作为轨道交通建设的主体，各地城轨企业的主要业务仍然是新线的工程建设，这也给各地城轨企业数字化转型带来了契机，即如何从线路（线网）规划、设计入手，构建基于数字化技术的全新轨道交通线路，进而改进（改造）旧有线路，同时实现整个城市轨道交通企业的数字化。行业协会及各地城轨企业均基于后续轨道交通线网规划，制定和发布了基于智慧地铁的发展纲要，如 2019 年广州地铁集团发布了《广州新时代城市轨道交通创新与发展》，2020 年北京地铁发布了《首都智慧地铁发展白皮书》，成都地铁发布了《成都轨道集团智慧城轨纲要及行动计划》，重庆地铁发布了《重庆智慧轨道信息化规划》等。中国城市轨道交通协会在组织全行业研究的基础上，也发布了《中国城市轨道交通智慧城轨发展纲要》，提出了按照“1–8–1–1”的布局结构，铺画 1 张智慧城轨建设蓝图，创建智慧乘客服务、智能运输组织、智能能源系统、智能列车运行、智能技术装备、智能基础设施、智能运维安全和智慧网络管理 8 大体系；建立 1 个城轨云与大数据平台；制定 1 套中国智慧城轨技术标准体系。图 3-1 所示为智慧城轨建设蓝图。

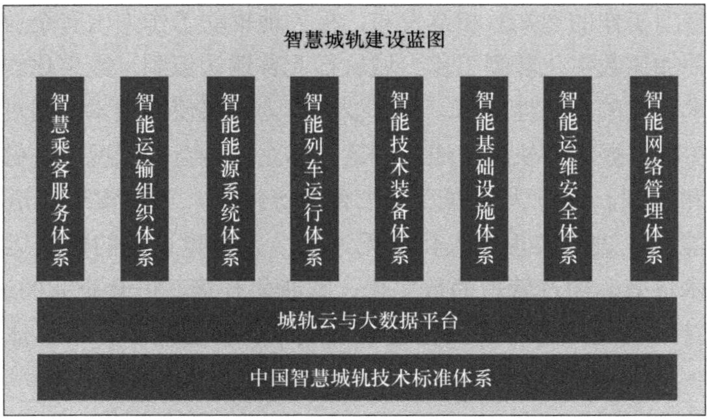

图 3-1　智慧城轨建设蓝图

基于顶层的设计，各城轨企业纷纷在新线路中开展相应的尝试，例如，呼和浩特地铁自 2016 年以来，结合轨道交通 1、2 号线一期工程建设，打造了呼和浩特“城轨云平台”，将各类轨道交通运行的系统实现了集中部署；太原市轨道交通发展有限公司在建设第一条线路——太原地铁 2 号线时，全面实施“CFBPSA”（C——云计算；F——全自动运行；B——BIM；P——PHM，基于健康诊断的智能运维系统；S——安全管理评价认证体系；A——人工智能）行动计划，并在 2020 年年底一期工程正式开通运营时基本实现了轨道交通运行系统的数字化。已开通运营的城市也基于新建设的线路创新采用各类数字化技术，如 2021 年 9 月 28 日刚刚开通的全国“最快”地铁——广州地铁 18 号线，国内首次在地铁线路中采用基于工业互联网与物联网的轨道交通操作系统——穗腾 OS，国内首次采用高速等级 CBTC 列车信号系统，国内率先采用大带宽光传送网络及云平台搭建通信系统，借助云计算、大数据、宽带无线通信等先进技术，综合运用多种手段为乘客及运营人员提供多维度、全息化的通信服务。各城轨企业在新建线路时对数字化技术的大胆尝试，不断推进了企业的数字化转型进程，也推动了整个行业的数字化水平。

3.7.3 城轨企业数字化转型重点建设内容

1）聚焦智慧建造场景，解决城市轨道交通行业安全质量的关键问题

“智慧工地”是以“互联网+”、物联网、大数据、云计算等为依托的工地信息化、工地智能化建造技术的应用，通过精益化管控，有效降低施工成本，提高施工现场决策能力和管理效率，实现工地的数字化、精细化、智慧化。轨道交通智慧工地将科技创新与施工现场深度融合，实时感知和获取现场施工人员、工序、作业器械、环境等信息，进行直观、动态、综合、统一的可视化展现和分析并做出智能化的干预，减少工程安全事故的发生，满足各层级工程监管人员的需要，实现安全、文明、绿色施工。广州地铁建设了“一体化工程建设管理系统”，梳理了施工全过程管理各专业 2089 道工序，每道工序均明确了业主、施工单位、监理单位的职责和交付物，将工序的组织层次、交付成果、交付方式进行细化和量化；梳理了 43 类 1669 条安全隐患排查要点，明确了参建各方各岗位安全隐患排查频次，现场每天自动生成各类工序和排查的隐患填报条目，实现业主、施工、监理等参建各方协同治理，实现了工程建设过程管理规范化、专业管理标准化、施工管理精细化、

资料管理电子化、责任管理信息化、现场管理可视化。

2）聚焦智慧车站建设，提升乘客体验

（1）针对不同乘客的服务需求，提供精准化的资讯服务。随着乘客获取资讯方式习惯的改变，新的客服载体不断衍生，服务不再受时间和空间的限制。各地城轨企业均推出了移动App，基于多元化、全维度综合智能客服平台的搭建，深度融入乘客线上、线下全方位的服务渠道，并通过对乘客大数据的分析，实现对乘客出行、服务、安全、消费等多维度属性的分析，结合乘客出行的服务诉求及精准定位，为乘客提供个性化的“主动式”线上信息推送，实现对乘客全过程的服务关怀、安全提醒及精准的增值服务推介。

（2）立足乘客出行，兼顾数据应用，建立多元集成的票务系统。城市轨道交通的乘车支付系统集多元支付手段、多元票种选择、多元购票方式为一体，引入生物特征无感过闸方式，提供线上线下完善的自助票务处理服务，响应乘客更便捷的服务需求。城市轨道交通企业还可以通过对票务收益数据、客流数据、系统运行、乘客行为等数据的深挖应用，实现乘客“画像”及收益管控的优化。

（3）构建基于轨道交通的生活圈，提供生活化的地铁增值服务。城市轨道交通横向延展，深度融入乘客生活，逐步构建基于轨道交通的生活服务圈，为乘客提供多元化的地铁定制化生活服务。建立城市轨道交通脉络，联合多种周边交通，无缝衔接周边交通服务，打造出站即换乘、一站式交通到家的便捷服务体验。通过线上网络平台及线下经营活动，实现广告业务的精准推送，引入周边商业，设置无人商铺，构建“一站式”地铁核心商圈。引入同城快递、地铁物流、缴费代扣、线下充值、O2O、即取服务等生活服务，形成城市轨道交通生活驿站，为乘客提供各项生活上的便利。通过地铁App完成线上线路查询、景点门票购买、酒店预订等文化旅游拓展服务。为乘客提供手机游戏、电影、电子书等丰富的泛娱乐项目。结合车站情况设置关爱型母婴室、智能化卫生间等人性化便民设施，提升车站服务水平。

3）聚焦智能运营，实现企业降本增效

（1）实时采集数据，诱导乘客出行，建立自适应的客运组织模式。构建网络化智能运输组织体系和线网运营调度（应急）指挥中心，实现运能运量精准匹配、适应线网运输互联互通、乘客出行快捷便利、网络化运输组织高效的要求。建造集调度指挥和应急响应为一体的线网运营调度（应急）指挥中心（NOCC），构建基于云架构的路网数据中心，在数据层面进行信息共享，并研发相应的智能化系统。通过对客流特征的准确掌握，对车站、列车、网络客流进行实时监测、传递和预警，实现运输资源的合理配置和各线路运能的动态调整，运力精准投放，客运设施联动控制，客运组织自适应调整，并使乘客及时掌握地铁运营情况，合理安排出行。

（2）智能化的运维体系，提高设备保障的质量。城市轨道交通庞大的各类设备，需要通过信息化的手段进行精检细修，提高设备质量，保障设备运行。广州地铁对与地铁维修相关的 21 个专业的 1068 份作业工序标准进行了全面梳理，采用移动终端方式支撑现场完成每个单体设备的检修记录填报，并对关键工序的要求进行强制性拍照互检，实现了信息化与业务有效融合，规范与指导维修人员现场作业，加强了安全防护。系统每周将维修周报、设备故障等 100 多类数据报表自动发送给各层级管理人员、技术人员，提供良好的数据支持服务，维修数据汇总效率提升了 120 倍，资产审批表效率提升了 60 倍，每年可节约 10.7 万工时。构建基于状态感知及维修全过程数据的精准维护维修模式，结合设备设施全寿命周期监控管理体系，对运维过程中的人、机、物实现智能匹配和复用，实现更高维度的设备群智慧运维，实现面向线网运营场景的智能决策，达成体系迭代的智能运维。

（3）构建数字化底座，赋能业务高质量发展。城轨企业普遍认识到，云计算为数据中心计算和存储带来弹性可扩展的基础能力，5G 为无线传输带来大带宽、低时延、广连接的基础传输和接入能力，大数据和人工智能带来海量数据分析和数据挖掘所需的计算分析能力。在国家加快推进新基建规划布局的背景下，云计算、大数据、物联网、5G、人工智能等新一代信息技术快速发展，为企业数字化转型提供了强大动力。例如，合肥地铁规划了为 25

条线路集中使用的云平台；武汉地铁在第四轮建设规划中，对原规划的 8 个控制中心进行了调整，采用基于新 IT 架构（信息化云平台）的轨道交通线网指挥管理中心方案。中心按照新 IT 架构模式搭建，采用“双活互备”设置方式，建设国博主中心和光谷灾备中心。上海地铁运用 ICT 理念，加快应用大数据、云计算、物联网、移动互联网、5G 等数字技术，建成连接全路网、各线路的高速数据网、集团级地铁云和大数据平台，以集约部署、数据共享、平台集成的模式，打造上海地铁数字化底座，形成统一管控、快速部署、灵活易用、高效智能的数字化总体技术架构，赋能五大业务板块应用。广州地铁应用了具备弹性调度、故障自愈、无感升级特质的容器、微服务等先进开发方式，采用“中台”模式，搭建信息化与工业化深度融合、面向服务的、一体化的穗腾 2.0 城市轨道交通智能运行系统，系统架构以云为核心，泛在的网络连接，实现对海量终端、资源、数据和主体的汇聚集成与优化配置。该系统由 6 个层面、两大体系组成，实现对生产调度、内部管理、对外服务业务应用的全面支撑，可解决多类设备接入、多源数据集成、海量数据管理与处理、数据建模分析、业务应用创新与集成、知识积累迭代实现等一系列问题，驱动城市轨道交通技术、经验、知识的模型化、标准化、软件化和复用化，优化资源配置效率，实现业务和组织的弹性伸缩，形成可快速迭代、资源富集、多方参与、合作共赢、协同演进的城市轨道交通工业互联网新生态。

3.8 教育行业——新技术应用加速教育行业数字化转型

3.8.1 教育行业数字化转型遇到的问题和挑战

经过 30 年的发展和普及应用，互联网凭借其非凡的力量改变了世界，重新塑造了商业、政治、社会和全球几十亿人的生活。同时，5G、物联网、大数据、云计算、人工智能、区块链等新一代信息技术，也在不断冲击和推进当代社会的发展、进步和变革，人们对此寄予厚望，“百年未有之大变局”绝非虚言。

人们期盼互联网能够像改变商业模式、金融体系等一样，成为变革教育的神器，但是教育的独特性，尤其是其“长记忆”性，决定了它不可能像生产、生活方式的改变一样短暂而迅猛。这种“长记忆”性一方面表现在教和学双方都固执于原来自己所经历过的模式而不愿主动改变；另一方面表现在新模式的效果需要很长时间才能显现出来，且评价困难。

正如 2011 年 5 月乔布斯与比尔·盖茨会面讨论教育和未来学校问题时曾经说过的一句著名的话：“为什么 IT 改变了几乎所有领域，却唯独对教育的影响小得令人吃惊？”著名的“乔布斯之问”一方面反映了人们对教育效率和人的素养提升的迫切期望，另一方面也反映了 IT 技术对教育变革的推动力还在缓慢地蕴蓄之中。

事实上，教育受 IT 技术影响而改变的趋势，一直在持续而缓慢地进行着，绝非没有。自“乔布斯之问”到现在的 10 年间，大数据、云计算和人工智能的发展，已经为教育数字化转型蓄积了更加巨大的动力。尤其是新冠肺炎疫情的出现，更像撕开茫茫黑幕的一道闪电，使人们在漫漫探索中瞥见了 IT 技术的无尽潜能及其对教育数字化转型的影响。

中共十六届六中全会发布的《中共中央关于构建社会主义和谐社会若干重大问题的决定》再次强调“坚持教育优先发展，促进教育公平”。面对“百年未有之大变局”，大到国家，小到每个家庭，人们对教育转型、提升教育效能、促进教育公平的期望前所未有。2021 年 8 月 26 日，教育部批复同意将上海作为教育数字化转型试点区。要求上海市围绕建设高质量教育体系、加快推进教育现代化、建设教育强国发展目标，进一步完善实施方案，落实配套政策等相关支持保障条件，尽快启动并加快推进试点区建设工作。

2021 年 11 月 10 日，上海市公布了《上海市教育数字化转型实施方案》。上海将以教育数字化转型试点区建设为契机，在“数字化支撑教育领域各项改革”“数字化赋能育人模式、教学方法创新”“数字化服务实现共同富裕目标”“探索教育数字化建设、运维新模式”“教育大数据的综合、深度、安全应用”5 方面先行先试，发挥开路先锋、示范引领、突破攻坚的作用，力争形成一批高质量、可复制、可推广的经验和案例。围绕“到 2023 年，将上海建设成为教育数字化转型标杆城市。形成一批高质量、可复制、可推广的教育数字化转型经验案例和示范场景”这一发展目标，上海市聚焦“八项任务十个场景”擘画教育数字化转型蓝图。这对整个国家的教育数字化转型提供了有力的借鉴。

“八项任务”比较系统地反映了教育数字化转型所涉及的各个纬度：一是创新教育场景示范应用，深入推进教育教学变革；二是推进教育新基建，打造教育数字化发展新环境；三是打造教育数字基座，赋能各类教育应用发展；四是推进教育评估数字化，开展数据驱动的教育综合评价；五是创新教育资源建设模式，满足多元数字化教育需求；六是实施信息素养提升工程，健全师生信息素养培养体系；七是推进教育管理业务流程再造，提升教育治理服务能力；八是加强数字化转型研究，促进数字化转型可持续发展。十个“场景”包括教、学、管、考、评、研究、服务、资源、实践活动和家校互动。

3.8.2 教育行业数字化转型呈现出的突出特征

教育行业数字化建设的主要业务按照大类区分，可以分为信息基础设施建设、教学环境建设、教育事务管理及教育教学过程本身，其中教育教学过程是核心。

IT 技术对教育行业的渗透与应用，在信息基础设施建设、教学环境建设、教育管理信息化建设方面最有成效。“十二五”期间，教育信息化以建设好“三通两平台”为核心，即实现了宽带网络校校通、优质资源班班通、网络学习空间人人通，建设了教育资源公共服务平台和教育管理公共服务平台。“十三五”期间，教育行业的信息基础设施建设成效更加显著，《教育信息化 2.0 行动计划》的实施进一步促进了“互联网+教育”、人工智能、大数据、区块链在教育行业的应用。在信息化教学环境方面，发达地区已经普及多媒体教室，功能更加完善的智慧教室也初具规模。数字空间中的学习平台也有了一定程度的应用，以 MOOC 课程为代表的优质课程资源也为教育资源共享、促进教育公平起到了巨大的支撑作用。教育管理的信息化应用得到进一步加强，从单个管理信息系统的应用，到多个系统协同应用、平台化建设、数据共享、数据支撑的分析和决策，都上升和普及到一定的高度和广度。随着教育信息化的深入发展，信息化资源和服务的获取及运营方式也将发生较为明显的数字化转型，将会更加追求用户体验，更加注重效率提升，更加重视基于大数据的效用分析。以“技术驱动”为主要特征的应用领域，将进一步得到发展，并将与“需求驱动”相结合，成为教育教学模式转型的“策源地”。

与“技术驱动”的相关领域蓬勃发展形成鲜明对照的是，教育教学过程中的变化离社会和大众的期望还相差甚远。教育信息化的贡献仍然停留在“手段和工具”层面，对人才培养的效益产出和效率提升，不尽如人意，离“转型”尚远，且教育教学模式变革的进程缓慢。

从教学本身来看，翻转课堂、PBL 教学、STEAM 教学等新模式，有一些应用探索。不同类型的院校，如文体、医科、职业类院校，发展出了不同的教学模式，但正规和主流教育系统变化缓慢，目前还只是为了满足一个多世纪前的生产需求而设计的，教学新模式的应用尚处于“点缀”状态。

教育教学模式的转型是发生在教书育人的业务侧。教学一线的教师和同学如果没有主动变革的意识，不掌握现代的、以 IT 为代表的、先进的教育和学习技术，并且有机地融合进教与学的全过程，转型是不可能发生的。好在在新冠肺炎疫情的压力下，从政府、学校到社会大众都经历了“停课不停学”的洗礼，尝试了互联网+教育的福利，社会共识已经初步形成，教育数字化转型的大幕也已经悄然拉开。教育数字化转型一旦从意识和实践上启动，进程将不可逆转。

不同于企业数字化转型，教育数字化转型只能成功，不能失败，一定要锚定“体验提升、效率提升、模式创新”这一主要目标，分清先后和主次顺序。转型过程应从“意识、文化、组织、方法、模式”上全方位发力，强化“需求牵引、技术赋能”。教育数字化转型毋庸置疑地应该坚持“育人为本”，切忌“为转型而转型”，戒除“一蹴而就”思想。

只要坚持走下去，十年后一定会不负众望。

3.9 政府部门——政府服务由封闭转向整体协同开放

伴随着计算机、互联网等信息技术的快速发展应用和改革开放、政府职能转变的不断深入，我国自 20 世纪 80 年代开始，历经 40 年自上而下持续推动的办公自动化、信息化、网络化等历程，电子政务认识和建设逐步加强、不断演进，目前正在经历政府数字化转型过程。

当前，新一轮信息技术革命加速信息技术与经济社会各领域融合创新，信息化成为引领创新和驱动转型的先导力量，政府数字化转型成为全球公共治理和公共服务发展的必然趋势。我国的电子政务建设发展之路，同时也是改革开放进程中服务型政府建设推进之路，两者互相联系、互相促进、交织发展，正历史性地交汇在政府数字化转型和数字政府建设上。要通过政府数字化转型和数字政府建设促进服务型政府全面、系统、协同、开放的深刻变革，加快政府职能转变，不断完善政府治理，为社会提供更好的公共服务。

我国党和政府高度重视网络安全和信息化工作，做出了网络强国、数字中国、大数据发展等一系列战略部署。党的十九大报告指出，转变政府职能，深化简政放权，创新监管方式，增强政府公信力和执行力，建设人民满意的服务型政府。2018 年 4 月 20 日，习近平总书记在全国网络安全和信息化工作会议上指出，要运用信息化手段推进政务公开、党务公开，加快推进电子政务，构建全流程一体化在线服务平台，更好地解决企业和群众反映强烈的办事难、办事慢、办事繁的问题。国务院印发的《关于加快推进全国一体化在线政务服务平台建设的指导意见》要求加快建设全国一体化在线政务服务平台，深入推进放管服改革，推动政府治理现代化。

近年来，各地区各部门在电子政务信息化、网络化建设基础上，高度重视并探索推进服务型的政府数字化转型，已经取得初步成效。北京“营商环境优化”、上海“一网通办”、江苏“不见面审批”、浙江“浙里办”“浙政钉”、安徽“皖事通办”、福建“数字福建”、广东“粤省事”、贵州“全省通办”等，成为全国一体化政务服务平台建设的样板。2019 年 5 月，国家政务服务平台上线试运行，连通 32 个地区和 46 个国务院部门。以国家平台为总枢纽的全国一体化政务服务平台初步建成，全国一体化平台标准规范体系、安全保障体系和运营管理体系基本建立，政务服务数据共享水平显著提升，为推进全国政务服务“一网通办”提供了有力的基础支撑。全国一体化政务服务平台充分发挥跨地区、跨部门、跨层级业务办理的支撑和保障作用，更多的政务服务事项从“线下跑”转向“线上办”，政府数字化转型步伐逐步加快，政府服务由封闭转向整体协同开放，网上政务服务能力和水平持续提升。

政府数字化转型仍然存在许多问题和挑战。一是体制机制不健全。部分地区数字政府建设机构不健全，机制不完善，缺乏工作体系、政策体系、指标体系和评价体系，影响政府数字化转型发展。二是发展不平衡。各地区、各部门电子政务特别是网上政务服务不同发展阶段共存，许多地区、部门需要在新的条件下回头补课，影响行为选择和整体进展。三是数据资源确权难。缺乏数据资源确权和实现配套制度，大量数据仍沉淀在各地区、各部门业务信息系统中，跨地区、跨部门、跨层级、跨业务的信息共享和业务协同严重不足，影响数据保障、开放共享、应用开发、交易流通。四是数据安全风险大。随着信息通信技术向政府数字化领域渗透，政府与企业的合作边界模糊、权责不清等，给数据安全带来一定的风险和挑战，尤其是政府项目涉及大量有关国计民生的敏感数据和个人隐私信息，在数据产生安全风险时难以有效追责。五是专业技术人才缺乏。政府部门主要从事管理型工作，对于技术的掌握和运用是当前最缺乏的业务技能之一，除了特殊岗位，还特别缺乏适用的信息技术人才。

中国特色社会主义进入新时代，我国社会主要矛盾已经转化为人民日益增长的美好生活需要和不平衡、不充分的发展之间的矛盾。新时代有新要求，政府数字化转型必须进一步践行以人民为中心的思想，进一步协同开放，为社会提供更好的公共服务。这不仅是政府数字化转型题中应有之义，也是电子政务发展的必然结果。通过以省为基础的全国一体化政务服务平台线上政务服务，特别是移动端协同政务服务率先突破，通过服务事来服务人，是政府数字化转型的突出特征和可持续的突破点、生长点。这一特征，也可以看作通过国家治理体系和治理能力现代化目标的倒逼，在 5G、人工智能、大数据、区块链等新技术应用、新数字基础设施建设支撑下，政府数字化转型的方向、趋势和现实路径。

实现政府服务由封闭转向整体协同开放，要抓住痛点，针对存在的问题和挑战，合力采取有力措施，加快推进政府数字化转型。进一步加强和落实顶层设计，从国家层面研究制定数字政府建设指导性文件，为新时代国家治理体系与治理能力现代化建设提供指导和遵循，并加强政府数字化转型中的法治建设，确保国家安全、公共安全与数据安全。坚持政务服务一体化建设思路，提升全国一体化政务服务平台基础设施利用率和支撑作用，提供高质量的公共服务和监管。在做好平台对接的基础上，推动垂直业务系统与全国一体化政务服务平台的对接，以及各地区、各部门业务受理系统、内部审批系统与全国一体化平台实现对接和互联互通。各地区、各部门要注意加快补齐短板，依托全国一体化政务服务平台数据共享响应机制，发挥国家政务服务平台的数据集散中心作用，提升跨地区、跨部门、跨层级的政务服务能力，深化政务数据共享应用，夯实加快从平台建设到效能建设的转型升级，从事项供给向服务场景转变，小切口、微服务，推动更多服务事项一网通办，提升需求精准化、供给精准化和服务精准化水平。当前和今后一段时间特别重要的是，要按国务院办公厅印发的《全国一体化政务服务平台移动端建设指南》要求，注意解决政务服务平台移动端建设管理分散、标准规范不统一、数据共享不充分、技术支撑和安全保障体系不完备等突出问题，加强和规范全国一体化政务服务平台移动端建设管理，推动各地区、各部门政务服务平台移动端标准化、规范化建设和互联互通，做到各地区各部门移动政务服务应用与国家政务服务平台移动端“应接尽接”“应上尽上”，形成以国家政务服务平台移动端为总枢纽的全国一体化政务服务平台移动端服务体系，全面提升移动政务服务能力和水平，推动更多政务服务事项网上办、掌上办，利企便民。

同时，要特别注意加快补齐农村政府数字化公共服务短板，让农民群众共享数字乡村和数字政府建设发展成果。

3.10 ICT 行业——IT 加速自我数字变革

ICT 行业的发展一直伴随着中国经济改革开放的步伐和节奏，从 20 世纪 70 年代末到现在，经历了起步的初级阶段、稳步的发展阶段和高速的繁荣阶段。整个产业在支持陪伴各行业转型升级的过程中，也在实现着自身的转型升级。

改革开放之初，我国自主研发的信息技术已初现成果，但我们的起步与欧美国家相比还是晚了至少20多年，因此，我们的技术与其相比差距还是巨大的。改革开放以来，国际上优秀的 ICT 企业带着领先技术和产品陆续进入中国市场，给产业带来的好处是个人与行业用上了国际最新的产品和技术，弊端就是极大地抑制了我们自有技术的发展。很多国内的优秀企业、科研机构面临着发展的选择，因为获利的速度和程度，很多企业选择放弃自主技术和产品的研发，纷纷转向代理和经销国外产品，只有少数企业和机构选择坚持自主技术和产品研发。在这个阶段，中国出现了大批经销商、代理商、集成商，联想的“贸工技”战略就是这个阶段的典型特征。

因为中国的市场庞大且复杂，随着产业的发展，陆续产生了全国总代，以及一批批区域一级、二级甚至三级代理商，每个行业都逐渐产生了一批行业代理。那是一个以产品为中心的时代，拥有核心技术和产品的厂商主导着整个产业供应链发展。

2000 年是整个产业发展进入更快速发展的新起点，随着互联网的诞生和快速发展，消费者对 ICT 产品和技术的需求非常旺盛，带动了整个产业的快速发展。在这个阶段，ICT 技术在 to C 领域的应用获得了极大的提升，to B 领域的行业应用也取得了稳步的发展，行业信息化日渐成熟，同时产业内涌现了一批定位于创新技术研发与应用的新企业。总的来说，这个阶段依然是以基础软硬件产品为核心、以国外技术为主导、以渠道代理和行业应用为主要形态的发展阶段。

自2010 年之后，云计算技术从概念到落地应用，开启了创新技术应用蓬勃发展的新时代，云计算+大数据+人工智能的快速发展，一是让传统的基础软硬件组成的基础架构成为用户的系统标配，二是让 ICT 技术不再是用户的必需品而是可以采购的服务。更让各行业用户拥有了全新的高价值数据资产，ICT 技术带领人类从信息时代迈进了数字时代。同时，整个产业结构也从原来的软硬件格局晋升为 IaaS、PaaS、SaaS 新模式。

在数字时代，ICT 技术发展越来越丰富、创新迭代越来越快，产业中已经没有任何一家企业可以独立完成客户的复杂数字化发展的需求了，这必然就催生了一个新的生态合作模式，即数字生态。数字生态的最大特征就是打破了原来传统渠道时代以产品为核心的垄断、线性模式，形成了以客户为中心，平等、共赢的网状合作模式。这既是技术的进步，也是人类商业文明的晋级。

ICT 产业的发展，最初是人们工作生活的工具，是生产、决策和服务的支撑系统，到现在的数字化阶段，已经发展成为支持企业、政府等各类机构、行业乃至国家进行决策和运行的核心力量。其对于个人生活、企业成长和整个人类社会的发展、进步起着越来越重要的作用。

过去我们打开国门，希望用市场换技术，现在这条路是行不通的，我们要用自己的市场支持推进我们的技术进步强大。科技不能自主强大就会被动挨打。“棱镜门”事件是 ICT 产业发展的重要转折点，给我们敲醒了安全与自主自强的警钟。我们吸取教训，自此国家比以往任何时候都更加重视和投入推进 ICT 技术的研发和应用。那些自 20 世纪 80—90 年代一直苦苦坚持走自主研发的中国 ICT 企业终于迎来了最好的发展机会，近几年国家政策大力支持并要求党政、金融、教育、能源等各大行业全面实施国产化替代，市场的开放和应用的丰富让国产 ICT 企业获得更大的支持和资源，技术和产品快速进步和迭代，人才队伍得以快速扩大和提升。国外 ICT 企业在中国占据绝对统领优势的时代已经一去不复返，中国自主科技将迅速发展强大。

但中国 ICT 产业的自强之路依然漫长，我们的产业核心技术半导体元器件和芯片技术与世界先进水平的差距依然很大，当前政府、产业、科研机构和国内外很多优秀的人才正在积极投身和推进这些领域，相信在不久的将来，中国 ICT 产业必将站在世界顶端，在实现科技强国的同时，为世界发展和人类进步贡献中国的力量。

综合来看，ICT 产业的发展有两条转型升级的轨迹，一是技术本身不断转型升级，从传统单一的软硬件技术，不断转型升级为越来越丰富的云计算、大数据、人工智能、物联网、区块链等创新技术和应用。这是产业发展的基本特征和自然规律，这决定了 ICT 产业从支持各行业信息化到数字化发展的业务能力与商业模式的转型升级。二是 ICT 产业和企业的经营模式从单体经营到生态合作的模式变迁，已从企业之间的竞争发展为生态间的竞争。整个产业的结构从简单的软硬件转型为 IaaS、PaaS、SaaS 的阵型，很多企业也转化为前、中、后台的数字化组织体系。数字技术在不断改变着每个领域。

第四部分

组织数字化转型实践

2021 年，中国企业迎来了数字化转型的黄金时期，互联网的迅猛发展为我国数字技术的创新、数字企业的成长，以及数字产业的蓬勃发展提供了重要机遇，同时，在新冠肺炎疫情的影响下，很多企业或主动或被动地开始了数字化变革之旅。千千万万个组织正在建立自己的数字化转型战略委员会，完善自己的数字化转型战略，通过新技术落地数字化转型的具体措施。一时间，大家都在转型的路上“痛并快乐着”，希望通过数字化加持，实现企业的二次创新和转型。

CIO 作为企业数字化转型的领军人物，同时也是转型中的关键角色，他们披荆斩棘、砥砺前行，带领企业踏上通往转型之路。本书收录了 17 个数字化转型案例，通过 CIO 亲述，为大家一一呈现来自不同行业的企业数字化转型特色和亮点，同时剖析痛点和挑战，为行业提供参考和借鉴。

中国企业，数字化转型在路上。

第 4 章

金融科技数字化再创新

金融行业正在悄然发生变化，大数据分析、智能柜台、线上签约……已经深入金融领域的方方面面。金融行业数字化转型催生金融科技创新应用提速，金融科技的发展又能加速数字化转型进程，尤其是在“双循环”的经济格局中，如何通过数字化工具加强金融监管、运用数字科技帮助金融机构提质增效，既是金融行业面临的新课题，也是对金融 CIO 的新考验。本章甄选中国建设银行、阳光保险两家头部企业，以实际案例深入解读如何形成金融业务场景化、服务智能化和渠道一体化，强化标杆引领力量，助力金融行业在数字化、线上化及监管政策等内外力的共同作用下提速转型，最终实现开放的敏捷金融服务体系。

4.1 中国建设银行：三个理念，四个方法，探索“善建者行 数成久远”的数字化经营

在“双循环”新发展格局下，我国持续扩大内需体系，强大国内市场，推进供给侧结构性改革。金融服务改革是新发展格局下的供给侧结构性改革的重要一环，打造数字经济发展新优势，是对传统经济模式的重大创新，以科技助力，推进新产品、新生态、新模式的发展。中国建设银行（以下简称建设银行）始终紧扣时代主题，回应国家需要和人民期盼，坚持推进“以人民为中心”的新金融行动，助力数字化转型。新金融行动在数字化蓝海中将金融之水输送到实体经济的“田间地头”，在服务实体经济、赋能社会发展的同时，实现自身价值。

4.1.1 建设银行金融科技发展历程

“来而不可失者，时也；蹈而不可失者，机也。”随着信息技术的发展及信息技术与金融企业的逐步融合，建设银行的金融科技发展紧跟时代步伐，抓住机遇，迎接挑战。

1984 年至今，建设银行金融科技共经历 6 个阶段：会计电算化阶段逐渐脱离手工记账；城市综合网阶段计算机从单机使用逐步实现区域联网；数据大集中阶段统一全行业务和数据标准；应用项目群阶段构建分层松耦合的企业级架构雏形；“新一代核心系统”建设阶段完成核心系统的企业级重构；“TOP+战略”阶段金融科技为集团高质量数字化经营和价值创造提供新动能。

伴随着银行业务范围的迅速扩展和业务种类的爆炸式增长，未来银行的金融科技能力将直接影响其参与各方竞争的能力。从新一代建设阶段开始，普惠金融、供应链金融、开放银行建设、住房租赁……每次业务创新都离不开金融科技对系统建设需求与流程改造需求的硬核支撑。回首再看来时路，建设银行每次金融科技的核心突破都宛如一针强心剂，为建设银行的整体发展提供新动能，加速建设银行的“血液”流动，为建设银行带来科技的朝气与活力。未来，建设银行金融科技定会继续保持“千磨万击还坚劲，任尔东南西北风”的气节，紧跟时代，顺势而为，借势而进，造势而起，乘势而上。

4.1.2 数字化转型实践

1. 系统建设

“新一代核心系统建设工程”是建设银行应对挑战、突破瓶颈、开启深刻变革、自觉主动推动整体转型的一次积极探索，是一次企业级的业务流程再造。“新一代核心系统建设工程”获得业界及监管部门的多次肯定，2015 年获得银保监会高度评价，2017 年获得人民银行科技发展特等奖，已被授予或受理国内专利 562 件、国际专利 6 件，获得国内外行业组织及媒体奖项 114 项。建设银行数字化转型经验也被写入哈佛商学院经典教学案例，为全球银行业的发展贡献中国智慧。

2. 建设背景

建设银行的新一代核心系统启动于 2010 年 12 月，当时建设新一代系统的原因既有高层领导的远见卓识，又有客观的内外部因素。

从外部因素看，2008 年国际金融危机后，为有效防范系统性金融风险，全球主要经济体的监管显著加强。业务发展对创新的需求不断增强，移动支付、资产定价、智能风控等新需求雪片般涌来，技术部门往往只有微薄的招架之力，技术供给矛盾十分突出。从内部因素看，当时建设银行的 IT 系统集中显现出如下 3 个重点问题：第一，系统是部门级的，从全行的角度来看，系统功能重复臃肿；第二，各个系统的渠道是分散的，从客户的角度来看，很难获得一致体验；第三，没有经过科学规划设计，系统越做越大，缺少应用主线，开发成本上升，运维问题显现。最为关键的是不能满足建设银行转型发展的需要。

针对以上问题，建设银行在 2010 年 12 月决定启动“新一代核心系统建设工程”，从企业级视角对全行系统进行重构。在国内外银行建设 IT 系统失败的案例比比皆是的大环境下，建设银行抓住机遇，在 IT 系统建设上取得了重大领先优势。新一代核心系统建设是一项系统性的、持续性的，体现高层意志和全行经营理念转型的庞大工程，建设银行将一张蓝图绘到底，3 任董事长一以贯之，高层创新的魄力、战略的眼光与坚定的信念是新一代核心系统成功建设的重要前提。

3. 新一代核心系统建设理念和实现方法

新一代核心系统成功构建和投产使用得益于建设银行在系统建设初期确定的 3 个建设理念。第一个理念是“企业级”，打破“部门级”“分行级”“系统级”等画地为牢的观念限制，从全行一盘棋的角度去统筹资源、组织布局。第二个理念是“以客户为中心”，从客户体验的角度去设计和研发系统，用极致的客户体验去获客、活客和黏客。第三个理念是“与时俱进，应用创新”，新一代核心系统建设周期较长，在这个过程中要不断融入新的建设方法、理念和技术。

在这 3 个理念的指引下，建设银行总结形成了以“四个一”为特征的建设方法，即“一套业务模型”“一套 IT 架构”“一套实施工艺”“一套管理流程”，这也是企业级理念的落地体现。

“一套业务模型”包含流程模型、数据模型、产品模型、用户体验模型。新一代核心系统建设期间全面梳理了集团所有业务、产品、数据，围绕企业“产品管理、营销支持、产品运营、业务支持、风险管控、决策与报告”6 条价值链进行针对性设计，提炼出 26 个业务方向、102 个转型措施，形成 114 个业务组件。这 114 个业务组件对原有 340 多个系统按照业务相关性进行组件化归类，作为支撑建设银行转型发展的业务架构框架基础。

“一套 IT 架构”包含应用架构、数据架构、技术架构、安全架构 4 个架构。第一，面向服务的应用架构包含“7+1”层 12 个平台，114 个业务组件按照各自的功能定位分布在不同层级和平台中。第二，在数据架构上，新一代核心系统将建设银行的数据能力进行了组件化和标准化定义，同时提出自主用数概念，业务条线所需数据可根据需求自主获取。第三，企业级、面向服务的分布式技术架构，经过新一代核心系统建设，建设银行建成了业界最大的私有云平台，现已管理约 26000 个节点。分布式技术架构的建立大大提高了资源交付效率，目前业务部门提出的紧急部署需求可在 15 分钟内提供资源，极大地提升了建设银行 IT 系统的敏捷交付能力。第四，安全与体验平衡的安全架构，建设银行把每个应用都必须用到的安全防控能力进行了组件化分类，提出“安全即服务理念”。

“一套实施工艺”保证了如此庞大的系统开发有序进行。新一代核心系统建设工程各项目组开发的是一个个组件，不再是一个完整的系统。为了确保组件开发分而不乱，建设银行制定了严格的全生命周期实施工艺来规范、约束各项目组的实施工作，每个岗位按照明确的工作方法和操作指南按部就班、有条不紊地开展工作。

“一套管理流程”为新一代核心系统的稳定释放提供了坚实的保障。建设银行在新一代核心系统建设期间建立起了 IT 全生命周期管理系统，这个系统承接了 IT 项目全生命周期实施工艺，为 IT 系统建设的高效、有序进行提供坚实的支撑。

4. 主要成效

打铁还需自身硬，只有不断沉淀能力、丰富技能，才能养成持久的战斗力，铸就“关关难过关关过”的勇气和魄力。通过新一代核心系统建设工程，建设银行也在外部服务与内部提升方面形成了多项能力，为业务发展赋能。

对外服务上的能力沉淀集中体现在客户服务、产品创新与渠道拓展领域。在客户服务方面，建设银行从客户唯一标识的确立及全方位客户视图的建立，全面支持客户个性化服务与精准化营销。大数据时代，数据比你更了解你自己，企业只有走近客户、了解客户、分析客户，才能“知客户之所想，解客户之所难”，形成以客户为中心的综合服务能力。在产品创新方面，建设银行通过数字化手段对银行无形的产品“塑形”，建立起“产品工厂”，形成灵活高效的产品创新能力。基于产品装配工厂，建设银行形成“配置型产品创新”“增强型产品创新”“突破型产品创新”3 种产品创新模式。目前，建设银行超过 95%的产品能在 1～2 天面世，这为企业参与市场竞争提供了强有力的科技支撑。在渠道拓展方面，建设银行形成了完整、协同、智慧的渠道转型能力。“新一代核心系统”按照移动优先的总体原则，尽量实现服务的线上化，建设银行不断寻找与客户交流的线上载体，如搭建的“云工作室”，客户可以像“逛网店”一样寻求客户经理的 24 小时在线服务。

内部提升的能力突出表现在智能运营、智能风控、资源配置、数据应用、集团一体化及员工服务上。在智能运营与智能风控方面，集约的智能运营能力体现在机器代替人工劳动及管理工具数字化两个方面。全方位的风险联防联控能力体现在菜单化的风险模型工厂建立。建设银行搭建起“交易核算分离”的全新会计核算体系，打造定价综合管理系统，精细化的资源配置能力引导有限的人力与财务资源合理精准分配到最需要的领域。在新一代核心系统建设期间，几乎所有系统均接入企业级数据仓库，在此基础上打造企业级大数据平台，建立起数据模型体系及数据集成平台，助力形成了企业级数据应用能力。海内外、集团一体化支持能力稳中有进，新一代核心系统已完成 29 家海外机构推广，覆盖 24 个国家和地区，集团一体化方面着力实现子公司基础设施与资源的集约化共享。凭借便捷高效的员工服务能力，为员工提供一体化工作平台，从员工视角整合办公、事务、学习、通信等多项功能，为员工提供更好的办公感受。

回顾新一代核心系统的建设历程，建设银行除了形成了以上能力，更重要的成果是智慧金融生态的建立及金融科技人才队伍的积累。建设银行响应国家号召，顺应新时代发展要求，以金融科技能力为依托，构建以政府治理和公共服务为核心的智慧生态体系，并按照“建生态、搭场景、扩用户”的数字化经营理念，以数字技术重修新金融“水利工程”，将金融活水源源不断地引入实体经济和人民群众最需要的地方，探索社会价值和自身价值的统一。

在组织机制上，在新一代核心系统建设历程中，业务人员、技术人员形成了一支你中有我、我中有你的紧密队伍，协同架构设计、推进研发，通过企业级业务流程、数据、产品的重新梳理，最终实现企业级架构。在这段自主创新、追求卓越的艰辛历程中，建设银行的科技能力水平和人才队伍建设伴随着“新一代核心系统”的建成，跃上了一个标志性的台阶，为建设银行转型创新和长远发展提供了强大动力。

4.1.3 平台开放共享

建设银行在初步完成新一代核心系统建设后，于 2018 年提出以建设稳健经营、创新发展的现代商业银行，构筑高效协同、支持创新的金融科技治理体系为目标的“TOP+”战略，并在 2021 年对“TOP+”战略的内涵和外延进行深化和拓展，提出“TOP+2.0”战略。

“TOP+”即“Technology、Open and Platform+”。“Technology”即科技驱动与引领，以技术与数据构成科技双要素，双轮驱动金融创新，形成向现代商业银行转型发展的原动力。“Open”即能力开放，将银行集团业务功能和数据以服务方式向社会开放，充分激发外部活力与创造力，打造建设银行“应用商店”。“Platform”即平台生态，构建自由平台，连接合作伙伴平台，共同构建用户生态圈，在履行国有大行社会责任的同时，共同满足人民日益增长的美好生活需要。“+”即鼓励创新、包容创新的机制与企业文化。

近年来，我国平台经济迅速发展，贯通于国民经济循环各环节。基于信息技术，由数据驱动、平台支撑、网络协同的平台经济有利于凝聚各方资源，推动资源利用能力与使用效率最大化，打通交易方之间的信息壁垒，提高国家治理能力信息化、数字化、智能化。从“TOP+”到“TOP+2.0”，建设银行以企业级金融科技能力为底座，注重平台型经济发展，从以平台建设为主到平台建设与平台运营、平台融合并重，以平台为依托，逐步完善智慧生态体系建设。

建设银行以统一技术平台为支撑，打造协同共享的生态体系，实现技术资源和数据资源的整合，提供高效、便捷、统一的基础技术支撑。以“互联网+政务服务”“互联网+监管”和“智慧治理”3 个平台为核心，打造智慧政务生态基础设施。

建设银行在政府管理和行业服务领域进行全方位探索，积极推进智慧政务平台与行业平台、产品的融合共建，构建融合 G（政府）、B（企业）、C（客户）三端全场景的公共服务生态。在 G 端，运用大数据技术和可视化展示手段，实时展示政务服务信息，满足政府智能决策需要，目前已经在山东、山西、云南等省份落地，为政府管理和决策提供有力支撑。在 B 端，将开办企业、获取信贷等生产场景与建设银行“线上预约开户”“惠懂你”等功能和服务对接，提供一站式金融和非金融服务；同时，打造工程建设审批、公共资源交易等系统，拓展服务 B 端内涵。在 C 端，围绕“我要看病、我要上学、我要养老、我要婚育、我要出行”等百姓需求量大的政务事项，通过一站式的主题化服务和场景式、智能化服务导航，让百姓会用、能用、爱用。

建设银行依托智慧生态，传递新金融价值。在新冠肺炎疫情期间紧急搭建应急物资管理平台，平台成为湖北全省市医疗物资调度的“动脉”。在脱贫攻坚方面，依托智慧生态体系，打造“中国建设银行援建 • 安康智慧治理”服务平台，将安康市 500 余个便民服务事项、近 8000 个行政审批类事项转移线上。在乡村振兴领域，以“大平台、大场景、大服务”为思路纲领，搭建开放共享、城乡互联的乡村振兴综合服务平台，立足乡村发展实际情况，形成集智慧政务、便民生活服务和助农金融服务于一体的乡村全场景综合服务体系。建设银行秉承开放共享的新发展理念，将散落在各处的数据搬上数据资产列车，共建信息共享、互惠互利的新金融生态。在撮合业务方面，充分发挥自身客户资源优势和金融科技实力，搭建“建融智合”平台。“建融智合”平台基于人工智能、大数据等技术帮助企业进行资金、项目、服务等资源的精准对接，成立两年多以来，注册客户超过 71 万人，累计发布需求 101 余万次，达成意向交易 5 万余笔。放眼国际业务，建设银行在 2019 年年末在同业中率先推出 B2B 跨境智能撮合平台“建设银行全球撮合家”，以“科技+数据”搭建开放共享生态，解决跨境交易场景下信息不对称和交易成本高等痛点和难点问题。

4.1.4 数字化经营

建设银行在 2020 年开启全面数字化经营的尝试，向场景和用户驱动转变，重在“建生态、搭场景、扩用户”，提高集团整体的流程自动化、决策智能化水平，向下赋能减负、提质增效，对外敏捷响应、改善体验。

在数字化经营的探索过程中，建设银行的经营理念也在逐步转变，从以产品销售为中心到以客户体验为中心，实现“客户洞察、双向互动、精准触达、千人千面”。深刻的客户洞察与千人千面的客户画像进一步助力建设银行营销理念的转变，目前已经实现了“全链路、全渠道、全天候”的全域营销，大数据分析与人工智能推荐算法的应用也在改善营销效果、提升营销成功率、节约人力成本上起到了十分重要的作用。

住房租赁、普惠金融、金融科技三大战略全面支撑数字化探索过程中的生态建立、场景搭建及用户扩展。在住房租赁领域，搭建开放共享的住房租赁服务平台，累计上线房源达到 2600 万套。“要存房到建设银行”“长租即长住，长住即安家”，一句句标语都是建设银行致力于解决住房难问题的决心和信心。在普惠金融领域，建设银行建设“智能、高效、强风控”的“小微快贷”信用产品体系，“惠懂你”手机移动端融资平台认证企业超 70 万户，授信金额超 4700 亿元，“惠懂你”成为建设银行服务小微企业的重要服务品牌。在金融科技领域，建设银行对内赋能业务部门，为新兴业务的系统开发提供敏捷响应能力；对外输出科技能力，赋能社会治理，聚焦民生问题，打响建设银行金融科技品牌。

建设银行着力打造技术、业务、数据三大中台助力数字化经营探索。技术中台将技术能力与业务能力分离，以产品化的方式提供技术赋能，形成了人工智能、云计算、区块链、物联网等技术对业务的强支撑力。业务中台积累可共享复用的业务能力，形成可快捷调取的通用服务模块，赋能前端场景的高效拓展和产品的敏捷创新。数据中台提升数据标准化水平，在数据入仓存储、供给加工、分析应用方面为核心系统提供数据支持。

4.1.5　企业数字化转型的建设银行答案

1. 战略的指引

建设银行十分重视战略规划在全行发展中的重要驱动作用，这已经成为建设银行发展的科技基因。纵观建设银行 60 多年的历史，每次重大变革都离不开科技的重大创新和突破，也离不开科技战略对信息科技发展方向的指引。

2008 年年初，建设银行发布《中国建设银行发展战略纲要》《中国建设银行 2008—2010 年业务发展规划》。2010 年前后，中国经济进入换挡期，建设银行适时提出了“综合性、多功能、集约化、创新型、智慧型”业务转型战略。2011 年，建设银行立足新形势，结合国家“十二五”规划，制定了《中国建设银行 2011—2015 年发展规划》。同年，在完成《IT 基本架构规划》的基础上，建设银行启动了新一代核心系统建设工程。在新一代核心系统建设期间，建设银行从 2013 年开始实施“产品创新三年规划”，形成了“总行战略/总行重点/分行自主/分行移植”分层次产品研发管理体系。2018 年，建设银行正式发布《金融科技战略规划》，明确金融科技战略实施方向。同时，全面启动金融科技创新体制改革，引入市场机制，成立建信金融科技公司。2021 年 7 月，《中国建设银行“十四五”时期发展规划及 2035 年远景目标纲要》正式发布。建设银行战略规划部署覆盖了金融科技发展的全时期，为各阶段业务与技术发展提出方向性指引，为保证建设银行数字化转型探索提供了根本保障。

2. 全行一盘棋的系统观

全行一盘棋的合力是根本。天下胜，是故合力。转变观念、凝聚共识对于一家大型银行成功转型至关重要。建设银行转型规划的起草经过反复研讨酝酿，先后修改了100多稿，广泛汇聚了全行的智慧。在各条业务线制订转型具体实施方案中，将顶层设计和基层创新紧密结合，很多思路、做法乃至具体举措都来源于基层实践。因此，全行上下在转型中做到了认识一致、方向一致，形成了最大公约数，凝聚了最大合力。上下一条线，全行一盘棋，使得转型工作得以顺利推进。

3. 配套管理模式的变化

建设银行持续完善金融科技管理机制，激发集团的创新活力：完善集团一体化的 IT 全生命周期管理机制，深化业务、数据与技术融合；优化集团一体化研发机制，建成集团一体化运维机制；建成充分激发创新活力的科技创新机制，建立产学研融合、支持创新容错的新机制，探索建立创新孵化机制，优化科技创新激励；加强精细化管理，提升管理效率，优化资源供给，提升金融科技价值贡献，提升科技管理数字化水平，强化风险控制能力。

4. 人才队伍的建设

在人才队伍的建设机制方面，既要筑巢引凤，吸引尖端科技人才，也要育种培苗，打造原生力量；既要梯次配置总、分、子科技队伍，也要创新推广“大平台+小团队”的敏捷组织形式，让团队的灵魂人物当好“创新领航员”。优化人才管理及科技成果评价机制，探索更灵活的薪酬制度和奖励措施，让能担大任、敢打硬仗的金融科技人才愿意来、留得住、干得好。增强企业认同感，传承文化精神，加强金融科技人才队伍的企业文化建设，弘扬新一代精神，加强对金融科技战略成果的展示，树立金融科技建设银行品牌。

4.1.6 同业共建共享

“一花独放不是春，百花齐放春满园。”建设银行希望把数字化转型经验和成果与大家共享。建设银行依托建信金融科技公司，已形成银行核心系统整体化、参数化的解决方案，现在已输出到多家银行；组织研发具有知识产权的轻量级银行业务系统，以产品化的实施方法输送给中小银行；推出风险管理工具“惠”系列产品，累计对接了933个机构，合作类型涵盖银行、消费金融、汽车金融、财务公司、保险金融等领域。

在能力开放方面，建设银行从业务开放逐步升级为业务、数据和技术的全面开放。在安全合规的前提下与外部合作方共同探索数据价值，用数据走近客户，发现新需求，开发新服务；全面开放技术能力，积极参与同业交流，与同业及科技企业切磋技术能力，助力拓展业内科技能力边界，全面深化"科技+金融"融合。

建设银行期待行业共生共荣、共建共享。同业可以在建设银行积累的经验基础上，站在更高的起点，实现更大的发展。建设银行期盼与同业一起做好"科技+金融"的建桥者，共同见证金融科技领域"一桥飞架南北，天堑变通途"。

4.2　阳光保险：五大核心能力 打造"以客户为中心"的数字化转型

阳光保险成立于 2005 年 7 月，秉承"打造符合人性与最具活力的保险服务集团"的企业愿景，致力于"让人们拥有更多的阳光"，公司成立 5 年便跻身中国 500 强企业、中国服务业 100 强企业。阳光保险目前拥有财产保险、人寿保险、信用保证保险、资产管理、医疗健康等多家专业子公司，已成为服务亿万客户、承担千万亿元社会风险的综合金融平台。

阳光保险一直以科技赋能作为公司的重要发展方向，在过去的几年中，公司在科技赋能客户交互体验、优化运营流程上，均取得了一定的成果。以客户为中心的移动化工具建设已基本完善，运营逐渐步入正轨；通过数据模型的搭建与运用，实现保险价值链的智能化、数据化升级，包括提升公司的智能化客服、核保、定价、风控和能力；完成公司基础设施的全面升级，包括组织推动新一代核心系统建设、搭建云平台、去小型机、去 IOE；启动整体信息安全和灾备工作的规划和建设，目前各项管理机制已逐步完善。

在公司迈向第四个五年征程之际，阳光保险集团董事长提出"强化科技数据能力，加快数字化经营转型”的重点工作要求，再次凸显公司领导层对科技能力的重视程度。公司将持续推进线上化和智能化的服务创新，不断升级以“一站投”“闪赔”“一键赔”“疾先锋”，以及智能客服机器人“小阳”为特色的全线上智慧服务模式，着力打造强大的产品研发能力、卓越的客户服务能力、杰出的风险管控能力，为广大客户的美好生活保驾护航。

4.2.1 阳光保险的数字化转型战略

我国保险业已经进入科技深度赋能行业发展的新阶段，向数字化经营进行转型已经成为行业的基本共识，数字化转型对促进保险业高质量发展具有重要作用。

保险公司进行数字化转型最重要的是要想清楚自己为什么要转型，认清自身的现实需求和长期愿景。数字化转型本身不是目的，重要的是转型能否对公司发展产生真正的价值。为此，阳光保险集团高层领导进行了多轮深度研讨，并多次与大型咨询公司沟通交流，最终确立阳光保险的数字化转型战略：坚持以客户为中心，构建数字化客户洞察、数字化营销、数字化产品创新、数字化风控、数字化运营五大核心能力。为了数字化转型的顺利推进，公司成立了数字化转型工作组，由集团总裁室领导亲自督导，通过搭建数据指标体系，科学制定考核追踪机制，确保每个阶段的工作都可以扎实、有效的进行。

数字化转型需要强大的科研能力，阳光保险在此方面已积累多年，拥有雄厚的实力。公司科技队伍自有人员与外包人员的比例为1.3∶1，远高于行业平均水平（0.8∶1）。另有近百人的人工智能和大数据团队，经过多年的项目洗礼，技术团队对公司业务比较熟悉，骨干人员大多已成为经验丰富的复合型人才。集团科技中心科技研究院、大数据和人工智能部自研图像识别算法在全球顶级评测竞赛ICDAR SROIE中名列保险公司榜首，语义理解算法在首届全球算法最佳实践典范大赛（BPAA）中位列金融单位第一，自主建设的“阳光云”多次获得包括《金融电子化》和《中国银行保险报》等多家金融行业主流媒体的科技创新奖。

阳光保险根据自身业务特点成功搭建业务中台、数据中台、智能中台、技术中台，作为数字化转型强有力的底层支撑。业务中台包括各种业务、财务、客户管理系统及公共服务等系统，通过平台化管理实现面向应用前端的共享支持，减少重复开发，快速满足各业务条线需求。数据中台通过数据技术对海量数据进行采集、计算、存储、加工，统一数据标准和模型规范，打通各系统数据壁垒，整合建立业务关系的数据链集合，为各业务线提供高效的数据服务。智能中台整合语音、语义、图像、人脸、机器学习等能力，为各个业务场景提供标准的、统一的智能服务，支持业务数字化、智能化变革。技术中台作为整个中台架构的底层，集成各种软硬件的能力接口，为业务中台、数据中台、智能中台提供技术基础设施。

4.2.2　阳光保险数字化转型阶段性成果

1. 数字化客户洞察

数字化客户洞察是数字化经营最基础的能力，也是数字化转型应当优先培育的能力。谁最懂得客户，谁能够提供符合客户需求的产品与服务，谁就能获取更多的客户，而数字化客户洞察是重要前提和手段。为此，需要加强客户信息系统和数据平台建设，加强外部数据资源获取与整合，建立统一的客户标签体系，提高客户分群和客户画像能力。要以实际业务需求为驱动，结合各类应用场景形成客户视图产品，不断扩大应用覆盖面，构建和提升数字化客户洞察能力。

了解客户的第一步是要识别客户，阳光保险通过建设统一的用户 ID，可识别同一客户在多渠道的访问情况，统一汇总、处理客户数据。在 PB 级客户数据的基础上，公司定义了 1000 多个客户标签，覆盖 6 大类 48 小类客户特征，拥有 120 余套客户洞察模型，匹配强大的数据运算平台，可实时处理客户分群、分类计算，快速支持业务部门开展营销活动。

阳光小智是公司自研的移动端保顾产品，借助阳光保险强大的数据能力，可快速洞察客户的保障缺口，为客户提供个性化的产品。阳光小智通过整合客户数据、保单数据、产品数据，以及地域、经济、医疗等外部数据，支持 151 种算法、1493 个责任条款，可快速、准确地计算客户保障缺口，彻底突破保单边界，以人的保障维度为出发点，为客户提供全面、实时的保障测算，并推荐个性化的保险产品组合。

2. 数字化营销

数字化营销在实现“队伍（渠道）—客户—产品”的良好匹配方面能够起到较为显著的作用，有效赋能队伍和渠道，提升人均产能，促进业务发展。数字化营销涉及客户洞察、产品服务匹配、内容运营、营销规则管控、营销活动管理、人员培训及业绩管理等，是一个多功能的数字化闭环体系。

阳光保险的“电销大脑”是依托大数据技术打造全闭环的数字化营销工具，让电销具备“思考、分析、诊断”能力。精准营销分析功能可配合营销活动平台做事前、事中、事后的管理闭环；智慧销售工作台打造专属个人看板、工作诊断提醒；智慧销管工作台打造专属管理看板、预警提醒，助力强化过程管理。

3. 数字化产品创新

大数据时代为个性化、差异化、定制化的产品服务创新打开了广阔空间。创造个性化、差异化、定制化的创新产品的前提，是要准确地把握用户的潜在需求。通过大数据精准分析和定位用户，细分保险标的和风险因子，实现产品的定制化和定价的个性化。

阳光保险“全自动车险生命表”基于数字化经营理念，实现差异化保单定价，最大限度让利于客户。创新性引入“智能决策算法”“报价成交率”“费用敏感性”“奖励管理全部以保单价值量化”等算法、指标、工具和机制，重塑管理流程，去除人工干预，科学配置资源，合理低价获取客户，建立保单价值分享机制，实现车险运营模式变革。

阳光保险的“阳光脸医”致力于将普惠健康带给每位客户，打造“保险+医疗”的创新产品。通过人工智能预测健康指标技术，客户使用手机自拍面部图片，即可实时获得自己的健康情况报告和精准的健康管理解决方案。“阳光脸医”目前已可检测 BMI、血压、血脂、血糖、脂肪肝、皮肤状态等 10 项健康数据指标，还可同步在线完成护肤、内分泌失调、心脑血管风险监测等多个专项健康服务监测。

4. 数字化风控

数字化风控对于经营风险的保险企业而言具有重要意义，通过大数据分析建模和机器学习技术，可以显著提升风险识别与定价、反欺诈、反洗钱等关键业务环节的风控能力，在数字化合规、智能稽核、风险预警等方面也有重要作用。

阳光健康大数据核心引擎整合客户医疗、体检、运动生活等内外部健康数据，成功开发 33 个疾病预测模型，支持人群风险细分及保险产品差异化定价；以健康智能评估预测技术为核心驱动，打造统一的健康数据智能中台，从产品精算、两核风控、渠道营销、健康服务等主要方面支持业务部门发展创新，构建阳光健康智能生态，坚持数据驱动的保险创新，推动在动态核保、定价模型等健康数据应用领域进一步创新突破，提高阳光客户的体验。

在产险方面，阳光保险利用知识图谱技术重组历史车险理赔案的案件数据，对风险配置规则和团伙检测管理关系进行分析，能够有效结合参与人员、参与车辆、案件的关联属性对车险的欺诈行为进行评判，提高了车险反欺诈管理的灵活性、完整性、严密性和识别效率。

5. 数字化运营

通过数字化升级，推进运营模式的变革，以客户需求为导向，优化业务流程，降低运营成本，实现业务、财务、人力资源管理的数字化、智能化升级，促进公司经营管理和决策向数据支撑的科学管理转型。

阳光保险集团自主研发了具备语音识别、语义识别、图像识别、人脸识别等人工智能类服务能力的智能中台，并在此基础上陆续建设了智能客服、管理、销售 3 类机器人，在行业内首先提出了保险机器人的明确定义和分类，获得公司内外多次大奖，节省人力超 500 人，并申请多项专利。

语音客服机器人通过构建语音智能交互场景、识别客户意图，在行业内首先实现可通过机器人完成完整的车险语音报案流程。如果单方无人伤事故，语音交互仅需 5 步，即可完成自动报案。

管理机器人利用人工智能技术，对销售人员与客户的销售过程内容进行识别与分析，评估坐席能力、勾勒客户特征、诊断销售过程、沉淀团队经验，为销售及管理人员提供改善销售队伍绩效表现的销售管理决策。

销售机器人通过人工智能技术提供培训支持，模拟代理人与客户、坐席与客户的真实保险业务场景，进行 1V1 专属语音陪练，以实战演练的方式帮助销售人员快速提升销售能力，提升线下销售队伍的技能。

4.2.3 阳光保险的数字化转型之道

首先，数字化转型要有明确的目标和可执行的计划。明确的目标需要高层领导具备广阔的战略视野和敏锐的行业嗅觉。数字化转型通常需要数年时间，是一项投入大量人力、物力的重大决策，因此，需要公司高层领导反复论证，结合行业趋势和企业自身情况，提出清晰、明确的目标，为企业发展指明方向。成熟的企业就像一部运行良好的机器，处于一种稳定状态，而数字化转型是要打破现有的局面，对这部机器进行升级改造，并且不能使之停止运转，难度可想而知。因此，要找到用户真正的痛点，自下而上地收集需求，制订可行的计划，圈定试点范围，并积极表彰和宣传项目成果，减少全面推广的阻力，逐步完成转型工作。

其次，数字化转型的执行需要企业高层亲自督导。数字化转型是企业的第二次创业，不仅是信息技术部门的工作，还是需要各部门共同承担的任务，这个过程中往往或多或少地影响各方的利益，这使得 CTO 或 CIO 很难调动资源推进项目。

最后，数字化转型得益于阳光企业文化的引领。数字化转型项目往往从一些非主要环节切入，之后逐步进入深水区，因此，早期带来的价值不容易直接体现，若以短期业绩作为唯一衡量标准，很可能将转型工作扼杀在起步阶段。因此，以阳光保险集团为代表的注重创新的企业，可以让公司高层和员工能够以创新、包容的心态来看待转型工作，从而帮助企业更好地发展，提升企业的健康程度。

第 5 章

能源行业深挖数据价值

在“双碳”和“数字中国”战略的引领下，能源行业掀起数字化浪潮，运用大数据、云计算、区块链、人工智能和 5G 等信息技术拓展业务、提升运营管理效能，重塑竞争优势。数字化转型已不是“选择题”，而是关乎生存和长远发展的“必修课”。此刻，能源行业的数字化阶段已然全面开启，科技加速度步入数字生态阶段。改革浪潮，不进则退。本章甄选国家能源投资集团有限责任公司、国家电力投资集团有限公司两家排头兵企业，以丰富的能源行业服务经验和领先的技术水平，为数字化建设提供决策支撑，用科技手段推进“双碳”目标的实现。

5.1 国家能源集团：传统能源行业转型，新技术推动精细化运营

国家能源投资集团有限责任公司（以下简称国家能源集团）是由中国国电集团公司和神华集团有限责任公司两家世界 500 强企业合并重组而成的，是国有资本投资公司改革、创建世界一流示范企业的试点企业，2021 年在世界 500 强中排第 101 位。国家能源集团拥有煤炭、火电、新能源、水电、运输、化工、科技环保、金融 8 个产业板块，共拥有煤炭产能 5.6 亿吨，电力总装机 2.38 亿千瓦，其中，火力发电总装机 1.8 亿千瓦，占全国火力发电总装机的 15.8%；自营铁路 2155 千米，港口和煤码头吞吐能力 2.64 亿吨，自有船舶 62 艘。

当前，新一轮能源技术革命方兴未艾，先进信息技术与能源行业加速融合，数字化、网络化、智能化发展快速演进，能源电力行业面临全方位、全链条式产业升级、业态创新、服务拓展和生态重构的机遇和挑战。作为全球

最大的煤炭生产、火力发电、风力发电和煤制油煤化工公司，国家能源集团扛起保障能源安全稳定供应的重大使命，积极拥抱数字化发展的时代趋势，从抢抓能源技术革命新机遇、打造高质量发展新引擎的战略高度，把加快数字化、智慧化发展作为全产业提质增效的重要推手，作为全要素效能提升的重要手段和全链条价值重塑的重要支撑，努力走出一条数字经济和能源经济融合发展之路。

5.1.1 运营模式变革协同调度先行

随着经济的快速发展，能源企业的跨专业板块、跨地域和多层级的客观因素也在不断积累。在这种情况下，要求企业实现越来越高效的整体协同性决策及越来越精细化的管理程度，在公司内部从传统管理方式转向信息化、智能化管理方式，提高管理运营效率，以改善来自横向和纵向信息反馈的及时性与全面性，提升企业运营管理的质量和效益。

国家能源集团具有全国独特的运营模式。在国家能源集团重组以后，集团总部对各产业的管控方式显著变化，生产运营业务成倍扩大，上下游关联度增强，容错空间小，系统刚性压力大。集团公司迫切需要提升现有调度指挥模式体系，并配套建设先进的信息系统支撑其运行，保障一体化高效运营。

2020 年年初，国家能源集团公司确定了生产运营协同调度系统建设思路和方案，由集团公司总调度室牵头组织，在国家能源集团北京总部进行规划分期建设，推进项目进展，在 2021 年 6 月上线试运行，2021 年 10 月完成一期建设。

项目建设贯彻“11236”的指导思想：“11”是立足于国家能源集团建设世界一流能源集团的战略目标，构建集团公司一体化运营管理模式的架构；“2”是搭建集团公司总部和骨干子分公司两级运营协同管理平台；“3”是形成包括总部、子分公司及矿山、电厂、铁路、港口、化工厂等基层生产单位的 3 层生产数据管理体系；“6”是建成数据集成、在线监视、运营计划、智能调度、统计分析和应急指挥 6 大功能模块。

项目的总体建设目标是提升运营协调指挥业务的信息化管理能力，提升一体化管控的集约化管理水平，努力实现生产经营全流程贯通、全产业链衔接和全场景监控，信息自动感知、计划模型驱动、调度智能协同、应急快速精准；着力打造“一体化集中管控、智能化高效协同、可视化高度融合”独具特色的工业互联网平台，进一步巩固和提升一体化稳定性、灵活性和贡献度。实现煤炭生产、采购、集运、配送、库存一体化集中管控，达到“大集团、大煤矿、大运输、大电厂”的点线面虚拟集成统一。

坚持“业务导向、目标驱动”，利用当前成熟的大数据、物联网及云计算技术体系，完整构建从数据收集、数据存储、计算处理、价值挖掘的一站式数据资源服务，建设全级覆盖、数据贯通、资源共享、智能高效的一流专业化数据资源管理平台，支撑集团全业务板块的深度数字化转型，助力集团运营管控模式创新。

（1）助力运营。依托统一融合的数据湖平台，全流程拉通集团在生产运营、业务管理、技术保障等多环节数据，增强数据交互，使能数字孪生，自动化、智能化提升整体运作效率。

（2）能力提升。提供全面海量的多源异构数据存储能力，支持数据的集中式管理；提供太字节（TB）级别的数据计算能力，支持大规模复杂维度的混合数据加工计算；提供同源异构数据访问能力及大吞吐数据管道，支持将海量业务数据快速汇聚到数据湖，供下游大数据分析计算、模型预测；整体平台须符合高可用、平行扩容原则，符合业务 3～5 年的数据规划。

（3）模式转变。提升并转变集团在数据治理、数据开发与数据融合等数字化管理方面的技术模式与管理模式，为集团全面智能化演进奠定坚实基础。

5.1.2　多管齐下，构建协同调度智能化运营平台

生产运营协同调度系统项目通过研究一体化生产运营协同调度的关键技术，如业务协同运营指数评价方法、数据指标标准化和数据资源管理、产业平衡模型算法、数字化计划调度算法、智能化监视技术、多维预警预测模型、在线智能分析技术，完善优化了大型能源集团全链条、全场景的生产运

营管控方案，研发了数据标准和数据资产管理方法，搭建动态仿真调度模型，研发一体化生产运营协同调度平台，并在全新搭建的多媒体互动调度指挥大厅实现了现场指挥，对产、运、销、储、用全过程生产要素信息进行一体化实时监测及调度管理，开启联合调度新模式，从而成功搭建“一体化集中管控、智能化高效协同、可视化高度融合”的协同调度智能化运营平台。

5.1.3 优化运营方案，构建一体化业务协同运营指数方法及评价体系模型

一体化运营管控的核心目标是“高效运营”，保障高效运营的关键是“运营畅通”，实现运营畅通的手段是“治理拥堵”。针对重组后集团产业点多线长、一个区域内跨产业板块的几家生产运营单位、经常出现生产运营衔接障碍的新特点，集团总调度室通过优化制度规程、设置专业调度、建立区域协调机制，以及动态平衡服务引擎、机器学习数据分析等技术，贯穿三级单位并实时收集汇总经营情况，提前应对突变状况，延展了调度指挥中心协调力度和范围。

为实现一体化运营管控的闭环管理，设计生产运营指数方法研究及评价体系，从多维度、多层次设计生产运营指数体系，运用聚类算法、灰色关联理论设计指数模型，研究建立指数分析系统，面向决策者、管理者提供一套高效简洁的管理手段，该机制可向全国能源行业推广使用。

5.1.4 开发基于数据湖模型理论研究的统一数据资源化技术

项目在数据存储、批量加工、流处理、交互式查询、实时分析等方面开展深化应用研究。结合数据湖模型理论分析，通过不断的演进与扩展，实现从企业级海量数据分析平台到离线/实时数据湖融合建设，最终建立逻辑数据湖，实现全域数据协同分析的满仓一体的统一数据资源化系统。通过对多源异构数据的聚合、分析计算，形成可以提供给业务中台、业务应用及微应用使用的数据服务层，构成企业的核心数据能力。

1. 基于云计算技术强化系统支撑能力

通过云计算技术创新能力、服务能力及应用能力，全力打造数字经济新

模式。通过云应用体系，微服务框架技术支撑微应用开发，实现传统架构下的软件研发向微服务、微应用转化。容器技术实现对计算机资源的限制、资源隔离及镜像存储封装。基于容器管理集群可实现容器编排，进行应用容器化管理，实现弹性伸缩和负载均衡，应用开发和运行平台技术架构正向“微服务+容器”方向深化发展。

2. 基于数据湖理论，研究多源异构数据资源技术

基于数据湖相关理论的研究与实践，结合集团独有的数据资源特点，进行理论模型的落地论证与建设，形成可高效存储集团各类原始数据的独立、统一的数据资源池。数据湖可以容纳集团各类必要的数据，全面覆盖存量数据和增量数据，作为统一的数据存储、处理、展现的逻辑区域，提供数据清洗、数据转换、数据加载、数据标签处理等基础数据处理服务；提供对集团不同类型数据的一致性管理，实现数据汇聚及数据的标准化存储，并作为数据标准落地的“承载容器”。

3. 基于数据中台建设，实现数据跨域共享技术

通过数据中台相关理论对比分析与详细设计，完成各个功能模块建设，为集团各业务、各单位提供数据共享和分析应用服务。数据中台以业务需求为导向，以数据湖为基础，通过数据治理、数据开发、数据分析和数据共享，统一数据标准，统一数据模型，将业务数据和管理数据融合贯通，打破专业壁垒，实现数据应用的服务化，沉淀共性的数据服务能力，满足集团的横向跨业务间、纵向跨不同层级间的数据分析应用，推动数据运营。

5.1.5　集团统一指标管控体系及数据治理模型理论研究

创建集团特色的企业级指标管理体系与数据综合治理体系，从数据资产、数据架构、数据标准、数据发布等方面实现信息化、协同化的数据治理工作。建立管理数据流程，支撑企业数据资产从架构设计、质量管理到数据分析应用的全生命周期管理体系与数据价值模型。

集团统一的指标管控体系研究实现指标数据标准的集中、统一、规范管理，形成指标的维护、分发、应用、检查的持续更新的管理闭环。重点突出指标的集中化、动态化、可视化管理。强调指标管控体系面向其他相关应用系统提供基于指标管理的查询与使用的主导作用，从指标定义、指标数据源、指标数据管理、指标数据具体应用全链路考虑，建立指标管控的全局视图，实现指标数据的生产、使用全过程跟踪与监控。建立指标一体化管控及统一报表管理的模式，将统计报表拆分成指标、维度，即一张统计报表中可包含多个指标和维度，通过对指标和维度的标准化，进一步规范报表的标准化。

本项目已全面应用集团级数据资产管理，完成数据模型梳理与设计，通过统一的数据模型，整合数据资源，提出统一数据模型的设计思路、体系结构和设计方法，为数仓数据建模提供指导。本项目交付了《企业级统一数据模型研究与设计》报告，生成重点指标 724 个、派生指标 6878 个、支撑报表 400 余张，总计数据量达 42TB。

5.1.6 基于工业互联网架构及人工智能技术构建一体化协同调度平台

基于“云大物移智”最新技术和微服务/容器化架构，搭建了“业务导向、技术适用、开发高效、部署简便、用户友好、开放生态”的一体化智能协同调度平台，采用全业务场景大屏可视化智能分析技术，实现对集团特有的业务横向涉及的煤炭、电力、铁路、港口、航运、化工 6 大板块专业，涵盖集团、54 家子分公司、229 家三级单位生产环节的全面感知和动态监视，数据直观，报警及时，提供多层级、多维度的信息钻取。

1. 一体化智能协同调度平台

基于“云大物移智”最新技术和微服务/容器化架构，利用统一云平台资源层和数据湖数据管理层，设计支撑平台技术组件，满足平台构建及系统集成的应用需求，使平台自下而上具备基础设施、数据管理、公共服务、统一展示、系统管理、运维监视、安全管理 7 个方面的技术支撑能力。

2. 大屏可视化应用开发技术

大屏可视化应用开发技术采用混合架构方式实现，展示服务基于 B/S 架构，同时提供浏览器客户端，通过硬件狗加密授权的方式，保证传输信息的安全，并在浏览器内核中修改内核调用硬件资源的参数，利用高性能图形工作的硬件资源，改进传统 B/S 架构的安全性和性能问题。通过快速引擎和多线程技术加快资源加载，适应超高分辨率下的场景展示；通过统一的大屏协同控制中心，实现多台图形工作站上命令的协同，实现服务的跨机器同步，支持任意图形工作站级联的方式，可无限扩大地图展示的分辨率。

3. 全面感知监视、多场景告警技术

通过“煤、电、路、港、航、化”6 大业务板块集团及子分公司多层级穿透应用的标准化场景建设，实现了计划类、设备类、指标类等不同维度的全面感知监视报警，构建了自定义告警算法匹配机制，实现了多场景告警策略应用，提高了调度人员预安排及实时调度决策能力。

4. 全业务生产运营监视技术

实现了生产环节全景监视、运行风险报警预判、衔接环节协同调度，通过各级钻取实现了集团、子分公司、不同类型间多业务元素应用，达到了实时数据在线监视、指标数据在线分析、异常数据在线报警等功能，构建“事前全面感知、事中全景监视、事后全面分析”全业务生产运营监视体系。

5.1.7　构建人工智能仿真一体化调运算法和模型库

一体化调运模型涉及煤炭生产、铁路、港口、航运、销售、电厂、煤化工等各个方面，模型基于人工智能仿真技术，全面分析了各时间维度计划对象，构建计划流转应用框架，基于微服务设计计划数据汇聚流程，深入总结总调专家的业务经验，实现计划逻辑的灵活配置，辅助运营计划的在线编制。通过研究运筹仿真决策、柔性规则技术，开发基于现实调度业务的全链条、复杂场景的多目标规划运筹模型库。构建多模式—多元素—多路径—多煤种的复杂网络模型，生成平衡模型、季月分解模型、月度路径优化模型、人工智能视觉模型及统一数据模型等模型资源。

通过运用建模仿真、数字孪生、运筹优化、机器学习和大数据等技术实现仿真技术对计划的结果进行模拟反馈，支撑不同单位层级、不同省份、不同地理区域、是否一体化、时间维度等多源类型配置。提供铁路运输系统数

字化供应链仿真模型自动构建技术，形成多个数据驱动的预测仿真模型，依据决策级融合理论，对生成的仿真模型进行集成。对港口装卸工艺流程进行仿真分析，深入解析港口煤炭码头系统运营过程中船舶抵离泊位、铁路车辆进出车站、货物装卸流程、机械设备调度、堆场堆放安排策略等问题。

1. 数据预测分析模型

在煤、电、路、港、航、化、销等板块的计划编制过程中，通过完成量数据和预测算法为计划编制专员提供本月预测值、计划量参考值、历史同期趋势分析、市场占有率、偏差信息等参考信息，并通过表单和图表进行展示。图表与数据实时联动，为计划专员编制计划提供多种维度和思路。

2. 计划数据自动分配模型

打造“煤、电、路、港、航、化”6 大业务板块集团及子分公司多层级穿透的计划编制方法，实现了不同维度的全面计算，构建了规范的算法匹配机制，利用集团、二级单位、三级单位不同计划对象之间的高效算法，达到不同颗粒度之间的层层关联、动态平衡，实现了各板块计划的智能编制。

3. 月分解计划编制系统

从线下手动编制迈向半自动化编制。每当月计划发布后，自动调用月分解计划获取数据接口，获取一体化装车、地方煤、重车交口、两港卸车的月计划量数据，免去了人为摘抄月计划量的时间。自动获取 TSW 上月登记的列车运输完成量数据，分流向计算各个站点的平载系数。自动汇总收集下月天窗信息。集合所有参数调用分解小时数算法，拆分为可按照日均执行的非天窗及天窗列数，实现由万吨到日均列数的自动数据分解。

5.1.8 项目成果显著，助力提质增效

生产运营协同调度系统项目作为集团数字化转型和创新发展支撑，围绕数字化转型总目标，契合集团公司智慧国家能源建设的战略部署，推动产业数字化发展，全力支撑集团公司“一三五七”（一个目标、三型、五化、七个一流）战略落地。

自项目试运行以来，核心区出区调运量一举跨上并常态保持日均 100 万

吨左右新水平，铁路车辆平均全周时降至 3.92 天，较历史最好水平压缩 0.31 天，相当于每天增加运力 17 列，港口卸车、装船效率同比分别提升 7.7%、2.9%，单船泊位停时同比缩短 11%，集团公司生产运营主要指标连续刷新历史同期最高纪录。

（1）优化产运销一体化管控模式，编制《生产运营协同调度规程》，新调度指挥中心实现了联合调度、协同调度、智能调度。优化 6 类计划编制流程及岗位职责，形成 23 类计划模板和 6878 个计划指标，229 家三级单位计划全流程在线编制，日计划编制时间由 40 分钟缩至 5 分钟。

（2）创新性地提出生产运营指数和评价体系模型，通过层次分析专家判断法和机器学习数据分析方法等技术手段，对 54 家生产单元的 35 类指标的运营量化分析，实现生产运营单位的全面感知，推动各产业板块的协同配合。

（3）实现全流程、全要素数据资产管理，覆盖煤、电、路、港、航、化 6 大板块，提供 40 类数据规范，对接集团各类系统 72 个，286 个数据服务接口，接入 705 张原始表，数据量达 166GB，接入实时数据 42TB，沉淀标准化数据 3540 万行。

（4）搭建国内外首家能源一体化智能协同调度平台，按照“一级平台，多级应用”的原则，运用微服务容器化的分布式架构，通过容器引擎、微服务管理、数据底座和组态技术，研发了运营计划、在线监视等 7 大功能，融合工业互联网、人工智能和机器视觉的应用场景，建立了覆盖集团煤、电、路、港、航、化、销 7 大板块主题场景的协同调度平台。

（5）研究仿真一体化协同调运模型，推动供应链稳定、精准调度，提高了一体化月、周、日计划分解和执行的准确度和科学性。充分挖掘库存的削峰填谷能力和价值创造能力，实现资源时空配置最优化；可计算不同产地、不同种类煤炭端到端的最优运输量、运输品种与运输路径，推动运营决策由“总量平衡”向“路径规划”转化，调运计划越来越贴近实际。

5.1.9 新技术促进精细化运营，能力提升实现自主可控

目前，大部分传统能源企业技术工作的重心开始向智慧能源、数字化平

台、泛在物联网等技术研发方面转型升级。传统的能源企业借助互联网技术走向精细化运营及管理将是必然的趋势。企业通过借助大数据、云计算等技术手段，搭建集信息获取、资源配置、统计分析等为一体的全过程信息化管理体系，激发已有数据的潜能和管理运营方式的升级来实现企业的转型。

不仅基于技术架构，更要结合实际的业务需求，分析选型产品的服务场景与本项目所支撑的业务场景的匹配度，评估性能参数等技术类指标。在满足需求的基础上，要求确保自主可控，主要的评价标准包括：信息安全不受制于人，产业发展不受制于人；必须做到知识产权自主可控、能力水平自主可控、信息安全自主可控、发展自主可控、供应链自主可控、利润自主可控。

目前，集团生产运营协同调度系统已经基本建立了运营计划、智能调度、平衡模型、在线监视、运营指数、统计分析 6 大功能体系，初步形成“一个集团，大煤矿、大运输、大电厂、大协同”的点线面虚拟集成统一、主要厂矿设备泛在物联，搭建集成化、平台化、透明化、高效化的一体化运营管控模式和平台，基本实现了以提升信息化管理能力和集约化管理水平为目标，生产经营全流程贯通、全产业链衔接和全场景监控，信息自动感知、计划模型驱动、调度智能协同、应急快速精准。

未来，集团将基于生产运营协同调度系统打造“一体化集中管控、智能化高效协同、可视化高度融合”独具特色的工业互联网平台，为建设世界一流能源集团数字化技术“赋能”。

5.2 国家电投：“2035 一流战略”打造创新的“数字国家电投”

国家电力投资集团有限公司（以下简称国家电投）是中央直接管理的特大型国有重要骨干企业，成立于 2015 年 7 月，由原中国电力投资集团公司与国家核电技术有限公司重组建成。国家电投是我国五大发电集团之一，是全球最大的光伏发电企业，2020年在世界500强企业中列第316位，业务范围覆盖46个国家和地区。国家电投现有员工总数13万人，拥有62家二级单位，其中包括5家A股上市公司、1家香港红筹股公司和2家新三板挂牌交易公司。国家电投肩负保障国家能源安全的重要使命，负责牵头实施“大型先进压水堆核电站”“重型燃气轮机”两个国家科技重大专项，是“能源工业互联网”平台建设任务的主责单位，也是国务院国资委确定的国有资本投资公司试点企业。

5.2.1 “数字国家电投”的创新之路

国家电投深入学习习近平总书记关于数字经济、能源革命的系列重要讲话，以习近平新时代中国特色社会主义思想为指导，深入贯彻“四个革命、一个合作”能源安全新战略，认真落实网络强国、数字中国、新型基础设施建设等战略部署。国家电投明确提出，到2025年，将基本建成综合智慧能源生态体系，数字化水平达到能源行业“国内领先”；到2035年，集团公司数字化水平达到能源行业“世界一流”，全面建成“数字国家电投”。通过数字化转型，促进集团公司高质量发展，将创新引领优势转化为产业转型的胜势。

国家电投以“2035一流战略”为指引，以提升用户体验、提高运行效率、促进模式创新为重点，围绕企业管理和产业发展两条主线，大力推进数字化、网络化、智能化，全面实施数据基础治理、数据共享开放、数据创新应用，打造“数字国家电投”，促进集团公司治理能力提升，驱动产业创新转型，推动集团公司高质量发展，助力集团公司建设世界一流企业，彰显央企在引领数字经济发展中的使命和担当。

建设“数字国家电投”，实现数字化企业、智慧化能源，为能源革命注入数字化新动力，为集团公司发展打造数字化新引擎。充分发挥数据的核心生产要素作用，支撑经营管理效率和分析决策水平提升，实现企业提质增效。大力推动能源生产、传输、消费、存储的数字化、网络化、智能化，提高资源配置和服务支撑能力，促进能源清洁低碳转型和安全高效利用，加速集团公司传统业务转型升级，催生能源数字经济新产业、新业态、新模式，培育增长新动能，开拓集团公司发展新空间。

为了快速响应业务需求，将集团公司内部海量的异构工业数据统一标准、快速处理、提升质量、挖掘价值，2017 年国家电投成立大数据中心，托管于二级单位中央研究院下，由集团创新部直接管理。大数据中心成立后，迅速确定了“搭平台、汇数据、建应用、做运营”4 条业务主线，为集团未来智慧化、数字化转型提供支撑。

2021 年，国家电投成立了数字化管理中心，全面推动管理数字化和产业数字化建设。产业数字化就是将数字化技术全面融入集团各产业，推动技术和业务创新、管理变革和运营模式创新，实现基础产业转型升级，助推新兴产业活力增长，智慧光伏、智慧风电、智慧工地等数字化应用不断涌现。

国家电投在单元级、企业级、生态级 3 个层面，加速推进数字化转型，如图 5-1 所示。

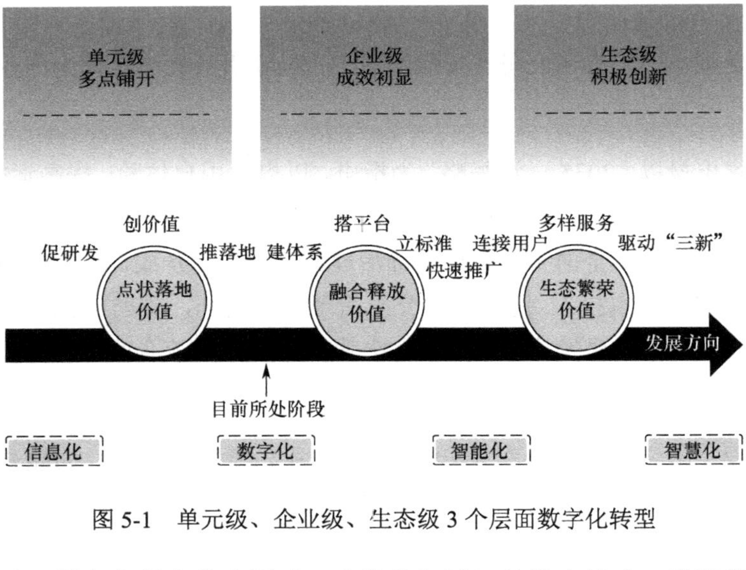

图 5-1 单元级、企业级、生态级 3 个层面数字化转型

同时，国家电投充分应用“云大物移智链”等数字技术，推进数字技术与能源系统、集团业务深度融合，实现员工全连接、设备全连接和客户全连

接，实现业务在线、数据在线、算力在线，全面增强数字基础设施承载能力、网络安全防护能力、数字化管控能力，全面提升企业综合管理与经营管理水平、产业创新发展水平、数据开放共享水平，积极建设成为产业智能的驱动者、业态创新的赋能者、管理提升的推动者。

在数据已经成为与材料、能源并列为三大资源的今天，集团公司的管理数字化基本覆盖了人力资源、财务共享、经营管理等方面，提升了集团管控能力。建设了综合计划预算与综合统计、投资管理、人力管理、司库管理等集团统建应用，提高资源集中调度能力；法务管理、采购管理等应用建设实现全集团业务流程规范和管理统一；综合办公、融媒体等系统在加强沟通协调、提高协作效率上发挥了积极作用。

赋能管理创新，推进国有资本投资公司改革。数字化驱动集团公司持续优化权责清晰、管理精准、监督有力、运转高效的工作机制，人、财、物资源全集团统筹，为前端市场竞争提供更有力的支持；实现组织架构灵活、充分授权赋能、资源敏捷融通、监督监察有力的反脆弱型组织，有中国特色的现代国有企业制度全面建立。

在打造专业队伍方面，围绕建设“数字国家电投”，实现数字化企业、智慧化能源，建立集团公司集约高效、科学合理的数字化管控体系，建立一支规模适度、能力突出、机制灵活的数字化专业人才队伍，保障集团数字化建设科学、有序、快速地推进，支撑集团公司数字化能力形成。

5.2.2　打造基于“云边协同工业大数据平台”的三大核心能力

“云边协同工业大数据平台”的建设源于对数据管理和创新应用的双向需求。在数据方面，海量多源异构数据存在汇聚困难的问题，数据价值难以充分挖掘；数据标准执行困难，在集团内难以全面推广；数据共享不够便捷，流转困难。在应用开发方面，各单位同类型应用重复研发，存在资源浪费的问题；应用从研发到落地周期长，难以满足业务快速发展的需求；业务知识与 IT 技术衔接困难，应用创新能力受限；成熟应用推广困难，技术价值难以变现。

2019年年底，由国家电投成立大数据中心承建的国家电投“云边协同工业大数据平台”正式发布，这也是能源发电行业首个工业大数据平台。目前，该平台已经完成集团总部、风电、光伏、水电、核电、环保、综合智慧能源产业云平台的建设，以及环保、水电、核电、火电板块30余个产业边平台的推广部署，发布了边平台建设规范，统一了边平台框架，推动了分云中心的建设及边平台的接入，目前平台应用商店中的各类成熟应用已为集团节约大量能源，实现效益的大幅提升。

5.2.3 “1+8+*N*”的技术架构体系

“云边协同工业大数据平台”以数据驱动、集成创新、合作共赢为理念，以全面支撑集团产业数字化转型为总体目标，采用“1+8+*N*”的技术架构体系，联通集团总部、产业创新中心、二级单位、各级厂站和集控中心。其中，“1”是指集团总部侧总云平台；“8”是指风电、光伏、水电、火电、核电、环保、综合智慧能源等核心板块；“*N*”是指遍布在各二级单位及厂站侧的边平台。

5.2.4 “四统一、三协同”的建设目标

“云边协同工业大数据平台”的云边协同架构，以集团“四统一、三协同”为总体建设目标，设计核心功能模块，提出了云边之间数据、应用等各类信息交互的标准，保证了集团内各节点之间进行信息的有效传输。“四统一”是指“统一访问管理、统一数据管理、统一运营管理、统一运维管理”；“三协同”是指云、边之间的“数据协同、管理协同、应用协同”。

（1）数据协同主要包括标准规则、数据资产目录、数据资产三部分。其中，标准规则主要解决数据、元数据的标准和稽核规则的汇聚、审批、下发、执行；数据资产目录主要实现总部统一目录结构的跨域下发、汇总、访问等；数据资产跨域协同主要基于统一的数据资产目录，实现数据资产的按需跨域申请及共享。

（2）管理协同主要实现跨域数据和应用的权限管理、节点管理、调度管理和运维管理。

（3）应用协同主要实现应用、模型、知识的跨域订阅、分发、接收和部署。

5.2.5　云平台与边平台之间跨域协同

为实现跨域协同，“云边协同工业大数据平台”的架构设计整体分为两层——云平台和边平台。

云平台在集团侧和产业创新中心侧部署，提供全流程数据处理组件、应用开发环境、数据治理工具、专家知识库、大数据门户、应用商店、跨域管理、数据资产目录等功能。

边平台在二级单位侧、厂站侧及集控中心部署。二级单位侧的边平台具备全流程数据处理组件、应用运行环境、数据治理工具等功能。厂站侧、集控中心的边平台具备时序数据采集和存储工具、数据治理工具及应用运行环境等功能。

云平台与边平台之间通过数据、管理、应用跨域协同的方式，为各级单位用户提供平台统一的访问入口，保证全域的数据交换、应用的多级流转、模型的分发调用、各类资产交易等相关业务的顺利开展。

基于平台各类基础功能组件及云平台、边平台之间的跨域协同，平台可提供海量信息资源汇聚、一体化跨域协同管理、智能应用全域服务三大核心能力。

1. 海量信息资源汇聚

“云边协同工业大数据平台”实现了数据全流程处理和跨域管理。大数据门户作为平台的唯一访问入口，为用户提供栏目个性化定制及智能内容推送等服务。数据全流程处理通过提供数据采集、存储、处理分析、可视化展示等应用组件，来满足不同用户对海量多源异构数据处理及应用开发需求。跨域管理通过提供资产浏览，节点、权限、数据对象、模型的全面管理，实现数据、模型和应用的跨域协同。

有别于其他产业领域的数据管理模式，国家电投的电厂众多，每家电厂都会产生大量的实时工业数据，如果数据集中存储到云中，将对信息内网造成很大的压力。由于电厂对这类密集型的工业数据集中存储的需求不高，所以大数据中心根据行业的需求特性提出了数据资产管理体系。数据标准集中制定、跨域下发，数据目录逐层汇聚、统一管理，数据资产分散存储在边缘侧、按需接入，通过一套数据资产目录实现资产的集中管理，通过跨云协同组件及定制化的数据共享流程，实现数据在全域的流转、共享和使用。

2. 一体化跨域协同管理

目前，集团“云边协同工业大数据平台”已建成 3 个大数据分平台和 50 个大数据边平台，开发近 50 个大数据应用产品。运营监管平台接入风电、火电、环保等产业的 1000 多个场站，实时、准确地掌握生产一线的运行状态。每年面向全社会组织大数据创新应用大赛，吸引众多的科技企业集聚，拓展内外合作创新渠道，不仅形成多项成果，还以集团数字化应用一张图为桥梁对接供需，实现应用落地“最后一千米”，提升创新创业质量。

3. 智能应用全域服务

平台在应用层提供敏捷高效的应用开发部署环境，以集中研发、统一运营、跨域部署的应用实现方式，为各级单位用户提供智能应用全域服务。据统计，该平台已上线部署了 96 个智能应用，其中比较典型的对风优化大数据应用，每天自动更新各机组的对风偏差，交互界面可及时展现和定位需要运维的机组，只需要 SCADA 历史数据与实时数据，不需要增加测点或加装激光雷达，保障安全。另外，该应用在厂站侧、集控中心均可部署，并且收益回报高。

该应用成熟稳定运行后，山东牟平风电场的年发电量提升近 1%，桨角优化、转矩优化、转速优化等其他 5 项应用使山东牟平风电场的年发电量提升 3%，使整体检修效率提升了 30 倍。

5.2.6 数字创新，行业共建

1. 平台能力可复用，具有广泛的应用前景

国家电投是发电央企中发电业务最全的企业，因此，大数据平台在核电、

火电、氢能、光伏、风电、水电 6 大领域都有相对应的应用场景和应用案例，在技术先导性方面属于行业领先水平，在交叉学科和共性关键性研究领域也取得了一定的进展。希望将集团内取得的优秀成果孵化，让平台的能力在国家能源、华能、华电及地方能源企业复用，与其实际业务相结合，以大部分沿用平台原有、小范围进行改动的方式，赋能其实现业务能力和管理能力的双效提升。目前，大数据中心正在与皖能、浙能研究共同合作的可行性。

2. 数据资产目录构建流程、盘点方法、标准具有借鉴意义

集团数据资产目录实践了一套包含组织、管理制度、标准制定、保障措施等方面的数据资产目录构建流程，实现数据资产“全生命周期”“全流程”“全景式”的三全管理，从时间、空间、场景三方面对数据进行全方位管理。数据资产目录建设过程的实践优化证明，国家电投数据资产目录编制标准与工作流程能够切实指导数据资产目录建设，具有可推广性的借鉴意义。

围绕集团一流战略管理的目标，运用上述方法可以构建集团数据资产地图，提供多种查询、展示、监测、发布等数据服务；打通业务壁垒，将管理与生产运行贯通，为充分挖掘数据价值提供有力支撑，支撑集团数据“三清单”落地工作。

以数据资产目录为基础，基于大数据技术实现管理与生产数据融合，用实际生产运行数据为集团管理运营创新提供支撑，管理侧基于生产运行数据进行模型训练和应用研发的结果，也可反馈至生产侧，指导各厂站的生产和运行。

第 6 章

制造业“大象”转身，数字化先行

“制造业乃立国之本、强国之基”是全球共识，制造业的数字化转型已上升到国家战略层面。从两化融合到当前的智能制造、数字化转型，在新一代信息技术的赋能下，制造业正经历着深刻的变革。越来越多的制造企业开始具备互联互通的发展格局，形成了完整的产业链和供应链，并且从孤立系统信息化的浅水区逐渐步入核心业务数字化的深水区。本章甄选奇瑞集团、扬子江药业集团的成功案例，深入解析在制造业数字化升级的“IT 战略”下，如何进行“智造”和“智管”双驱动发展，从数字管理、数字平台、工业底座、数据安全保障等多方面描绘尽可能实现的图谱，与大家一起探讨中国制造的强国强企之路。

6.1 奇瑞汽车：数字奇瑞——构建面向未来的企业核心能力

奇瑞集团成立 24 年来，始终坚持自主创新，逐步建立起完整的技术和产品研发体系，产品出口到全球 80 多个国家和地区，打造了艾瑞泽、瑞虎、EXEED 星途等知名产品品牌。截至目前，奇瑞集团已累计销售整车 950 万辆，其中，出口超过 180 万辆，连续 18 年保持中国品牌乘用车第 1 位。

随着奇瑞集团 2025 战略的深入实施，2021 年奇瑞集团迎来国内、海外两大市场双双热销的局面。2021 年 6 月，奇瑞集团销售汽车 7.3 万辆，同比增长 58.3%，出口 2.4 万辆，同比增长 243.2%；2021 年 1—6 月，奇瑞集团已累计销售汽车 42.4 万辆，同比增长 80.4%。其中，海外出口 11.9 万辆，同比增长 168.4%，超过 2020 年全年的出口量；新能源汽车销售 4.04 万辆，同比增长243.9%。2021年1—5月，奇瑞集团累计营收525亿元，同比增长68%；实现利税22亿元，同比增长1倍。

6.1.1 企业信息化、数字化“三大阶段”

奇瑞集团自2002年开始启动企业信息化建设，结合“三步走”战略蓝图，奇瑞信息化和数字化工作也分为如下3个阶段。

2002—2016年为IT 1.0阶段，IT定位为服务提供者，初步完成企业信息化建设工作，包括运营、制造、研发、物流、营销等核心系统及基础设施建设，以业务流程标准化为核心，支撑企业运营，并实现集团核心系统的统一覆盖。

2016—2020年为IT 2.0阶段，IT定位为业务合作伙伴。一方面，对各信息系统全集团覆盖、深化应用和迭代升级，全面提升业务运作效率。另一方面，进行企业数字化顶层规划和实践，总体架构为1个目标，即运营效率提升和驱动利润增长；4大数字化能力，即数字化研发、营销、供应链、运营能力；3大平台，即业务中台、数据中台和用户运营平台；1个转型推进组织；核心策略是用户、车辆和生活全面贯通，培育企业互联网精神，即开放、创新、共享、共赢。

2020年至今为IT 3.0阶段，是企业的数字化转型阶段。结合历年IT建设成果，目前集团基本实现了传统IT架构向工业互联网平台1.0新架构的改造升级，推动公司从信息化向数字化迈进。该平台架构从边缘层、IaaS层、PaaS层、SaaS层实现了从企业基本设备运行数据到应用数据的上下贯通和综合分析利用，初步建立起敏捷化、智能化的开发运维平台，构建以数字化营销、数字化研发、数字化供应链、数字化制造、数字化运营为核心，以赋能经销商、供应商产业链为两翼的企业整体应用架构平台。

2021年，根据企业“十四五”规划，从企业战略角度将数字化转型定义为驱动企业变革和发展的核心手段，以打造数字奇瑞、用户与企业融为一体、满足用户最佳出行体验为总体愿景，整体数字化转型依托工业互联网建设，以用户为指针，打造以用户交互、迭代研发、精准营销、智能制造、智能供应链、智慧物流、智慧服务为核心的数字化平台，实现智慧出行、智能决策和智能互联的数字化奇瑞，构建面向未来的企业核心能力。

6.1.2　奇瑞集团的数字化转型战略

奇瑞集团董事长、党委书记尹同跃对于企业未来提出“三个升级”战略。

（1）产业升级：重点投入资源，实现产业升级，由传统燃油车过渡到新能源车，成为中国的特斯拉。

（2）智能升级：使人工智能成为奇瑞汽车具备的核心智能化技术，并将数字化新理念渗透到产业链各个环节中去，打造以客户体验为核心的服务型企业。

（3）人才升级：吸引国际化人才，优化组织机制，提升组织/人才与业务的匹配程度。

数字化是信息化发展由量变到质变的阶段，是信息化的高级阶段。最显著的变化是数据的大小、获取方式、类型、速度及价值有着线性到指数的巨大变化，导致商业环境存在巨大区别。信息化关注数据的高效流动，数字化关注数据的价值体现。

奇瑞集团认识到，数字化通过使用数字技术来改变组织业务模式，带来新的收入增长和商业价值的机会，是传统业务转变成数字业务的过程。数字化既能在提升企业运营效率上发挥重要作用，又是构建新的商业模式不可或缺的关键能力，并带来组织和文化方面的重大变革。

当前，奇瑞集团将数字化转型定义为集团整体战略转型的核心部分、主要抓手和驱动因素，期望数字化能力成为构建企业其他核心竞争力的基本元素，驱动奇瑞集团全面转型为数字化企业。

图 6-1 所示为数字化企业的特征。

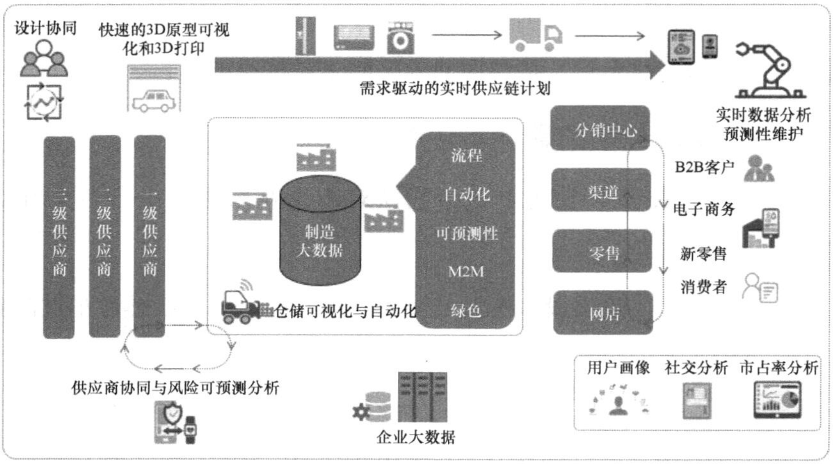

图 6-1　数字化企业的特征

奇瑞集团数字化转型总体架构为 1 个目标、4 大数字化能力、3 大平台和 1 个转型推进组织，核心策略是用户、车辆和生活全面贯通，培育企业互联网精神，即开放、创新、共享、共赢，如图 6-2 所示。

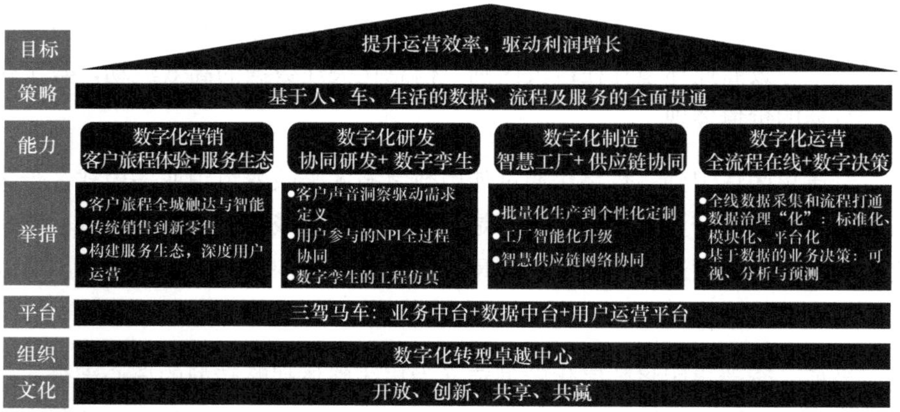

图 6-2　奇瑞集团数字化转型架构

奇瑞集团定义数字化转型的总体目标为提升运营效率，驱动利润增长。通过实施 XData 2025 计划，对于传统业务，目标定位在运营成本降低、人员效率提升和增加销售收入上，新商业模式主要在 2B 和 2C 两个方面进行推进，不断提升新模式在总体收入结构中的比例，并逐步成为新的利润来源。

根据数据化转型战略，奇瑞集团将以用户为核心，以车辆服务为基础，强化企业核心经营，实现内外资源高效协同，打通人车生活服务生态，转型成服务型企业，如图 6-3 所示。

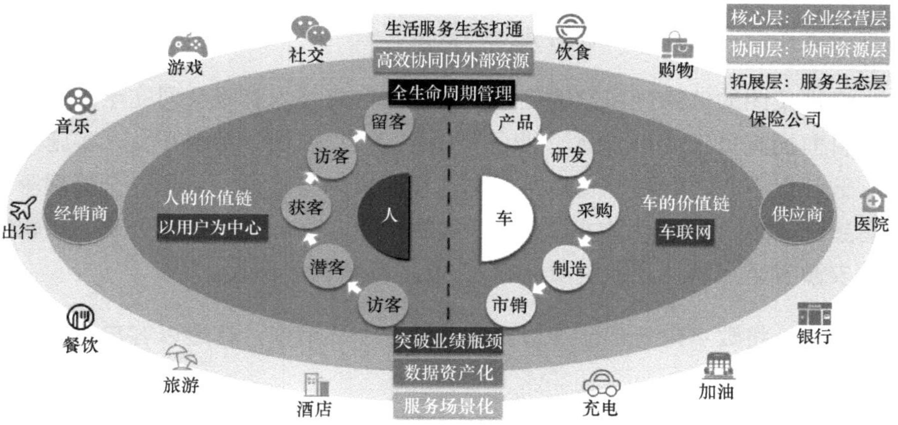

图 6-3　奇瑞集团数字化转型战略

当前，奇瑞集团数字化工作主要集中在以下几个方面。

（1）数字化营销：以倾听客户声音、营销过程透明化、渠道赋能为核心，以数字营销平台、数字协同平台、数字交易平台为工具，实现客户吸引、客户转化、客户洞察方面的全面提升。

（2）数字化研发：打造以数字孪生为基础的全在线协同开发平台，以 3D 数据为核心，实现产品全生命周期数据的一致和统一。

（3）数字化供应链：建设合规透明、高效协同、长效增值的奇瑞采购数智化平台，实现内部价值链与外部供应链互联互通。

（4）数字化制造：从计划订单、零部件供应和整车制造的全流程管控，以高效、精益、柔性、透明为目标，实现入库交付、计划生产、采购物流、产销协同的数字化运营及管理。

（5）数字化运营：以组织和人为中心，资源在线连接为驱动，企业资源计划平台、财务共享服务平台、企业协同平台为工具，实现业务在线、协同在线、人员在线、组织在线，信息全面透明、共享、共创。

（6）企业大数据平台：通过数据共享化、数据智能化、数据透明化、数据资产化手段，以数据治理体系为保障，以集团大数据平台为抓手，为集团管理决策和业务提升提供数据支持和依据。

奇瑞集团的信息化和数字化建设由奇瑞信息技术有限公司完全承接。该公司目前拥有员工 300 余人，业务范围涉及 IT 规划、系统开发、实施与服务、云计算中心、网络、安防及弱电工程的规划与建设、信息安全管理等，具有超过 100 个以上大中型 IT 项目实施经验，获得高新技术企业、双软认证、安徽省重点软件企业资质，以及 30 多项软件著作权。

使命：将数字化新理念渗透到产业链各个环节中，打造以客户体验为核心的服务型企业。

愿景：数字驱动奇瑞集团变革与创新，成为奇瑞集团未来 10 年核心竞争力的 DNA。

定位：数字化激活员工、赋能业务与创新商业模式，利用数据智能和生态协同两大抓手，不断追求极致的客户体验。

6.1.3 基于大数据平台的数字化转型

当前，制造业正面临严峻挑战，规模与成本不再是制胜的法宝，产能过剩问题集中爆发。企业必须优化产能、提升价值，建立高度集成与协同的数字化体系，向数字化、智能化进行转型，不断优化系统，满足客户越来越复杂的个性化需求，提升企业整体的竞争力。传统车企和造车新势力等不约而同地将数字化转型作为适应时代要求的主要战略方向，数字化转型最基础的特征就是基于大数据平台的各项业务创新。

根据行业内数字化发展趋势和集团经营战略要求，奇瑞集团从经营实际出发，以业务场景为驱动，深度挖掘数据价值，为集团数字化营销、数字化研发、数字化制造和数字化运营赋能，于 2019 年立项了企业大数据平台项目，并在 2020 年启动实施，如图 6-4 所示。该大数据平台项目定位于整个奇瑞集团唯一的大数据平台，以“搭平台、提能力、定场景、立规范”为能力建设目标，作为奇瑞集团数字化转型的核心项目，目前已经完成了营销、财务、制造、车联网等领域数据的入平台工作，其数据分析能力及依附于平台的企业仪表盘等功能，通过共享化、智能化、透明化、资产化手段，以数据治理体系为保障，为公司管理决策和业务提升提供数据支持和依据，并不断将业务部门的需求纳入平台范围之内。

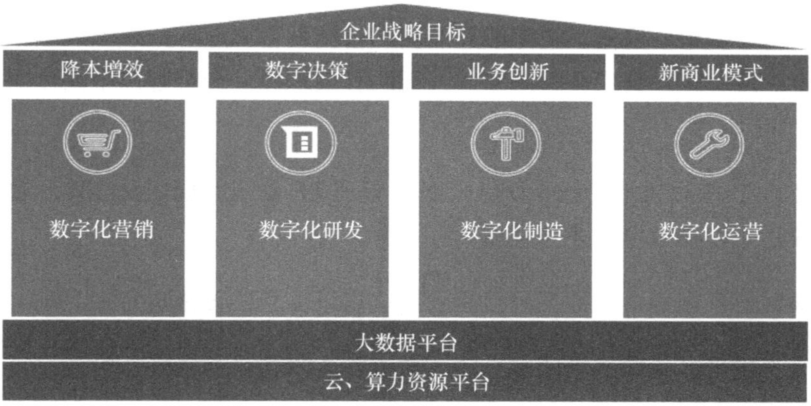

图 6-4　大数据平台的价值

通过对公司及行业现状分析，针对行业内以大数据平台为支撑的数字化能力对比，奇瑞集团与主要竞争对手等存在明显差距，在用户运营能力、一体化营销水平方面有待提升，因此，奇瑞集团大数据平台第一期明确定义实施的重点为数字化营销领域，力图解决如下业务痛点问题。

（1）线上、线下渠道多元化，销售线索来源增加，线索数量提升，需要更多的人工进行跟进，时间、精力与线索数量、质量之间有一定的冲突，不能保证所有线索都全程跟进和高效转化。在当前市场环境下，如何充分运营好留资潜客，最大限度提升销售线索转化率，显得尤为必要和紧迫。

（2）随着销量增长逐步放缓，新增客户边际成本不断上升，经过多年的发展，奇瑞集团已经积累数百万计保有客户数量，相比新增客户推介，保有客户品牌导入成本低、沟通接触点多、成交周期短，是品牌实现利润增长的重要来源。

（3）通过保有客户的增换购挖掘与互动，可以获取保有客户的更多数据，保持数据的鲜活和高增值，在保有客户中挖掘新车销售、保险、延保、精品、备件销售机会将是重要课题。

（4）缺乏大数据业务环境与基础平台，客户、产品等数据分散，无法及时洞察客户和市场动向，也无法开展精准营销及精准服务；线上线下未能有效融合；缺失客户全生命周期管理，无法有效地提供符合客户个性化需求的服务。

（5）IT 应用技术路线不统一，各自管理 IT 系统的规划及建设，数据资产分散，难以有效提升业务发展。

根据业务规划，大数据平台建设围绕以下 4 个维度来进行。

（1）建平台：新建集团唯一的大数据技术平台。

（2）提能力：构建业务智能化运营能力，如数据建模、业务流程优化能力。

（3）定场景：以客户画像分析、客户统一 ID 等为突破口，实现客户数据的统一归集，建立用户全旅程数据标签体系，同时设计、开发交付两个以上闭环业务场景。

（4）立规范：建立企业大数据资产管理规范，包括但不限于制定集团数据管理标准，以及应用场景开发的相关流程、标准；建立数据资产管理标准，规范数据采集、清晰、加工、挖掘的流程。

大数据平台项目分 3 个阶段进行建设：第一个阶段重点集中在平台建设和数字化营销领域，第二个阶段的重点为车联网，第三个阶段成熟一个场景、实现一个场景。

在第一个阶段，大数据平台首先作为营销 IT 架构的数据后台，构建数据建模能力、数据分析能力，夯实数据质量，并通过数据服务，支撑营销中台业务需求及前台客户触点。

奇瑞集团大数据平台采用行业领先的联想 LEAP 大数据平台技术，结合业务需求，为上层各类应用提供灵活、丰富的大数据整合采集、分析计算、基础服务支撑等服务。

以大数据平台作为平台层，将上游数据源层各业务系统、互联网、第三方数据及车联网、物联网数据进行统一存储和分析，打破企业内的“数据孤岛”，形成企业数据资产中心，各具体数据应用场景则在大数据平台内获取所需数据，形成多元化应用形态，按需赋能，激活数据价值，达到业务创新，构成企业的数字化生态中心。

伴随着企业大数据平台建设，奇瑞集团同步进行了运营仪表盘系统的实施，其目标是以 SAP BW 和 ECHARTS 为主系统架构，分别构建运营决策信息的后台和信息展现前台，建设运营决策平台，打通、提炼与运营决策相关的各环节数据，并与各业务系统集成，提高整体效率，主要目标如下。

（1）提升奇瑞集团运营决策的数字化水平，提升公司管理水平与竞争力。

（2）优化运营决策相关的业务流程，发现和解决当前运营决策数据在获取、处理、分析、应用和分发中存在的问题。

（3）提升奇瑞集团现有 IT 平台（如 SAP BW）的技术拓展和应用能力。

（4）从 IT 角度，建立完整的运营决策相关的管理规范和运维流程。

其部分实现效果（注：因保密原因，所展现信息为系统测试数据）。

大数据平台和运营仪表盘的实施，给奇瑞集团带来了如下改善和收益。

（1）将大数据平台和数据治理相结合，构建公司级数据治理体系和平台，提升数据质量。结合奇瑞集团数据管理现状，通过科学规划和总体设计，对集团主要业务主题域相关的各应用系统（包括大数据平台）的数据来源、质量、存储、分析、开发等环节进行标准化管理，建立并规范奇瑞集团数据管理体系，提供一套企业级大数据管理体系规范，包括对应的组织机构、数据标准、元数据等管理办法和系统建设需求规划，支持奇瑞集团大数据平台中长期规划建设和数字化转型目标的实现。

① 针对进入大数据平台的数据进行治理体系设计，包括大数据平台内数据管理制度、数据标准、数据质量、数据安全规范及数据管理组织。

② 针对大数据平台内的数据进行数据梳理，对企业研、产、供、销等价值链核心系统数据形成业务元数据（数据归属、数据源说明、数据业务说明等）、技术元数据（数据库的库、表、字段名称、类型、长度、ETL 规则等）、管理元数据（数据质量定义、数据处理描述、数据安全定义、访问统计等）3 级主题域划分和系统性定义。

③ 针对大数据平台内的数据进行数据权限设计，包括数据分级分类、访问授权等。

（2）在数据应用方面，初步整合了遍布在奇瑞集团各个应用系统内部的数据，避免内部信息割裂，实现信息实时共享；通过统一的大数据平台对数据进行交互分析，发掘数据价值，掌握数据时代的核心竞争力，辅助决策规划。

（3）在销售提升方面，紧跟 DSP 步伐，发掘潜在客户，实现精准营销；根据 DMP 标签，主动出击，降低战败率；决策过程从离线到在线，实现短时间内的主动快速决策。

（4）实现公司 1 级 KPI 和部门 1 级 KPI 在运营仪表盘内的展示，营销产销存、线索漏斗、HR 效率等指标供集团管理层实施获取，并据此进行经营决策。

（5）共实现了国内营销产销存、线索、HR 人员效率、财务等 113 张自动化报表在系统中的展现。

（6）营销大数据场景：实现用户统一 ID、用户画像标签、潜客线索评级和保客流失预测，准确率大大提升。

（7）数据质量提升：营销和财务领域通过 ETL 数据清洗，KPI 管理口径初步统一。

（8）数据安全管理：通过“管理制度+数据防泄露系统 DLP”共同监管，初步实现涉密数据保护。

（9）平台能力：覆盖股份公司核心系统数据，12 个计算存储节点，100TB 存储能力。

（10）数据统一入湖：已完成数据入湖累计 17.6 亿条，存储容量累计 4TB，随着业务应用深化，数据容量保持了快速增长的势头。

目前，汽车行业大数据平台建设局限于营销和车联网领域，真正从数据治理体系角度出发的基础数据标准管理工作，以及数据模型和机器学习算法在制造、研发、供应链、财务、HR 等领域全面应用的企业较少，与外部生态数据打通和融合的企业更少。

奇瑞集团大数据平台定位于汽车行业价值链领域的全面推广和应用，首先从最基础的数据治理开始，从数字化营销试点，成熟一个，推广一个，在内部获取用户的认可以后再全面推广。最终为企业经营、效率提升、利润增长进行赋能，真正实现企业价值，在规划和推广策略方面都具备创新性和可行性。

6.2　扬子江制药：科技赋能，破局医药困境；智慧发力，焕发扬子江数字精彩

6.2.1　企业概述

1. 企业发展历程

扬子江药业集团有限公司总部位于江苏省泰州市，现有员工 16000 多人，总占地面积 300 多万平方米，旗下 11 家生产型子公司分布在泰州、北京、

上海、南京、广州、成都、苏州、常州等地；营销网络覆盖全国各省、直辖市、自治区。扬子江药业集团有限公司经历了“艰苦创业”“跨越发展”“做大做强”3个阶段，企业文化建设贯穿于公司50年的发展历程，经历了探索积累、提炼形成、完善确立3个阶段，并引领公司不断发展壮大。

扬子江药业集团有限公司的历史，最早能追溯到1971年的“艰苦创业”阶段。当时其只是附属于镇仪表厂的一个制药车间，从生产百尔定、百乃起步，经过不懈的努力，最终在1985年获得扬州市计委批准，改名“扬州市扬子江制药厂”。扬子江药业集团有限公司在1988年上海甲肝疫情中收获赞誉，也在1989年“蛇胆川贝液事件”后跌入过低谷，但扬子江人以“坚韧不拔、锐意进取、团结拼搏、永不满足”的实干精神，跨越艰难险阻，从“蛇胆川贝液事件”后走出困境，在1993年年底，企业实现产值1.5亿元，利税3000多万元，为“艰苦创业阶段”画上了圆满的句号。

“跨越发展”阶段，始于“三公三忘”（公平、公正、公开和忘我决策、忘我管理、忘我工作）的企业文化确立及“四能机制”的管理制度改革，并获得了中医泰斗董建华教授献方，通过自主研发，成功开发出国家级纯中药新药——胃苏颗粒。借助胃苏颗粒，1994年扬子江药业集团有限公司年产值突破3亿元，其中胃苏颗粒产值达1.5亿元。自此之后，公司规模不断壮大，公司高层和全体员工经过深入研讨、总结、提炼，确立了公司以“求索进取，护佑众生”为使命，以“成为世界有名、中国顶尖制药企业”为愿景，以“创新为民、高质惠民”为核心价值观，形成了企业文化的核心理念。

自2012年起，扬子江药业集团有限公司进入“做大做强”阶段。2015年，集团产销双双突破500亿元。扬子江药业集团有限公司坚持以创新引领发展，全面实施“三药并举”研发创新战略；坚持奉行“产品质量源于设计”的理念，不断完善质量保证体系，所有生产车间均已通过新版GMP认证，并有4个车间通过欧盟GMP认证。2016年，扬子江药业集团有限公司代表中国医药企业参加国际QC大赛获得5枚金牌，实现“大满贯”，两年共摘得7项国际QC金奖，荣获“2016年度全球卓越绩效奖（世界级）”。扬子江药业集团有限公司被中国食品药品检定研究院、江苏省食品药品监督管理局等指定为“实训基地”。随着扬子江药业集团有限公司起步迈向国际市场，以文化引领集团发展的“软实力”日益增强。集团高层领导对文化的理解更加深刻，结合企业发展战略的调整，对集团文化体系进行改进和完善，对原先确立的“创新为民、高质惠民”的核心价值观进一步提炼，经广泛研讨、征求建议，最终确定了“高质、惠民、创新、至善”的核心价值观。这 8 个字更加凸显了企业社会责任和可持续发展的内涵，已得到集团上下一致认同，并切实宣贯落实。愿景也从“成为世界有名、中国顶尖制药企业”调整为“做中国最强、世界一流的制药企业”。

扬子江水哺育中华，扬子江药造福华夏。在党的十九大精神指引下，扬子江药业集团有限公司持续不断深化供给侧结构性改革，实施大健康产业战略，不忘初心，牢记使命，砥砺前行，立志成为健康领域最受尊敬的世界一流制药企业。

2. 企业数字化、信息化发展历程

扬子江药业集团有限公司的信息化发展历程大体经历了如下 4 个阶段。

1995—2005 年为信息化探索阶段。1995 年，在财务业务中引入了第一套信息系统，拉开了扬子江集团有限公司信息化建设的序幕，之后在销售、发货、记账及结算等业务流程上，不断尝试引入信息化系统，多点开花。

2006—2013 年为系统运营阶段。2006 年，以引入 SAP 系统为标志，逐步建立以 ERP 系统为核心的系统建设思路，以此将资金流、物流和信息流有机结合，企业信息化建设全面提速。

2014—2017 年为全面信息化阶段。2014 年，SAP 二期首次实现 CSV 验证，走在了制药行业前列；子公司统一 ERP 版本为金蝶 K3 12.2 版本，统一业务模式。2015 年，统一集团经营企业 ERP 系统为 JDE-ERP 系统；CDS 网络版上线，开启集团质量业务信息化。2016 年，研发 PLM 系统，研发项目实现信息化；质量 QMS 系统上线，扬子江集团有限公司质量管理进入了新的阶段。2017 年，12 家子公司推广 SAP，统一生产型企业 ERP 系统；集团“两地三中心”，保证数据安全；集团 DMS 项目，向无纸化办公迈进；实现资产盘点移动端及销售自助智能服务等移动应用探索；通过工业和信息化部两化融合管理贯标体系。

2018 年至今为数字化转型阶段。为更好地适应信息系统的快速发展，扬子江药业集团有限公司对信息系统进行了重新架构。

（1）数字化规划与发展。搭建扬子江数字化现代企业框架——“2E”战略（企业内信息化 Enterprise + 互联网 Ecosy），夯实现有“私有云 + 安全 + 网络 + IT 基础架构”建设基础，提升“流程、RTX、邮箱、云盘、档案、知识、培训”等基础应用服务水平，重点加强“大数据资产和数据产品平台”的建设，期望在未来 3 年内实现“数字化决策分析、数字化移动业务平台”在集团内普及应用。

（2）IT 治理与合规。主要围绕“终端病毒防护、数据中心资源扩容、网络安全体系完善、专业数据库服务引入、核心机房改造、生产区网络改造”等内容来展开，到 2020 年年中，初步建立起“自动化、可视化的 IT 运维体系”，实现 IT 项目交付的闭环管理。在治理过程中，注重和加强对 IT 决策、IT 规划和架构、IT 项目管理、IT 绩效、信息安全、合规性等方面的风险控制。

6.2.2 企业数字化转型做了什么

1. 业务拉动层面

在数字化转型之初就确定“业务效益优先”的转型规划原则，分步规划了转型过程。所以，在规划过程中，优先梳理各核心业务流的可优化点，最终确立以供应链为核心转型线索的方针，逐步开展数字化转型项目的规划，旨在通过数字化手段，最大限度地通过数字化管理、自动化运营、智能化决策，来提升供应链全链条的效率。

2. 技术架构层面（包括新技术应用）

在数字化转型中，通常会面对如下 3 个问题。

（1）快速实现那些为了配合数字化项目而进行的业务流程优化，继而产生的零散业务优化需求。

（2）数字化转型必然会产生数据的“取、存、管、用”需求。

（3）数字化时代的体验需求：移动化。

为了解决这 3 个问题，分别引入了低代码开发平台（解决快速开发的优化需求问题）、BW4HANA 及自助数据分析工具（解决数据的“取、存、管、用”的需求问题）、自建移动办公及 App 发布平台（解决移动体验需求问题）。

3. 人才建设层面

人才建设是数字化转型工作的核心问题之一。人才建设的核心是“业务与数据融合”，下面从 3 个方面入手进行介绍。

（1）打通业务顾问与数据部门的部门墙。重新规划了组织架构，将数据部门与系统实施部门划归在一起，促进业务知识的分享。

（2）打通业务部门与信息中心的部门墙。在公司层级，对业务部门下达了数字化进度的考核指标，促进业务部门与 IT 部门的协作。

（3）建立业务部门与数据部门的“沟通办法”。基于业务流程来沟通需求，明确需求所处的业务环节、涉及的业务术语、业务规则，有助于业务描述更清楚、IT 人员学习业务知识更深入，提升沟通效率及保障最终的 IT 解决方案与需求目标对齐。

6.2.3 现阶段企业数字化转型的最大亮点/特色/项目

扬子江智慧工厂项目旨在通过生产数字化，来达到保障产品质量、提高生产效率、降低管理成本的目的，让企业在多变的市场环境下持续提升核心竞争力。

扬子江智慧工厂项目利用智能化生产设备搭建自动化产线，与 APS、MES 等自动化系统结合，合理安排生产计划及其执行，并打通 SAP、SRM，以及产品供需两端的数据，利用大数据技术，实现柔性制造。通过 SCADA 采集生产设备的运行数据，使设备之间实现智能协作，对设备能耗进行优化，对设备进行养护。通过数据，形成量化指标，进行实时监控，结合 OA 及 BPM 等流程管理系统，推送管理信息，最终通过移动端进行管理信息反馈。整个过程可量化、可视化、移动化、可追述，最终形成完整的数字化管理闭环。

1. 系统集成概况

（1）项目以 MES 为核心，共与 6 个系统进行了互联互通，使系统间信息得以共享，提高了工作效率。

（2）MES 与 SCADA 系统进行了集成，批记录使用直接采集的设备数据，保障数据的真实性、完整性、可靠性。

（3）MES 与 APS、SAP、QMS、LIMS 等系统进行了集成，使业务信息在各系统间无缝流转，提高了各系统之间的协作能力。

1）滚动运算计划编排

滚动运算计划编排考虑因素如下。

（1）现有库存。

（2）车间在产已分配数量。

（3）生产预计入库数量。

（4）生产已完工入库数量。

（5）采购在途数量。

（6）库存数量。

（7）设备产能。

（8）设备占用。

（9）生产提前期。

（10）生产优先级。

（11）生产滞后期。

（12）连续生产。

（13）合并生产。

2）遗传算法编排计划

利用遗传算法能够解决复杂的生产调度最优解。遗传算法编排计划在单间生产车间调度、流水线生产车间调度、生产规划、任务分配等方面有效应用。

其他计划编排方法包括：

（1）按单排程；

（2）紧急查单；

（3）工厂倒排。

2. 智能设备及 SCADA 数据采集应用

表 6-1 所示为智能设备及 SCADA 数据采集应用。

表 6-1　智能设备及 SCADA 数据采集应用

项　　目	项目内容	完成内容
智能设备	全自动机器人包装线	根据法规要求，增加称重仪，实现药品重量在线监测功能，对产品质量进行检查，确保产品质量均一性。主要用于药盒的自动装箱，装箱速度 0%～100%可调
	全自动瓶装机器人包装线	根据公司要求，增加捆包机，对产品进行捆包，以便于机器人精准装箱，防止药品在运输、存储中散落，同时达到人员精简的目的。用于瓶装线的自动包装及自动码垛，码垛速度 0%～100%可调
	全自动装盒机、粉针联动线	经过市场调研，与基建部门沟通，将公司手动包装线全部升级为自动包装线，用于灭菌小车的周转、装料、卸料
	全自动药板检查机	根据车间实际情况进行采购，主要用于具有一切可见瑕疵的各种型号片剂，能够快速、准确地进行检测和分类
	智能空调系统	由于车间空调系统使用年限较久，部分房间的压差温度、湿度达不到生产需求，故对使用部门进行改造升级
	全自动贴标机	根据车间实际使用情况，进行采购。用于口服液半成品的贴标，贴标速度为 400 支/分钟

续表

项目	项目内容	完成内容
智能设备	条带包装生产线	根据车间实际使用情况，进行采购。用于粉末、颗粒剂灌装
	全自动高速装盒机	经过市场调研，与基建部门沟通，将公司手动包装线全部升级为自动包装线。用于注射剂瓶装品包装，可进行说明书、纸盒条码检测
	洗烘灌联动线	用于口服溶液剂的生产
	数粒线更换	根据公司要求，将部分手动线升级为自动线，以实现人员精简的目的。用于固体制剂瓶装半成品的贴标
	金属检测一体机	用于金属粒子的检测及药品的抛光、筛片，系统检测时间，延迟时间，剔除时间，灵敏度，相位
	自动上料联动控制	根据车间实际使用情况进行采购。根据公司要求，为减小员工劳动强度、提高生产效率，增加该设备
	全自动灯检机	根据公司要求，为减小员工劳动强度、提高生产效率，增加该设备
	仓储物流设备（升级）	对立体库进行升级

1）灯检机的数据采集及应用

在本次智能化项目中，SCADA 系统对灯检机的核心数据进行抓取，主要包括灯检合格品数、待处理品数、不合格品数，车间可对各类待处理品进行分析汇总，找出影响产品质量的原因，并及时进行整改。

2）包装联动线机器人数据采集及应用

持续提升自动化水平，持续实施自动化生产设备与工业机器人的改进，以及 21 条生产线的机器人应用、标准化改造，从而达到提升生产效率、减小员工劳动强度的目的。

在本次智能化项目中，SCADA 系统对机器人的核心数据进行抓取，车间管理人员实时掌握数据，构建生产过程透明、业务高效协同的数字化车间，实现关键数据透明化、业务一体化。

6.2.4　项目数字化管理设计

考核项目是否成功有以下量化指标。

1. 生产效率

生产效率以每月每人产出计算，生产效率综合提高率=（项目实施后工厂生产效率 − 项目实施前工厂生产效率）÷ 原工厂生产效率 ×100%。

以冻干粉针剂 2 号车间为例，项目由于采用了先进智能设备及生产管控系统，缩短了生产工时，减少了用工人数，对比项目实施前生产效率提高了 18%。

2. 库存周转率

库存周转率=360 ×［（月材料实际消耗金额 + 月横向对比预计值 + 月平均消耗预计值）÷ 90］÷ 现有库存金额 ×100%。

由于信息化的提升，销售与生产管控集成对接，提高了库存周转率。对比实施前，库存周转率提升了 11%。

3. 运营成本

运营成本以单位产品成本计算，单位产品成本降低率=（项目实施后单位产品成本 − 项目实施前单位产品成本）÷ 项目实施前单位产品成本 ×100%。

项目由于采用了先进的智能设备，减少了用工人数、原材料用量及能源消耗，成本降低了 11%。

4. 单位能耗

单位能耗以平均单件产品产值与水、电、气耗用数据换算标煤比例计算，单位增加值能耗降低率=（项目实施后单位能耗 − 项目实施前单位能耗）÷ 项目实施前单位能耗 ×100%。

本项目通过对生产过程和生产设备的主动监控、记录、分析和控制，优化生产工艺过程，提高了设备利用率、生产效率、能源利用率，缩短生产周期，从而降低了单位能耗。项目实施后，单位产值能耗降低了 30%。

5. 产品研制周期

产品研制周期缩短率=（项目实施后产品研制周期 − 项目实施前产品研制周期）÷ 项目实施前产品研制周期 ×100%。研发周期缩短了 21%。

6. GMP 库存

对比项目实施前，GMP 库存降低了 30%。

7. 产品不良品率

产品不良品率降低率=（项目实施后产品不良品率 − 项目实施前产品不良品率）÷ 项目实施前产品不良品率 × 100%。项目采用先进设备，降低了对操作员工水平的依赖性，保证了产品的一致性，产品不良品率降低了 24%。

8. 人员精简

项目采用智能设备，通过信息化管控，减少了人工干预，厂区人员精简率为 8%。

6.2.5 数据分析平台在项目中的应用

数据分析平台在项目中的应用实现了企业数字化转型中的 4 个数字化，精益了管理效能，如图 6-5 所示。

管理数字化 看得清 管得到 风险可控	**运营数字化** 流程顺 可预测 成本精益
生产数字化 自动化 柔性化 供应链联动	**营销数字化** 客户导向 精准营销 线上线下联动

图 6-5 企业数字转型中的 4 个数字化

6.2.6　数字化转型的最佳实践对行业内其他企业的借鉴意义

最佳实践通常有两层借鉴意义，一层是“进行实践的底层逻辑”，如“这件事为什么值得去做”“这件事为什么可以做”“怎么样才算做好了这件事”；另一层是“具体执行的参考”“这件事具体怎么做”，虽然各企业情况各有不同，但是对还没有做“这件事”的企业来说，还是非常有参考意义的。

第 7 章

地产行业发现第二增长曲线

房地产从黄金时代迈入白银时代抑或青铜时代，行业增长的降速，房企和从业者压力增大，新冠肺炎疫情袭来，叠加“三道红线”政策影响，放大了这种焦虑。“地产+数字化”业务高速增长，第二增长曲线隐现，地产行业往数字孪生方向发展，数字建筑、业财一体、智慧物联、智慧营销……在地产行业史上最严监管时代，本章从中国金茂控股集团有限公司（以下简称中国金茂）的实际业绩出发，展示出其自身坚固的“数字打法”，用稳健的增长性写下地产行业数字化“出圈”的破题之法。

7.1 中国金茂：数字化技术驱动企业跨越增长

随着大数据、云计算、5G 和人工智能等新技术的应用和普及，一场数字化变革正在各个行业全面展开。对身处传统行业的公司而言，数字化转型将会成为企业进阶及实现高质量发展的关键路径。中国金茂身为地产行业的央企，在推进信息化建设过程中紧跟时代潮流，响应国家号召，明确公司战略，组建核心团队，全面开启了中国金茂的数字化转型进程。经过多年的努力，中国金茂的数字化转型效果初显，其实践经验对行业产生了深远的影响。

7.1.1 中国领先的城市运营商

中国金茂作为世界 500 强中国中化控股有限责任公司（以下简称中化集团）旗下城市运营领域的事业部企业，于 2007 年 8 月 17 日在中国香港联合交易所主板整体上市，是中国香港恒生综合指数的成分股。中国金茂以地产开发为主业务，形成覆盖物业、酒店、商业、绿建、装饰、教育、资本板块的七大业态。

中国金茂的发展历史最早可以追溯到上海地标性建筑金茂大厦。作为中国开放精神的代表，20 世纪 90 年代，金茂大厦在陆家嘴核心区拔地而起。这座曾经的“中国第一高楼”，历经 20 年依然在黄浦江岸熠熠生辉。此后，中国金茂完成了一项特殊的历史使命，在上海东西外滩核心区，以东方明珠为中心，在 2000 米半径之内的 150 栋优秀建筑中，中国金茂参与和承担了其中 45 栋的建设运营，助力上海浦江两岸形成了城市级名片和世界级影响力。

基于对城市潜能的远见，中国金茂整合国际领先的优质资源，引进合理互生的城市规划理念，实现区域功能和城市活力的全面提升。目前，公司已稳健布局 50 余座核心城市，并成功打造了以“金茂”品牌为核心的高端系列产品。

自 2005 年以来，中国金茂品牌已连续 17 次入围“中国 500 最具价值品牌榜”。2020 年中国金茂排第 230 位，2021 年中国金茂以 421.39 亿元的品牌价值居第 179 位。

中国金茂秉承中化集团“科学至上”的价值理念，以“释放城市未来生命力”为己任，始终坚持高端的定位和精品的路线，聚焦“两驱动”“两升级”的城市运营模式，致力于成为中国领先的城市运营商。

7.1.2 从 3 年信息化提升到 5 年数字化转型

中国金茂自 2017 年开始稳步推进信息化提升工作，围绕穿透式运营管理、多领域信息共享、各板块灵活发展、移动化企业服务、敏捷化技术支持和互动式发展创新 6 大目标制定了以信息化提升为主题的 3 年行动计划（2018—2020 年）。根据任务规划形成了 3 年分年主题，2018 年是“数据贯通”，2019 年是“一体化运营”，2020 年是“智能分析决策”。2018 年也被规划为中国金茂“信息化提升年”。

经过 2018—2020 年的建设，中国金茂累计建设 60 余个信息系统，覆盖范围从住宅板块扩展到服务、科技等板块，在线流程从 17.1 万条增长到 85.2 万条。中国金茂在建设模式上紧密围绕“一线助力”定位，彻底改变了传统的自上而下单向推进方式。其中，两个模式机制起到了关键作用：一是“三方共建”，统筹总部业务部门、一线经营单位与信息中心联合共建，功能更加贴合现场需要；二是“同心共创”，共享总部技术平台和已有建设成果，协助一线单位建设专属应用。与此同时，中国金茂践行 IT 敏捷建设理念，不断提升研发、部署、运维各环节的响应效率。随着云计算、移动化等创新技术不断成熟，公司内部信息系统也全面移动化。工作场景从办公室延伸至工地、社区、差旅途中，工作响应能力大幅提升。3 年建设过程中，中国金茂不断探索和转化各类智能化新技术，促进了运转效率与客户体验的不断提升。3 年各项建设工作成果务实有效，得到了公司和行业的一致认可。

自 2021 年起，中国金茂站在新的起点上，数字化扬帆再起航，希望基于 3 年信息化提升的基础，争取通过 5 年左右的数字化转型发展，在数字化、智慧化方面达到行业领先水平。

1. 信息化提升面临的挑战

与其他行业一样，中国金茂在信息化提升初期遇到了很多困难和挑战。其中一项重大挑战就是地产行业是一个非标的行业，同时，地产行业正身处转型之中，由以前粗放发展、规模效应，开始转为向管理要效益、向运营要效率，这对地产行业提出了更高的要求。

在行业变革的大背景下，企业管理精细化的重要抓手是信息化工具。信息化工具的规模化使用和企业信息化水平的提升，对整个企业管理运营和业务发展起到了支撑和促进作用。

地产行业的非标特性，使得中国金茂在信息化提升初期开展了大量基础性信息化工作。提升工作首先从基础数据口径统一和数据横向、纵向打通两个方面着手，这也是其将第一年的主题定为“数据贯通”的原因。只有在完成数据贯通的基础上，才能掌握反映整个公司业务情况的数据集合，进而掌握反映公司整体运营情况的数据指标集合。企业运营主数据在数据贯通工作中起到了关键作用。与此同时，业务目标与信息化目标协同一致且互相引领，共同面对信息化提升面对的挑战。

2. 数字化转型的聚焦点

信息化管理和数字化转型虽然是紧密关联的，但互有区别。信息化作为手段和工具促进业务管理，达到企业信息化管理目标或运营目标。数字化以在线数字业务为核心，数据作为核心驱动引导业务前行，此时 IT 技术不再是业务工具，而是业务的载体和孪生体。数字化相比信息化，数据、技术和业务的绑定、融合变得更强。因此，数字化转型的聚焦点主要是业务、数据和技术的融合。

3. 信息化建设与数字化转型的关键路径

中国金茂从战略指引、建设模式、自主研发和技术创新 4 个方面构建了信息化建设与数字化转型工作的关键路径。

1）战略指引："3-5" 行动规划全面提升数字化能力

中国金茂较早洞见到信息化—数字化是未来必然的发展趋势，因此，很早就着手进行数字化转型的战略规划。2017 年中国金茂制定了 3 年（2018—2020 年）信息化提升规划、2021 年制定了 5 年（2021—2025 年）数字化转型规划这两项重要战略规划（以下简称"3-5"行动规划）。

中国金茂制定"3-5"行动规划的战略有两个出发点。第一，响应国家政策要求。国资委要求各央企做数字化转型的领军者，中国金茂积极响应国家的号召，迎合时代发展，也是企业自身发展的实际需求。第二，满足企业发展要求。中国金茂执行董事兼首席执行官明确指出，未来行业发展的两个主题方向分别是"碳中和"和"数字化"。

2）建设模式："三方共建"推进组织建设和项目管理

坚持实事求是的原则，从企业发展实际情况出发，打造"三方共建"协同建设模式。在地产总部，各个职能部门有自己的管理诉求，与此同时，一线项目公司有自己的业务提效诉求，如果不能兼顾总部管理视角和一线实操视角，形成的数字化方案是不能全面反映需求的。“三方共建”模式很好地应对了这个问题。“三方共建”的工作方式可以就具体工作事项组建一个协作小组，共同保障每项信息化工作的顺利开展，这种工作方式确保了工作成果既满足总部的管理视角，也基本上满足一线工作实际的需要，使得企业信息化的组织建设和项目管理与实践紧密结合。

“三方共建”的组织方式，相当于以一线的需求为整个工作的基底，以管理需求为整体导向，建立整个信息化的流程，也相当于一个虚拟的 PMO 组织。从横向层面看，跨业态和跨职能部门的数据贯通，能够保证企业每条线上的数据质量标准统一。从纵向层面看，各个业态、专业条线的数据贯通也可以得到支撑。这样，项目过程中既体现管理的要求，也符合一线实操的要求。各“三方共建”项目的进度通过 PMO 向上进行汇总，这里的 PMO 是一个相对柔性的协调机制，它不会做纵向的强管控，从而保障了每个“三方共建”组项目管理的独立性和敏捷响应需求的能力。

3）自主研发：中国金茂坚持“自研”搭建技术架构

在数字化转型推进过程中，中国金茂始终坚持“自主研发”建设系统，自主设计建立原型，以及编码、测试、交付、运营、培训、迭代更新等，包括此前提及的运营主数据等核心系统始终都坚持自主研发。

4）技术创新：新技术推动业务走向创新

数字化转型离不开新兴技术的探索和应用。中国金茂将人工智能、物联网（IoT）、区块链、云计算、大数据、边缘计算等新技术和具体工作相结合，先叠加形成高阶能力，再把这些能力放到已有的业务板块进行赋能，帮助业务高质量发展。例如，在 IT 运维方面，与人工智能技术相结合，用户的报事工单、工单分拆和派单由人工智能直接完成；在垂直领域方面，与智慧社区、智慧园区的建设关联起来，利用区域市场领先的、独有的产品力助力业务目标达成。

创新技术可以支持业务逐步先发展到拉动业务，再发展到驱动形成创新性业务。例如，新技术结合某些传统任务催生出新的业务，像智慧社区、智慧园区、智慧校园等。数字化和信息化可以给业务带来支撑和驱动，也可以定义新的业务，定义新的工作、生活、学习方式，带来新的客户体验和新的生活变化。

4. 具有特色的中国金茂数字化转型成果

数字化转型是各企业高质量发展的必经之路。中国金茂在信息化一数字化践行过程中形成了很多独具特色的亮点成果。

1）经营分析体系——形成辅助决策能力

以运营主数据为核心的经营分析体系，可以帮助各层级经营管理人员在不同运营阶段掌握运营数据情况。该体系叠加大数据和人工智能能力，基本形成了在线辅助决策能力。运营系统后台支撑了十亿级数据量的计算和存储，同时支撑多人多面的业务需求，其本身也是一个经营数据的中台，为其他信息化体系提供指标数据服务，起到了数据核心轴的关键作用。

目前，中国金茂经营分析体系覆盖了公司全部业态的计划和实际运营指标。以利润指标为例，计划利润、实际利润、预测利润及其价值链分析、利润构成拆解分析都是非常准确的。结合机器学习、人工智能等算法，系统能够判断未来业务数据的变化趋势，分析结果非常有价值，起到了辅助决策的重要作用。

2）财务资金体系——业财一体化

业财一体化是信息化提升的高阶任务和目标，是数据贯通和一体化运营的重要保障。业财一体化需要在一定规则之下实现跨系统之间业务逻辑的拉通。业财一体化解决了很多业务运营的核心问题，如数据口径一致性问题和业务财务联动效率问题。通过业财一体化，企业的业务数据能直接转化为财务数据，这就要求两个业务数据口径是严格一致的。此外，将业务流程和财务系统流程串联起来，促进了业务和财务工作联动，运营效率得到了明显提升。目前，在中国金茂几个核心业务场景内，大多数会计凭证都是自动生成的，关键领域自动生成凭证率超过 98%，基本实现了“无人会计”理念的落地。这些效果实现的背后是信息化和数字化能力的支撑。未来，中国金茂将会持续推进业财一体化，助力企业效率达到更高水平。

3）智慧物联体系——创新型业务模式

智慧物联是中国金茂在信息化—数字化进程中，以客户为导向、由技术驱动形成的创新业务模型，目前已经形成了面向用户的智慧社区、智慧园区整体解决方案和工程能力。在 2021 年“金标杯”绿色智慧社区创新大赛中，中国金茂数字科技智慧物联社区平台获得软件平台组一等奖等多个奖项。凭借企业基因和智能技术优势，中国金茂先后取得了金茂荟 App 等阶段性成果，得到了行业各界的认可。同时，中国金茂参与了多项国际标准、国家标准的编制工作，履行社会责任，推动行业发展。

智慧物联的创新业务模式，改变了传统的信息化建设模式，由以业务为导向的模式改变为以客户为中心、协同业务和技术的新模式。智慧物联社区体系就是逐步形成的，带着对下一个十年美好生活的想象，智慧物联基于人工智能中台、物联中台、数据中台三大中台体系，围绕智慧、便捷、有温度，从“6+X”多个方面提出了智慧科技升级、设备主动响应、信息互联互通，从“会呼吸的房子”到“会思考的房子”，达成便捷无忧的社区生活。

5. 中国金茂数字化实践的行业意义

中国金茂的数字化转型具有自己的独特优势，中国金茂数字化转型秉持行业对标和科学至上的导向，坚持走学、赶、超的路径，对于整个地产行业有深远影响。

1）坚持行业对标

历史的教训告诉人们，闭门造车式的模式是行不通的，任何企业不可能脱离整个行业独立发展。中国金茂深知数字化转型对企业发展的益处，也清晰地知道只有融合行业、市场发展，企业的转型才有更大的价值和意义。

中国金茂主动对标，与行业内的企业、专家、厂商等共同探讨行业的发展情况及趋势。近几年，中国金茂在数字化领域年均开展40余场对标活动，从行业的横向层面看，对标工作对于企业发展是非常有益的。与对标企业聊技术、聊发展、聊趋势等，不涉及彼此之间的竞争和比较，都本着追求更好的目的去交流沟通。

中国金茂自开展对标活动以来，吸引了越来越多的行业企业主动上门对标，促进了整个行业的发展。中国金茂对行业的影响力越来越大，无外乎有两种可能：第一，供应商认同中国金茂模式，其他企业也观察到中国金茂在一些领域的实践取得了成效，这些企业也就愿意来到中国金茂听一听、看一看、学一学；第二，中国金茂结合实际，找到务实、切实、扎实的一条路，坚持走“三方共建”的道路是非常重要的。与行业企业交流和分享服务意识或者拉通职能，并且总结出一套行之有效的方法论，解决好内部的问题和困难，应对好外部的实际工作的问题和困难，向前迈进，以供其他企业借鉴和参考。

2）坚持“科学至上”的原则

科技是第一生产力。科技创新是企业数字化建设的灵魂所在，通过掌握应用数字化技术，进行业务、技术等的创新是企业提升竞争力的最有效通道，任何时候，科技创新都是企业生存和发展的重要抓手和途径。

中化集团、中国金茂董事长曾经撰文提出了“地产也是科学”的论断，由此，“科学至上”的观点在行业内产生了极大的影响力，也为地产行业发展转型指明了方向。

科学技术是影响地产业发展的主要因素，地产企业数字化转型始终离不开科技创新。首先，绿色低碳和智慧低碳是中国金茂整个数字化转型的一个核心目标。绿色低碳的实现贯穿于房地产企业的多个环节，建造环节需要用绿色建筑的方式。

在运营阶段，可以通过智慧物联的很多技术，帮助达到能耗的降低。例如，EMC能源管理，在行业内是经过验证的。在运营过程中，通过信息化、数字化的工具朝“双碳”方向走，共同达到“双碳”的目标。

数字经济的迅猛发展，改变了传统的商业模式，面对消费需求升级、增量向存量转变、地产行业承压的新形势，当下的中国金茂站在了新的发展起点上，将以开放式创新的方式强化纵向赋能，通过从信息化到数字化的发展创新，促进公司上下对科技的认识和实践，打造“最具科技范儿”的地产企业。

第8章

数字化开启物流行业新赛道

AGV机器人、无人叉车、机械手臂……5G云化升级，大量“黑科技”涌入，助力智慧物流赛道升级，更快、更准、更稳、更智能成为物流行业企业的共同目标。使用数字技术深入物流各个环节和处理相关要素，构建全流程线上化、运力管理规模化、经营管理智能化的物流产业服务生态，成为全行业的共同期待。本章精选国内率先运用信息化手段探索物流行业转型升级之路的代表——中通快递，看它如何在数字化、智能化的赋能下，形成流程的统一化、规范化，为构建优质的物流服务机制奠定坚实基础。

8.1 中通快递：快速迭代、小步快跑，推动中通数字化发展

中通快递创建于2002年5月8日，是一家以快递为核心业务，集跨境、快运、商业、云仓、航空、金融、智能、传媒、冷链等生态板块于一体的综合物流服务企业。2016年10月27日，中通快递在美国纽约证券交易所上市，创当年美国证券市场最大IPO，是中国第一家赴美上市的快递企业，向全世界打开了一扇了解中国快递发展的窗口。2020年9月29日，中通快递在中国香港二次上市，首日市值超2000亿港元，也成为首家同时在美国、中国香港上市的快递企业。2020年，中通快递完成业务量170亿件，增量超2016年全年的业务量，市场份额达到20.4%，服务质量表现优异。

1. 快速迭代、小步快跑，推动中通快递数字化发展

中通快递的IT部门在2003年成立，初创期信息化程度低，主要依靠人力，既没有开发需求，也缺少独立研发的条件，IT部门的工作主要是边缘系

统的开发和核心系统的维护。2009 年之前，中通快递的基本策略是生存，技术战略是“用最小的成本满足业务的需要，快速响应业务”。

2012—2018 年，中通快递进入快速发展期，开始逐步进入从技术外包到自主研发的过渡阶段。2013 年，电子面单面世，中通快递在 2014 年基本实现普及。2015 年，中通快递上线第一套全自动分拣机，通过电子面单提高分拣的准确性，通过信息的采集实现客服在线，为客户提供更加及时、高效的服务。同年，中通快递成立了集团旗下全资子公司——中通吉网络技术有限公司（以下简称中通科技），注册资本为 2 亿美元，正式展开在技术方面的布局，探索数字化转型。

从 2018 年开始，中通科技大力推动智慧物流新基建，全面梳理了全链路数字化产品，力争做到人无我有、人有我优。支持 40 多万名快递员使用的专属 App“掌中通”、赋能网点的系统“神州”、智能绿色的“环保袋”、体现时效物流的“北斗”、业财一体化的“星河”，还有面向 C 端的中通助手、面向 B 端的快递超市，从收转运派到营销营运，中通快递以快速迭代、小步快跑的方式，使得系统互通、数据互联，为业务赋能，为决策提供精准洞察。

2. “产研一体化实施线路图”打造最佳数字化实践

中通快递对数字化转型的定义如下：始终从业务需求出发，对内全面提升技术能力和效率，对外优化用户体验，通过每个新技术的应用，提升企业的核心价值和能力。在数字化转型过程中，新技术的应用并不是目的，转型的根本目的是提升产品和服务的竞争力，让企业获得更大的竞争优势。技术是支点，业务是内核。中通快递在不同的业务发展阶段，采取了不同的发展策略。

3. 业务驱动 IT，IT 需要匹配业务战略和目标

在业务目标达成过程中，引入更多的数字化技术后，整个技术支撑平台能够更加高效、敏捷和自动化。在数字化时代体现出一个新特征，即 IT 反向推动业务流程改进、业务战略目标达成等。在数字化时代，企业最大的敌人不是竞争对手，而是自己。自己最大的敌人是过去成功的逻辑，是习惯性的思维方式与行为方式。

新的概念和技术不断发展，传统的业务部门和业务人员往往难以深入思考如何去优化和改进业务，如何去应用。这时，中通快递的数字化转型就不再是简单地满足企业当前战略和业务目标，而是重新去思考，提出新的业务目标，或对当前的商业模式逻辑进行重塑。这不是传统业务的简单优化，而是技术可以推动的业务变革。

在技术架构方面，中通快递采用了“大中台，小前台”的架构思想，并采用与之相匹配的敏捷型组织，提高了组织快速响应能力。中通快递建设“大中台”（航母和舰载机）来赋能产品团队，保持中通快递技术先进性；设立“小前台”，即一批小型化的，能独立自主、灵活作战的产品团队。将臃肿不堪的前台系统中使用频率相对低且通用的业务能力“沉淀”到中台，为前台“瘦身”，大幅提高前台的响应能力，同时将后台系统中使用频率相对高且通用的能力提取到中台，赋予这些业务更强的灵活度和更低的变更成本，从而更好地为前台提供更强大的“能力炮火”支援。

此外，数据中台还可以将集团内的用户数据、交易数据等全部打通，把数据统一放到一个平台，发挥数据资产的价值。

中通科技根据自身特点构建了一套符合中通快递现状的产研一体化管理体系，以助推业务价值端到端的高质量快速交付，为组织数字化战略转型落地奠定基石。

中通科技的产研一体化实施路线如图 8-1 所示，经历了“由流程建设到实践落地”和“由研发效能到组织效能”的不同阶段，打造了很多敏捷实践模式。

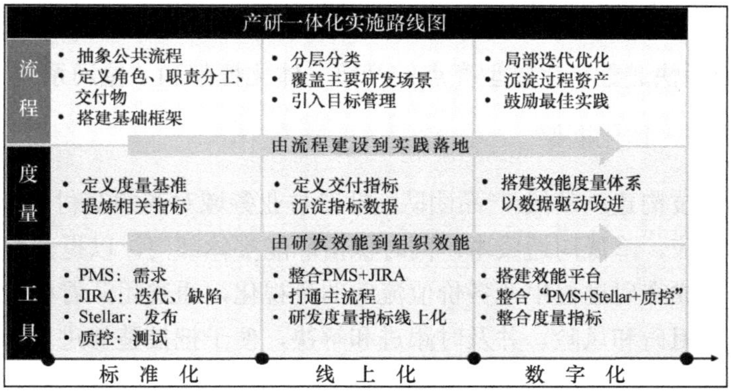

图 8-1　中通科技的产研一体化实施路线

4. 人才方面，中通快递以“选用育留”4字诀做好人才梯队建设

在“选”上，以中心文化价值观为基准，配合岗位职责和敏捷能力模型，全方位、多角度选拔和挑选最合适人员，不断提升科技中心的人才宽度和厚度。目前，科技中心拥有本科及以上学历人员占比达到 82%，高职级技术人员占比达 30%。

在“用”上，编制组织人才盘点图谱。将“合适的人安排到合适的岗位”，为高产出、高绩效员工持续赋能；搭建专业发展通道，加强关键岗位的人才储备，提升人才充足率，提高人才储备度；优化激励机制，强化员工的正确行为，挖掘优秀标杆，实施绩效全流程管理。

在“育”上，搭建全流程培养机制。通过建立百人导师池、编制技术类《校招生应知应会手册》，以及开展中通科技“创造营”、大咖分享、业务培训、专业技能特训等，培养和激励应届校招生，实现新生代共成长，注入组织新活力。

在“留”上，建立多样化员工沟通渠道。通过 “老司机”带教、HRBP下沉业务，收集和听取员工的声音和意见，深入了解团队状况，提升员工归属感；通过推动文化激励和文化落地，提升员工的集体荣誉感。

截至 2020 年年底，科技团队规模已达千余人，组织趋于稳定，管理上强调横向的协同能力培养和纵向专业能力的双重提升，拥抱变化，不断创新，开放思想，谋求更大发展。

5. 中通快递数字化转型亮点：产研一体化框架和“星河系统”

1）产研一体化框架

中通科技构建产品线/产品团队，打造与业务域对齐的交付单元，以减少部门竖井效应，降低沟通成本；同时保留职能实体部门，以提升组织人才专业能力。完成产研过程中业务价值流动的可视化，通过团队看板的方式，达到透明识别阻碍和风险，并及时跟进和解决，便于把控整体进度和质量。

利用产研团队资源日历，帮助团队各管理者合理进行任务分配和资源调

配，基于产品线/产品特性，实施差异化管理，“按节奏开发，按需交付”，以快速响应业务需求为第一前提。同时，定期出具中通科技的产研度量报告，为各管理层提供数据和决策参考。通过度量来助力各团队进行问题识别和瓶颈诊断，以推动产研流程优化和工具技术革新，促进全面的持续改进。其中，基于“分层分类”原则，产研一体化 V3.0 框架如图 8-2 所示。

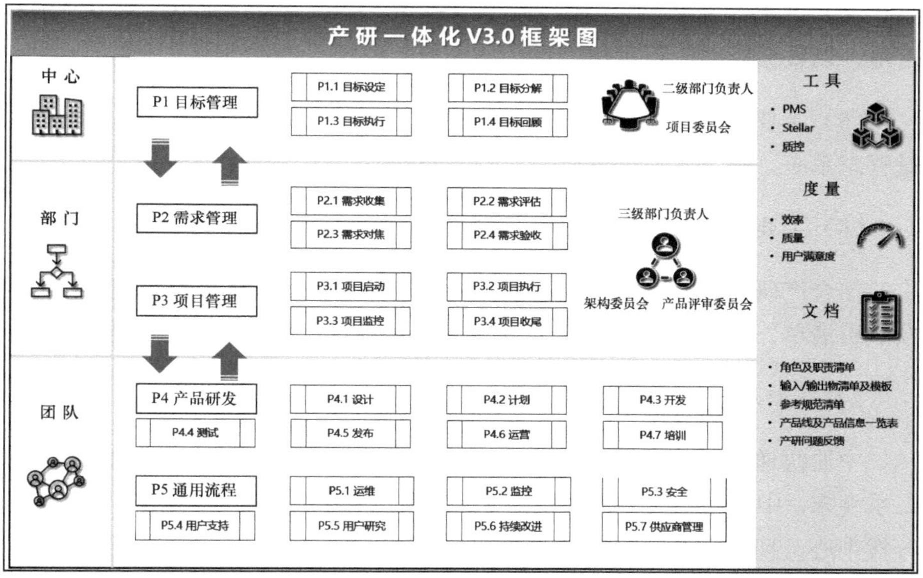

图 8-2　产研一体化 V3.0 框架

（1）组织层级可划分为中心层、部门层、团队层。

中心层负责整体方向的把控与规划，确保“做正确的事情”。

部门层衔接中心层与团队层，起到承上启下的作用。

团队层负责具体事项的执行与交付，确保“正确地做事情”。

（2）核心组织包括二级部门负责人、三级部门负责人、项目委员会、架构委员会、产品评审委员会。

（3）流程类型可划分为 5 个一级流程、26 个二级流程。

5 个一级流程包括 P1（目标管理）、P2（需求管理）、P3（项目管理）、P4（产品研发）、P5（通用流程）。

26 个二级流程为各一级流程的细化。二级流程的主要内容包括整体描述、流程图示、关键活动、流程说明（RASCI 模型、角色匹配）。

（4）秉承“流程”“工具”“度量”三位一体的理念——以工具支持流程落地，以数据驱动流程优化。

（5）主要支撑工具包括项目管理系统（PMS）、发布系统（Stellar）、质量管理系统、研发效能平台。

（6）主要度量维度包括效率、质量、用户满意度。

结合产研实践过程中积累的方法论和实践经验，补充可操作细节：角色及职责清单、输入/输出物清单及模板、产品线及产品信息一览表等。

2）基于人工智能和大数据的智慧运营系统

中通快递拥有国内最广、最深、最密的民营快递网络，截至 2021 年第二季度末，中通快递拥有服务网点 3.1 万个，末端门店超 7 万家，设有 96 个分拨中心，拥有干线运输线路约 3600 条、干线运输车辆 1.03 万辆。业务量的快速增长，需要大量运力、人力、设备的支撑，传统的经验式运营管理模式早已无法满足业务需求。

因此，中通科技团队联合网络运营管理中心，共同寻求一种自动化、智能化的管理工具，在将运输和转运业务流程线上化的基础上，追求更高的效率和更低的成本。经过双方一年的努力，中通科技团队搭建了集运输、转运和大数据为一体的线上化运营管理平台——星河系统。

星河系统的核心功能是对汽运和转运中心操作的全流程管理。通过整合运输和转运的业务流、信息流，实现了从运输计划、运输执行、转运操作到成本结算和费用支付的全部线上化，助力中通快递达成提高全网的运输能力、转运效率，以及降低运输和操作成本的目标。

星河系统覆盖了运营业务模块的所有相关功能，包括运输管理、车队管理、操作管理、智能管理、监控分析、智能决策等，既实现日常的业务管理，也支持运营管理层对业务及对应数据的监控、分析、建议和决策。

星河系统的设计和运行，充分利用了人工智能和大数据等新技术。

第一，充分利用内外部智能技术和服务。例如，通过中通快递智慧扫描平台获取各类票件和车辆的扫描信息；通过中通快递的 GIS 平台（位置服务系统）获取车辆和站点的位置数据；通过与外部服务商合作，获取路况和天气信息；等等。

第二，搭建智慧物联网体系。星河系统为了实现智能化的管理，搭建了一整套物联网体系，用以采集运输和转运过程中的各种数据。例如，通过智能 PDA 获取车辆的发出和到达时间；通过 GPS 设备获取车辆的位置和轨迹；通过车载设备获取车辆状态及驾驶员行为；等等。

第三，充分利用大数据技术。系统每日需要处理海量的快件扫描数据、车辆位置数据及其他运输和操作明细数据，数据的绝对量和增量都非常庞大。通过中通快递内部的大数据平台，对海量数据进行加工、挖掘、分析后给出各类业务建议，实现预测和预警，为业务决策提供依据。

6. 星河系统的有效运行，正在并且持续助力中通快递降本增效

星河系统自上线运营以来，合计创造的业务价值已超过 2 亿元，投入产出比约为 3∶65（数据来源于中通科技内部统计）。目前，中通快递网络运营中心每天使用系统处理日常事务、进行分析决策，星河系统已经成为运营业务管理不可或缺的工具。

星河系统的建设，也具有重要的行业和社会效益。星河系统致力于通过信息化手段降低运输和操作成本，提高运输时效和操作效率，对整个社会的物流尤其是快递运输时效的提高具有重要的促进作用。星河系统积极采用各种新技术、新方法，尤其是对人工智能和大数据技术的运用，将新兴的信息技术应用到实际生产中，发挥技术引领业务的优势。

此外，中通快递运用大数据、人工智能、机器算法学习等技术，从历史复盘、实时调度、特情规划 3 个方向，合理规划运力和路由。

在包裹运输过程中，中通快递智能动态路由将复杂的快递物流网络抽象、拆解、编码化，实时推荐路由方案、车辆调度计划，实现运输时效和成本最优。搭配星河系统，综合管理人、车、货、场，实现以 GIS 技术为依托的全程运输可视化，为管理者及决策者提供全链路的数据支持。

未来，智能路由将依托历史，立足当下，实现智能规划、事前预警到执行监控、事后分析的闭环，有效提高物流时效、降低运营成本、提升服务质量，降低社会资源和自然资源的消耗。

7. 打造中通快递数字化转型新引擎

对于快递业来说，要获得量高质优的持续发展，除了稳住旧引擎，还必须打造自身转型升级的新引擎。电子面单带来的技术革命早已趋缓，快递行业或者说各行各业正奔向万物互联的智能时代。在流量集中化和产品化的背景下，科技的浪潮正推动快递行业发展，大数据、人工智能、云计算、区块链等新技术在快递行业的运用正成为发展热点。企业如何将这些新技术与自身业务完美融合，成为企业在数智化高速路弯道超车的关键因素。

中通快递已经实现了从传统的劳动密集型企业向科技、人才、智慧密集型企业的转型，未来将向更加数字化、智慧化、生态化的科技物流企业迈进。

在快递主业蓬勃发展的同时，中通快递也在积极拓展上下游产业链和生态赛道，裂变出了快运、仓储、冷链、航空、国际等多类业内领先的专业物流公司，并集合网络和社会资源，将众多生态业务打造成一体化的综合物流生态体系，服务除电商以外的更多产业。为农业、制造业、高科技企业客户提供综合物流解决方案；为广大用户和特定需求消费者提供定制化的供应链解决方案，帮助其节省成本、提升效率、改善体验、创造价值。除此之外，中通快递还依托自有的包裹流量和末端生态，在新商业领域进行积极的探索。

2019 年，中通科技明确了“4i 战略”，也就是在自我意识大框架下的智慧（intelligence）、创新（innovation）、生态（interlink），以及新高度、新能力和新担当（i-zto）。

中通快递副总裁/CTO 表示：搞技术的态度要更开放，“独行快，众行远”。所以，中通快递开始“走出去”，以开放、合作、协同、共赢的理念，承担行业领航者的责任，加速物流行业的数字化改革，打造运转更高效的中国快递业。

第 9 章

拥抱变化——零售发展新格局

在“双循环”新发展格局中，零售成为拉动消费的新动能，数字化转型让零售行业发展进入新业态、新环境、新阶段，争论的焦点早从线上线下的“楚河汉界”蜕变为重构“人、货、场”的商业与技术融合发展模式。零售业转型和高质量发展，需要依托行业头部企业的带动和引领。本章甄选蒙牛乳业、银泰商业，从数字手段的角度讲述新零售故事，看数字化如何激发“以客户价值为核心”的消费新活力。

9.1 蒙牛乳业：“能力+创新”，打造“牛要客”重客垂直业务生态平台

内蒙古蒙牛乳业（集团）股份有限公司（以下简称蒙牛）于 1999 年诞生于内蒙古大草原。怀着“每天一斤奶，强壮中国人”的初心，蒙牛开启了成长之路，当年销售收入 0.37 亿元，2004 年在中国香港上市，2020 年营业收入达到 760 亿元，增长超 2000 倍，已形成了拥有液态奶、冰激凌、奶粉、奶酪等多样化的产品矩阵系列。“蒙牛速度”成为中国企业的一面旗帜。

蒙牛秉承“信赖、卓越、首选”的质量方针，从牧场到餐桌，执着追求品质，实现产品质量全生命周期的精准管理和追溯。为研制更适合中国人体质的益生菌产品，蒙牛开启了漫长的自主研发之路，2019 年成功研发出了中国首株母乳来源益生菌，通过临床验证可以改善人体免疫力和肠道健康。蒙牛通过全链条智慧建设，逐步实现“奶牛养殖、产品研发、生产制造、质量管控、终端销售”的智能化升级，荣获“智能制造标杆企业”。从 2020 年开始，蒙牛加速数字化转型，从一家生产销售传统产品的品牌公司升级为聚焦

营养健康的高科技平台化企业。

2020 年 8 月，蒙牛首次入选恒生可持续发展企业指数成分股，成为港股可持续发展表现前 30 强的卓越企业和全球领先的乳业责任标杆。蒙牛在每个品类下都布局了王牌产品，其中特仑苏的营业额超过 200 亿元，超过 10 亿元的子品牌达 10 个。

2021 年是蒙牛实施“再创一个新蒙牛”规划的起步之年。在总裁卢敏放的带领下，蒙牛坚持一张蓝图绘到底、凝心聚力抓落实的理念，努力从消费者至爱（First-Choice）、国际化（International）、更具责任感（Responsibility）、文化基因强大（Spirit）和数智化（Technology）5 个维度，不断开创“FIRST”发展的新局面。

蒙牛总裁卢敏放表示，未来几年，蒙牛将继续加强研发创新能力、组织保障能力、收购整合能力、奶源控制能力及数字化营销能力建设，不断为消费者提供优质的产品和服务，为打造具有国际竞争力的乳业产业和具有世界知名度的乳业品牌不懈努力。

1. 蒙牛信息化的 4 个阶段

蒙牛的信息化建设始于成立之初，至今已历时二十余年，可归纳为如下 4 个阶段。

（1）分散建设阶段。2000 年，随着第一套办工自动化系统建成，蒙牛的信息化建设拉开了帷幕。按照当时公司独立事业部制的组织架构，各个事业部进入了根据各自业务布局的信息化建设阶段。常温、低温、冰品等各大事业部纷纷建设了 ERP、HR、财务、质量等管理系统。

（2）快速成长阶段。2011 年年初，企业进行了组织机构调整，将各事业部的信息化职能和团队进行了整合，资源整合效应显现，至此，蒙牛信息化建设进入了快速成长阶段。各事业部自建的 ERP 系统、财务系统全部升级替换成了国际先进的 SAP 系统，蒙牛实现了财务业务全面一体化，成为当时的行业标杆项目，质量管理领域也引进了全面质量管理系统（LIMS），成为当时行业内最为先进和全面的质量管理工具，供应商管理系统、渠道管理系统、协同办公系统、BI 系统等，所有核心业务均被信息化系统覆盖。

（3）夯实和共享阶段。信息化建设带来了更大的业务变革，从 2016 年开始，蒙牛的信息化建设再上一个台阶，进入了边夯实边改革的进程。财务共享、资金共享、HR 共享等共享型业务模式逐步在职能管理业务中形成，建设成业内乃至国内领先的财务共享中心，成为国内同类企业学习和借鉴的优秀案例。除了职能管理领域，智慧供应链、智慧牧场、产品全生命周期管理、仓储管理等重点业务领域的信息化建设也如火如荼，后端的生产制造开始向智能制造迈进，完成了多家数字化工厂的建设，荣获国家工业和信息化部授予的“智能制造标杆企业”称号。

（4）数字化转型阶段。从 2020 年开始，随着 5G、物联网、大数据等新兴技术及各类新兴电商模式的兴起和普及，传统企业的生存和发展遇到了前所未有的挑战，公司管理层敏锐地嗅到危机，蒙牛的信息化建设也正式进入数字化转型的新阶段。

2. 驱动业务变革的蒙牛数字化转型

在突如其来的数字化时代，跨界颠覆的案例每天都在上演，传统企业该何去何从、传统企业的出路在哪里，成为摆在所有传统型企业面前的共同难题。

为了走好转型之路，蒙牛高管团队亲自牵头，成立蒙牛数字化转型办公室（TMO），开展多方学习考察，并积极引进外脑，带领各领域核心业务专家和骨干，经过多轮共创，制定了蒙牛的数字化转型战略。数字化转型战略是企业数字化转型的顶层设计，对蒙牛的数字化转型进行了全面、系统、整体的规划布局，明确了企业数字化转型的战略定位、战略目标，确定了数字化战略的具体内容，指明了数字化转型战略的实施步骤和实施路径，是蒙牛开展数字化转型的指引和方向。

蒙牛管理层在最初便认识到，企业数字化转型不是简单的信息系统搭建，也不是单纯的信息系统升级改造，更重要的是需要开展复杂艰难的业务转型。因此，蒙牛的数字化转型，全部是以业务为主导的，从业务模式变革出发，再由数字化手段进行赋能。

成功的数字化转型，不是单一的一块或几块业务的转型，而是要“通盘”规划，企业整体一盘棋，蓝图一致，路径明确，业务和技术同步发力。参与数字化转型的所有人都清楚地知道，每一个变革动作，都只是全部转型中的一项措施、一个步骤，所有人都秉承着共同的大局观，向着同一个目标前进。

在数字化时代，商业竞争拼的是“速度”。获客速度、履约速度、推新速度、服务速度等，在用户面对成千上万个选项时，如何让用户只对你的产品情有独钟，除了一如既往的品质和服务，速度也是制胜的关键。信息化系统作为支撑企业发展运营的工具，如何满足前端业务的“速度”需求，便成为企业数字化建设面临的首要问题。

为了解决快速响应业务变革的问题，蒙牛从 2019 年启动了“双中台”建设，拟通过建设业务中台、数据中台，形成蒙牛的客户中心、门店中心、订单中心、履约中心、结算中心等所有核心业务中心，在面对各类新兴业务模式时快速实现有效的“乐高式”拼装，实现对业务的快速响应和支持，并借助数据中台强大的数据分析能力，实现对业务的反哺，真正做到“一切业务数据化、一切数据业务化”。

随着蒙牛双中台建设的推进，在产品开发实现方面，逐步形成了弹性化 Scrum+DevOps 的理念及架构，实现人、流程和技术的有机结合，通过采用 DevOps 敏捷文化、做法和工具，团队能够更好地响应客户需求，增强对所构建应用程序的信心，更快地实现业务目标。在产品测试方面，形成了自动化测试框架，通过场景收集及建立通用用例池，把以人为驱动的测试行为转化为自动化执行，在此过程中节省人力、提高效率，实现自动调度，无人值守，最终打造蒙牛自动化测试无人工厂。在系统架构方面，形成了蒙牛 OpenAPI 体系，通过提供可定义的 OpenAPI，打破边界，自由扩展，让数字化应用服务于更多场景，是基于蒙牛现有各类系统资源及解决方案服务，以 API 的形式向外部合作伙伴和客户提供相关接口能力的开放平台。在组件化设计方面，形成了蒙牛“乐高工厂”，基于自由组合、开放共融的产品理念，致力于建设场景化解决方案式组件库，可以结合自身遇到的问题找到适合自己的解决方案及产品，并且支持自由组装，以乐高拼搭模式快速搭建专属的数字化应用。

先进高效的技术架构体系，为蒙牛数字化转型提供了强有力的技术保障。

3. 打造创新的数字化供应链系统

“牛要客”系统是蒙牛在数字化转型的大潮下，由蒙牛数字科创团队基于蒙牛自身业务发展现状及业务需求的特殊性，结合互联网开发方法论，从无到有自研创新的一个数字化供应链系统工具。通过对传统快消业务的深度理解和与业务人员的共创，在业绩高速增长的同时，实现了一次业务数据化、数据业务化的华丽转身，这在供应链领域也是一次创新，对于行业的数字化转型有积极的借鉴意义。

“牛要客”系统通过业务场景抽象出业务逻辑，通过对数据的归集、数据治理、业务在线化、标准化的系统化处理，实现企业一侧错综复杂的业务操作的自动化处理，极大地解放了业务操作人员的双手，提高了蒙牛垂直业务供应链的整体流转效率。“牛要客”系统已然成为蒙牛数字化进程中的一个有历史意义的里程碑。

4. 天下武功唯快不破

对于快消品行业从业者而言，“天下武功唯快不破”这句话被奉为圭臬，对于快消品企业而言，最重要的事情只有一件，那就是让商品快速流转起来，同等时间，同等资源，谁的转速更高，谁就能在众多快消品中胜出。所以，对于快消品企业的从业人员来说，只有一个字——“快”，如果慢了，市场环境就变了，消费者的心智也会发生变化，商品的有效期就短了，资金的压力会增大，成本也会相对增加。

5. 一瓶奶的旅程

在快消品行业，乳制品是比较特殊的一个品类，因为它和大众的营养健康息息相关。蒙牛发展的 20 年可以说是中国人营养健康行业发展的 20 年的缩影。一瓶奶出现在餐桌上，其背后需要生态牧场、健康的奶牛、高标准要求的奶源、巴氏杀菌罐装生产线、海陆铁运输、遍布全国的仓储、高效的渠道网络、“最后一千米”的配送才来到消费者的身边，所有的环节需要高效快速地运转，才能让消费者喝到新鲜健康的牛奶。这些环节都会影响供应链的效率，而供应链的效率基本上等同于企业的效率，在供应链为王的时代，谁的供应链效率更高，谁就能在激烈的市场环境中具备竞争优势。

6. 乳品行业战略要塞

重客是蒙牛销售渠道销售力量中重要的一部分，主要以大型商超这类大卖场为销售渠道。大卖场规则众多，资金周转周期长，利润薄，传统的经销商服务大卖场的热情和动力在逐年降低。在这一背景下，同时基于渠道精耕战略的落地，蒙牛管理层迅速做出战略决策，面向垂直渠道组织专门的业务单元承接垂直业务。重客业务发展很快，业绩在一年内迅速增长，在成绩的背后，挑战和压力也是必然的，其中供应链团队的压力是最大的。每天从各大卖场涌入的订单从最初的几千张，在短时间内陡增至上万张，供应链团队的压力也随着订单的陡增而呈指数级增长。订单量的增长带来的是工作链条工作量的整体增加，供应链侧的业务环节中比较消耗人力资源的是对订单的归集和处理。

在数字化时代背景下，重客垂直业务模式的高效运转，关键在于供应链模式的创新及各环节的信息打通和交互，通过业务信息的上线，对整个业务链路进行升级。在生产环节，由之前根据原材料排产升级为依据市场信息指导排产计划，以销定产模式的应用在减少原材料浪费的同时，更好地满足了市场需求。在销售环节，由之前的人工收集订货数量升级为各大零售系统的工作人员通过系统向总部发送采购订单。时效的提升能够更加灵活地进行成品供应及货物库存调整，以满足销售需求。在运输环节，蒙牛供应链团队会及时根据门店实际的缺货情况分析相关的关键要素，安排送货顺序，大大降低了管理成本。

时间回到 2019 年垂直业务开展初期，零售系统来单均为 PDF 格式，需通过手工将 PDF 文件中的数据转换为 Excel 表格形式，对数据进行汇总和分析之后，再登录相关系统进行开单前审核，手工工作量巨大，调度人员每日工时超负荷，当繁重的工作成为常态化之后，订单处理过程中就会出现误差。由此导致整个供应链条的运营效率进入了负面循环，供应链效率大幅度降低。以促销活动为例：一个促销活动会在不同的区域同时开展，且每个区域的活动商品及价格是不同的，订单的处理需要考虑现行的活动规则，在业务发展初期，促销活动管理不规范，调度匹配活动难度大，活动执行和订单的处理分散在线下及线上的不同系统中且都是手工进行的，异常情况和操作风险几乎每日都存在。

2020 年下半年，垂直业务步入快速发展期，订单量也随着业务的发展翻倍地增长，对账压力倍增。大卖场各具特色，数据逻辑各不相同，数据分散在不同的系统中，同时数据规范没有在第一时间建立起来，数据质量不高，用于管理层做决策的数据颗粒度较粗，同一零售商在不同区域数据库的内容不同，账务核对面临多系统多板块数据接入，通过 Excel 表格审核反应速度慢、系统宕机，数据审核无数次翻盘。因业务需求增加，订单处理人员不断叠加，单据完成时间不统一，团队协同成本增加，账务压力与日俱增。有限的人力陷入了重复数据转换、数据清洗这些低价值度的工作，而对于订单分析、异常订单的处理及风险预警这类重要的工作上的精力投入，反而随着订单的增长在降低。业务侧管理层意识到对于一些可标准化且重复的操作，可自动化处理，用自动化替代手工转换数据。

当时的业务数据化运营体系缺乏，业务系统多且孤立，导致数据较分散，无统一标准，影响后续数据应用；缺少有效的模型分析工具，沉淀数据缺少应用，未能驱动业务发展，无法为各管理层级提供高质量的决策支持。供应链工作环节众多，涉及诸多规则和细节，同时业务增长快、商品供应压力大、人员工作强度高，这些问题很快出现在管理层的议程中，单位时间不变的条件下如何处理更多的业务？面对这些问题，管理层快速达成一致，通过数字化的手段实现供应链相关环节的在线化、标准化、自动化。

7. 需求就是命令

面对新的业务模式、新的思路，行业里没有成熟的解决方案，这对于数字化系统建设是一个挑战，业务在快速推进，需求就摆在眼前，蒙牛的 IT 部门经过评估，决定结合互联网的研发方法论——迭代交付，这就像给正在飞行的飞机换发动机，因为业务不会停下来等待。

重客是以蒙牛双中台为底座的业务应用，通过业务中台打通内外部系统，结合数据中台数据分析能力，将这些能力沉淀和共享来助力业务。依托 DevOps 实施的敏捷开发，打通下单接口、库存接口等 20 多个接口来支撑实现常规决策自动化，最终订单数据回流至数据中台，为数据归集打下基础，实现销售业绩日报自动取数、精准计划模型。在算法层面，通过人工逻辑线上化+时间序列，首先将人工逻辑数字化，然后融合机器学习的趋势、季节、周期、偶然、预算等因子，通过持续地调参和模型迭代来提升准确率，累计尝试了 5 种模型，减少了大库存和售罄概率，提升了重客垂直供应链周转效率。

8. 技术实现路径

重客系统是蒙牛推出的完整大型分布式架构业务中台，技术全面，业务深入。技术涵盖微服务架构、分布式、前后端分离、自动化运维。项目由前端门户系统和后台管理系统构成。前端使用 Avue，实现对业务人员统一访问入口。调用 Nginx 实现对 Getway 的负载均衡和跨域访问。Getway 负责限流、熔断降级、过滤和负载均衡，Auth 负责权限认证，校验通过后，调用各自的目标服务。不同服务执行各自的业务逻辑，在此引入了全套微服务治理方案。采用触发器来实现表与表之间的数据复制。采用 Redis 来实现缓存和分布式锁，采用 Kafka 分布式消息队列实现系统间实时消息传输和业务模块间解耦。项目人员开发完成后，采用 Docker 应用容器 + Jenkins 的形式实现自动化运维，进而实现一键部署，持续集成。采用分布式架构，可以消除单点故障，从而提高系统的可用性，软件服务模块被拆分，开发和发布速度可以并行，从而变得更快，模块重用度高，系统扩展性更高，团队协助流程被改善。

9. “牛要客”系统的业务价值

“牛要客”系统上线前，业务人员需要手工处理订单；系统上线后实现了自动化收集、分析、处理业务单据，以及账目的自动核对，减少了业务人员的跨系统操作，将员工从繁重的重复操作中释放出来，去关注更高价值的工作环节。通过自动化数据归集，减少了数据处理出错率，提升了运营效率。在管理上实现全链路业务数据在线化、可视化，提高了管理效率。自研的“计划货需”算法，能够取代人工预测，成为进一步提升供应链效率的有力保障。

内化自研高度定制的“牛要客”系统，目前已成为蒙牛重客垂直业务的核心系统，以此系统为技术底座，同时结合大数据分析能力、洞察能力和算法能力，将其打造为服务重客垂直业务生态的平台型系统，并逐渐孵化多个系统，助力业务部门业务变化和快节奏的发展，为广大消费者更快更好地提供更新鲜的乳制品。

10. 蒙牛的数字化转型思考

首先，成功的数字化转型必须从业务模式的转型开始，再结合实际业务需要，辅以数字化工具进行赋能，同时，业务模式的转型过程中要以数字化思维为第一思维，以更多的用户触达、更大的用户黏性、更高的服务满意度为主要价值，有目标、有策略地分步推进。

其次，成功的数字化转型应从效率、成本、增长三大核心价值切入，区分重要程度和优先级，优先开展有最大业务价值的数字化转型。转型的目的不是单纯的改变，而是产生更大的价值，转型能不能行稳走远，取决于它能产生多大的价值。

最后，成功的数字化转型强调企业整体一盘棋，蓝图一致，路径明确，业务技术同步发力。传统企业运行多年而固化的产供销全链条模式，注定了它们内部的变革将是牵一发而动全身的。那么，如何更好地推进企业的数字化转型？必须有一幅有战略高度、有策略、有步骤的蓝图来进行统筹。

9.2　银泰商业：“从-1 到 1”，银泰百货破局新生路

在阿里巴巴新零售纵队中，如果说盒马是“平地起高楼”，那么银泰百货就类似于“旧城改造”，这是阿里巴巴董事局主席兼 CEO 张勇对银泰百货

新零售发展路径的生动描述。

银泰百货的“改造”犹如一次涅槃重生，能代表中国大多数零售业态的演进方向，尤其是在理念、组织、管理、文化及供应链等诸多方面的数字化变革，极具标杆意义。

银泰百货用 20 年彻底完成了由“打着百货公司旗号做商业地产”到真正成为一家百货公司的跨越，又历时 5 年数字化改造，搭建起全新的消费场景，跑出了令人惊叹的新零售速度。依托新零售，2018—2020 年，银泰百货美妆销售额翻了一倍，年复合增长率达 44%。前瞻产业研究院预测，2019—2024 年我国化妆品行业年均复合增长率约为 11.6%。

“银泰百货这几年的变化，比过去十几年的总和都要多。”银泰百货“掌门人”陈晓东如此感慨道。事实的确如此，银泰百货这几年的数字化变革实践及成效为中国零售商圈的升级与繁荣带来了远超业界预期的影响力，为中国乃至全球传统百货业的数字化转型提供了典型样本。

不过，银泰百货并非始于“0”，而是“−1”。所谓“−1 到 0”，即从地产商转为零售商，回归零售本质的过程。从“0 到 1”是通过数字化改造，重构“人、货、场”，实现零售进化的过程。“尽管我们中间采取了一些妥协之法，但重要的是——在路上。”作为阿里巴巴集团副总裁、银泰商业 CEO，陈晓东深知这段向上爬坡、破局新生之路对于银泰百货意味着什么。

凭借数字化技术重构“人、货、场”，如今的银泰百货实现了跨品类、跨业态、跨时空的人货匹配，以及从“人找货”到基于数据驱动的“货找人”的转变，成为一家具备规模化部署新零售能力、服务数字化会员的互联网商场，生意由“物以类聚”变为“人以群分”。如同陈晓东所讲，“现在我们已变成了一家科技公司，只是刚好在做百货零售业务”。

有评论认为，银泰百货的数字化变革在全球范围内都颇具价值，它在助力传统百货业找到新的出路。

9.2.1 数字化重构“人、货、场”

2016 年 10 月，马云首提“新零售”概念，他认为，未来的 10～20 年，没有电子商务，只有新零售。新零售的诞生将对纯电商和纯线下产生冲击。彼时的线上零售将一度替代传统零售的部分功能，但从电商平台获客成本看，线上流量红利已然见顶，线下渠道价值面临重估。

在此前数十年间，零售业几乎全是商业地产商，生意做大主要靠“跑马圈地”、租赁商铺。信息不对称导致很多商场出现大量空位，根本无法应对数字化挑战。

近年来，中国零售业态在快速变化，商超、百货、购物中心、便利店、电商平台等已从单一渠道发展为多渠道、跨渠道、全渠道。从 2020 年下半年开始，零售业已呈现出非常明显的趋势——消费互联网、产业互联网双轮驱动并实现融合发展的时代来临，产业互联网仍在不断升级，这得益于强劲的内需动力和数智化创新红利。

在零售环节的“人、货、场”中，变的是理念、方式和方法，不变的是供需匹配、持续提升消费者体验、商业效率和效益。新零售时代，数智经济正在深刻重构“人、货、场”的内涵。

阿里研究院将“新零售”定义为“以消费者体验为中心的数据驱动的泛零售形态”。新零售对传统零售的改变主要体现在数字化重构“人、货、场”。其中，“人”是核心，线上线下加速融合带来了新的消费者体验。

关于“人”，以前可总结为“守株待兔”——花费 365 天租金和人工，实际只做 100 多天生意，运营效率低下。要让消费者快速找到你，导购后面的店长、经销商、总代理、品牌商、供应商、物流商等都要了解消费需求，才能真正把生意做好。

“数字化只是第一步，智能化才是未来。让消费者需求与生意实现高效精准匹配，并构建生生不息的生态，是数智化之根本意义所在。”原阿里巴巴集团副总裁、阿里云研究院院长肖利华表示。他在《数智化转型五部曲》中对此有深刻论述。

关于“货”，商品、店铺面积是有限的，“高库存”“高脱销”并存是很多零售企业最头痛的问题。如果不做商品数字化，其他数字化就是“镜中花、水中月”。

关于“场”，已发生翻天覆地的变化，店铺直播、到家业务、到店业务、3D、VR/AR 等新方式层出不穷。过去凭经验选址，而今更多的是基于数据技术“精准选址”。

“人、货、场”被彻底重构，三者在线化和高效精准连接匹配，超越时空限制，行业已行至以消费者为核心、智慧品牌引领、快速柔性供应链为支撑，线上线下全网全渠道融合、高效运营的新零售时代。少量品牌已实现“数据+算力+算法”驱动，但多数可能还需或正在“补课”。

9.2.2 银泰百货新零售探索

银泰商业（集团）有限公司（以下简称银泰）起源于 1998 年在杭州创立的银泰百货（武林店），是中国传统零售百货行业的领导者、变革者及推动者。2007 年，银泰于中国香港上市，为践行新零售，2017 年退市。

多年来，“银泰百货”已被打造成独具银泰文化特色的金字招牌和中国零售百货业的标杆。不过，其从“−1 到 1”的转型之路艰难而漫长。“我们用了 20 年时间，终于把自己做成了一家百货公司。”陈晓东坦言，但这只是完成了第一步。

其实早在银泰 IPO 时，招股书中就有明确的互联网业务规划，此后的一系列重大举动也都为银泰百货的数字化变革铺平了道路。

1. 融入阿里巴巴

2014 年，基于对零售业数字化的共识，阿里巴巴以 53.7 亿港币对银泰进行战略投资，构建新商业零售体系。一是全面打通会员、支付，实现商品体系对接；二是构建一套打通线上线下商业的基础设施，实现线上线下商品交易、会员营销及会员服务无缝连通；三是对外赋能线下商业集团、零售品牌及零售商。

这十分契合银泰的变革思路，同样之于阿里也颇具战略价值。况且，彼时的银泰急需数据和技术力量的强力注入，以助其走向新生。

银泰先后推出喵街、喵货、喵客等互联网产品，为零售业及消费者提供一站式服务应用。此举有效引导和促进了传统零售百货业的转型升级，成为国内零售业不断创新变革的典范。

据观察，阿里巴巴投资零售商有诸多相同点——曾探索数字化变革多年、自建电商或尝试过 O2O，但收效甚微。当数字化浪潮席卷全国时，零售玩家一定会思考，中国互联网巨头做得如此风生水起，何不与之合作、共建生态？这或许是一种最快、最有效完成“旧城改造”的方式，而携手阿里巴巴则正是他们的主要目标之一。

此前，银泰也曾尝试用互联网手段招徕顾客，但效果并不明显。直到 2017 年 5 月，与阿里巴巴进一步深入融合后，银泰才真正开启数字化时代，这也意味着与消费者的交互方式由原来的单向变成了双向。“作为商场，要么自建一个垂直闭环，要么成为大闭环的一部分。我们属于后者。”陈晓东说。

银泰百货之所以能够融入阿里巴巴，成为新零售版块的一员，除价值观、理念、基因惊人的相似外，还有一个重要原因是双方高层对于未来零售业的趋势及产业终局有着高度一致的判断。如陈晓东后来所言，“我们有一个共识，之后可能会发展出一个‘怪兽’，其模样既非实体店，亦非电商”。

2. 数字化路径

在张勇看来，银泰百货是阿里巴巴进行零售商业线上线下融合创新的平台。2017—2021 年，这个平台开启了它由内到外、由“0 到 1”的数字化转型之路。

不过，这对于拥有 60 多家商场、400 万家商业物业的银泰百货而言并非易事。相反，还困难重重——顾客心智较难改变、冗长的利益链条、组织架构长期稳定及难以突破的团队惯性。

银泰百货的数字化路径首先是瞄准“人、货、场”中的“人”，完成数字化会员累积，并对这些客户可触达、可识别、可运营，同时对货品及整个商业场景实施数字化重构。

在对“人”重构之前，银泰百货已认识到其所面对的主要顾客发生了根本变化。陈晓东说：“现在的‘95 后’没有感觉到‘互联网’这个词，因为万物皆互联，就像水和空气一样不可或缺。”因此，这并非你想不想数字化、云化，而是别无选择，只能跟着顾客走。

在银泰百货的经营理念中，“以客为先”亘古不变。“当你做营销活动时，敢不敢把顾客代表请到旁边一起开会？当你讨论供应商合作时，敢不敢让合作方代表参加？‘以客为先’不应只是一个口号贴在墙上，而应落到实践中去。”陈晓东说，“作为商场，银泰百货被称为甲方，商家被称为乙方，其实这两个称呼都错了，银泰百货既不是甲方，也做不了甲方，因为双方共同的甲方是顾客。”

不管是旧零售还是新零售，都面临这样的灵魂拷问：顾客为什么要来、要买？

数字化改造让银泰百货实现通过数据分层管理顾客，分析用户及与之关联的品牌、款式、颜色、大小、价格等，为不同顾客群体精准画像，推荐更个性化、更有针对性的人货匹配的商品或服务，使每笔交易的达成不意味着交易的终结，而变成下一笔交易的开始。

银泰百货定制就是依托数据技术进行消费者偏好研究、销量预测、货品设计和精准营销。随着银泰百货、阿里巴巴双方会员的全面融入，喵街 App 与淘宝 App 共同成为银泰百货会员端口，顾客可在线查看货品库存数量，且线上线下同款同价。

银泰百货对“场”重构后，面积不增加，但坪效翻倍。门店实现店仓一体化，线上线下全覆盖，24 小时不打烊，顾客既可在线下逛着买，也可“躺着买”，边看直播边抢单，这大大提高了门店的服务能力。

基于菜鸟库存系统，银泰百货形成了一套适用于百货业的仓配物流体系，通过数据技术精选门店 TOP 级品牌入仓，顾客只需在喵街 App 上购买商品，选择“到店自提”或“配送上门”即可。2019 年 3 月，百货业首个数字化门店仓在武林银泰落地，在单量相同的情况下，每个包裹完成打包仅需 1 分钟，相比此前，仓储配送效率大幅提升。

银泰百货全面重构“人、货、场”，使陈晓东具备了 5 年内再造一个线上银泰百货的底气。相比“二零一九，沿河看柳”，那股不可抑制的清新，如今的银泰百货已足以令人惊艳。

一个标志性的节点是 2021 年“双 11”前夕，数据显示，银泰百货已沉淀 2500 万数字化会员，场内 95%的货品已数字化，近 5 万名导购拥有了数字化销售能力，悉数变身新零售导购。至此，银泰数字化改造基本完成，新零售步入工具化、产品化的新阶段，银泰百货推出的诸多新零售工具和具备的产品化能力，助力品牌在银泰百货实现入驻、营销、运营、销售全链路数字化。

阿里巴巴的投资已见到实效。2017 年，在商品严重同质化的情况下，银泰百货推出定价为 365 元的付费会员卡，成为“第一个吃螃蟹的人”。该卡用更优惠的价格回馈忠实会员，不但增加了会员黏性，而且借力新零售优化了供应链和顾客体验。银泰为 SK-Ⅱ包销产品，在喵街 App 全部推出，一把就大卖上千万元。此举引来一批知名品牌，争相成为下一个 SK-Ⅱ。试想如果只是线下，怎么可能卖出如此爆款？

2018 年，在中国销量最好的美妆类商户中，有 21 个品牌来自银泰百货，超百万元的单品达 900 多个。2019 年，有 25 个品牌在银泰喜提“全国第一柜”。即便在 2020 年新冠肺炎疫情之下，银泰百货依然实现双位数逆势增长，诞生了 13 个“全球第一柜”、18 个“全国第一柜”。2021 年，有 37 个化妆品大牌专柜在银泰百货卖到了全国第一。其中，银泰百货武林店创下品牌专柜销量第一的数量新高，达到 31 个。

上云是利用互联网生产的第一步。2019 年 10 月，银泰百货宣布核心系统（会员体系、交易系统、营销系统、数据库等）100%云化，成为全球首家完全架构在云上的百货公司。陈晓东通过微博与银泰百货最后一台服务器“告别”，这台曾承载相当于 20 亿元业务体量的服务器正式下线，意味着从此银泰 IT 系统中再无物理机。此后，跑在阿里云上的银泰百货，将进一步通过云计算、大数据规模化放大新零售能力。

在陈晓东看来，零售业数字化、云化改造是大势所趋。在以“95 后”为主导的消费市场，客户基础完全变成用互联网方式去互动，传统百货不变，只能被淘汰。他也曾讲，“任何一个企业终将被打翻，区别在于是被别人打翻在地，还是自我打翻”。足见其创新变革之精神。

3. 不打烊的百货商场

历经数字化改造，银泰百货探索出了一条别具特色的营销新路子——线下门店+“云上”百货，通过喵街 App 和淘宝直播间，消费者“云逛街”“躺着买”已成常态。

相比传统百货，“云上”百货大大延长了银泰百货和消费者的接触时间。消费者不走进商场，便可获知商场诸多信息。数据显示，喵街订单中有很大占比来自夜间，有数万杭州姑娘晚上逛喵街，“躺着买”，且集中在深夜下单。每个时间段哪款产品卖得最火，银泰百货了如指掌。

令人难以想象的是，银泰百货从门店打烊到第二天早上营业这段时间的销售业绩相当于一个 5 万平方米中型商场的全年业绩。

2018 年“双 11”期间，“躺着买”助力银泰百货全国销售额增长 37%，同店同比增长 36.7%。2019 年，喵街在 23:00—02:00 每过一小时客单价提高 1000 元，与天猫、淘宝一起站在 C 位。银泰百货被网友称为“全球首家不打烊的百货商场”。

得益于数字化改造，消费者逛街实现了“躺平式”。2021 年“双 11”，银泰百货发布《新零售为商场带来的 9 个变化》称，“双 11”期间，银泰百货升级八大服务能力：当“双 11”消费意愿集中释放的情况下，线下先体验，一键包邮到家成为逛街人们的“新刚需”；银泰百货新组建的搭配师团队为上百名用户提供了线上线下穿搭咨询，让选择困难症用户体验到了更多乐趣。

与此同时，银泰百货推出了首个线上线下联动的绿色消费节，在喵街 App 购物可以逛绿色会场，在线下逛街，则可以通过选择电子小票得蚂蚁森林能量，这一系列“微创新”之所以能实现，无不来自新零售 5 年的点滴积累。

9.2.3　“新商场操作系统”

当前，银泰百货已转身成为服务数字化会员的互联网商场、基于数据驱动的“货找人”的商场、一个有规模化部署新零售能力的商场。

陈晓东一再强调，银泰百货的梦想是成为一家数据技术驱动的消费解决方案提供商。

银泰百货将其创造性沉淀出的适用于百货业的新零售商业模式称为“新商场操作系统（MOS）”。基于此，银泰百货集合双中台（数据中台、业务中台）对外输出新零售能力，赋能前端商家和能听得见“炮火”的一线人员。2018—2019 年，银泰百货仅用 3 个月就先后完成了对西安开元、厦门国贸美岁的系统改造。此后改造赋能时间缩短至 1 个月。

这意味着银泰百货的破局新生，不仅体现在借助数字化力量完成“人、货、场”重构，实现零售业务本身的增量扩张，还在于技术与商业的融合及数字化变革已形成一种新的可复制、可规模化输出的“银泰模式”。这也彰显了百货业态的生命力和阿里生态的内在活力。

银泰百货案例更符合大多数零售业态的演进路径。但需注意的是，零售企业要脱离困境，不可能仅凭外力拯救，更重要的是自我十数年甚至数十年积极独立探索所积累的经验，除了技术组合与应用，根本在于人与组织的价值，要具备超前的战略眼光和创新变革意识，回归零售本质，同时具有较强的顶层设计力、改革力和领导力，对内部各要素进行敏捷化再造，最终实现数字化转型和商业模式的升级，这才是关键依靠的力量。

陈晓东认为，在数字化过程中，不要完全复制原来模拟的状况，而应从底层拆解未来产业终局中仍存在的生产力要素，并把它数字化。“不要以为招一个副总就可以解决数字化的问题，一定要 CEO 亲自管。所有技术团队要躺下来，让门店踩在上面。”他说。

9.2.4 新零售的未来

张勇曾这样描述新零售的理念及未来：“2016 年阿里巴巴提出新零售，不是提出一个概念，更不是制造一个热点，而是我们真的相信。我们相信互联网的世界和实体的商业世界是一个世界。数字、数据化、技术，使得这两个世界走在一起，让这两个世界能够发生很多美好的变化，创造更多的客户价值和商业价值。”

这非常巧妙地诠释了数字化与新零售的价值和意义，线上线下融合成为新零售战略推进的关键。为此，零售企业一定要把各模块优势发挥到极致，进一步服务好消费者，提升商业效率和效益，线上全平台布局，同时把线下体验做到足够好，形成差异化优势互补融合。这才是方向，也是决定未来有没有竞争资格的问题。

因此，零售企业必须长远谋划，品牌、技术、供应链、团队等都要有战略前瞻，持续打磨，发掘新客户，打造生态圈。其背后如果没有数智化赋能，几乎没有超越的可能。

云计算是数字化时代的必然产物，在零售业掀起了一场新的浪潮。未来一切向云，既是数智驱动的云，也是生态集成的云。未来，全面上云、数智化转型，必将驱动零售企业与 B、C 端更加高效精准地匹配，加速实现可持续的高质量增长。

这几年的艰苦实践让陈晓东对“新零售”有了更加深刻的认知：“它是

必须协调、集中公司上下所有力量进行的升级，必须让前端能听得见炮火的作战单元去召唤后台炮火。这是现代化战争的必然模式，而不是每个前端部门拖着两挺小钢炮就出去打仗。”

在细节繁多、结构坚固的零售行业，陈晓东和银泰百货，还有那些和他们一样心怀梦想的企业家，在凭借数智化手段和新零售融合改变并完善着我们赖以生存的零售世界及商业世界的格局。

第10章

数字交通畅享智慧生活

随着新基建加速落地到千行百业，数字孪生、自动驾驶、智能交通等产品与服务以摧枯拉朽之势发展，数字交通成为新型智慧城市建设、数字化赋能基础设施建设和城市运营管理的重要基石和发展重要领域。本章甄选深圳市地铁集团、南方航空，以数据为核心，以业务为驱动，用新技术强化“云—网—端—安全—应用”协同综合运输数字化升级，深化一体数字化服务升级，与全行业一起培育数字交通创新发展体系。

10.1 深圳地铁：智慧城轨拓展交通服务场景

深圳市地铁集团是深圳市轨道交通建设和运营的骨干力量，肩负着助力深圳和粤港澳大湾区构建世界级轨道交通网络的历史性重任。经过多年的发展，深圳市地铁集团确立了轨道建设、轨道运营、物业开发、资产经营“四位一体”的产业体系，构建了国家铁路、城际铁路、城市轨道交通“三铁合一”的发展模式，业务涵盖地铁工程建设、轨道运营、物业开发、商业经营、物业管理、工程勘察设计等领域。

10.1.1 深圳地铁数字化发展的三个阶段

深圳地铁数字化发展可概括为三个阶段。

第一阶段随深圳地铁一、二期线路工程（1、2、3、4、5 号线）建设，以轨道交通调度指挥、运营管理及乘客服务的自动化为主。每条线路均构建信号系统、综合监控系统、乘客信息系统、安防系统、自动售检票系统，同时为实现线路间的统一协调和应急指挥，该阶段还建设有深圳市轨道交通应急指挥协调中心 TCC 工程、TCC 与各线路工程，各线路工程的子系统之间通过通信接口方式实现少量必要的信息共享及功能联动。图 10-1 所示为深圳地铁第一阶段自动化、信息化建设。

图 10-1　深圳地铁第一阶段自动化、信息化建设

第二阶段采用“大数据驱动”与“需求运用驱动”相结合的技术路线，随深圳地铁三期工程（6、7、8、9、10、11 号线）建设同步启动，目标为网络化运营和乘客出行服务改善。该阶段深圳市城市轨道交通网络运营中心（简称 NOCC）也同步启动建设，截至 2019 年年底，NOCC 一期已全部实施完毕。NOCC 一期工程建设将线网运营控制中心、各条线路运营控制中心（OCC）、应急指挥协调中心（TCC）及票务清分中心（ACC）合建为一体，并将既有线路的轨道交通网络运营中心统一整合到 NOCC。该阶段在深圳地铁 6 号线、10 号线工程首次尝试应用云计算技术整合调度指挥类的生产系统，为生产系统与运营类信息化系统信息共享提供基础。乘客服务领域以二维码为代表的无感支付系统上线运行。图 10-2 所示为深圳地铁第二阶段信息化、数字化建设。

第三阶段以智慧化为目标，具体包括无人驾驶、智能调度、智慧乘客服务体系构建，随深圳地铁四期工程（12、13、14、16、20、6 支）建设同步启动。该阶段伴随深圳地铁数字化转型工作，以 NOCC 二期工程规划建设的“城轨云”为契机落地实施。在国内轨道交通领域首次尝试将生产系统与管理系统深度融合，构建完备的乘客服务体系、智能运输组织体系、智能运维安全体系。图 10-3 所示为深圳地铁第三阶段数字化转型与数字化建设。

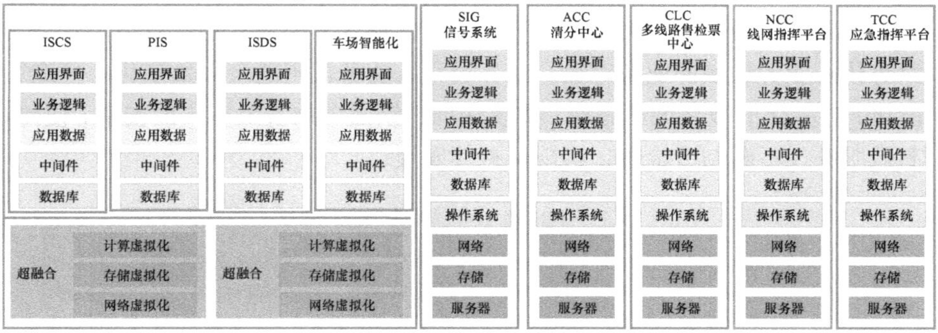

图 10-2　深圳地铁第二阶段信息化、数字化建设

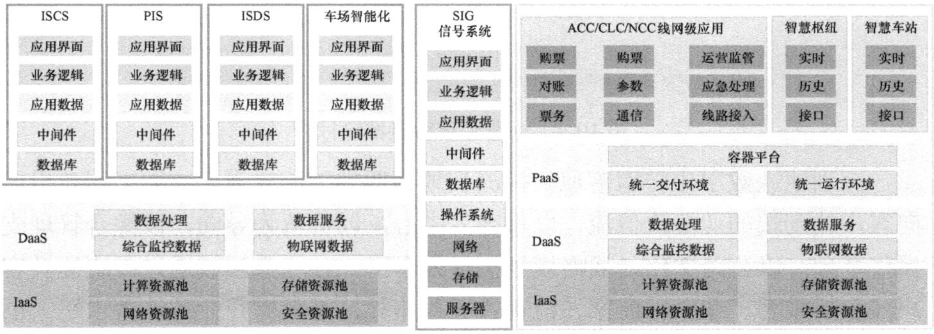

图 10-3　深圳地铁第三阶段数字化转型与数字化建设

10.1.2　数字化转型战略决策

2019 年 9 月 19 日，中共中央、国务院印发了《交通强国建设纲要》（以下简称《纲要》），统筹推进交通强国建设。《纲要》中明确以“2 圈 3 网”为目标，打造现代化高质量综合立体交通网络，打造智慧城轨，构筑交通强国建设的核心力量；同时，《城轨协纲要》“1-8-1-1”智慧城轨蓝图也给出了向数字化、智能化、网络化发展的方向。深圳地铁集团明确战略方向，确定数字化转型目标：深圳市地铁集团地处湾区核心，要承接湾区智慧交通一体化要求，实现协同发展；同时，深圳作为改革开放的前沿城市，深圳市地铁集团要秉承深圳城市创新基因，充分融入智慧城市建设，为智慧城市、智慧交通建设贡献力量。

如图 10-4 所示，深圳市地铁集团以“打造全球智慧城轨标杆”为深圳地铁数字化愿景，通过对包括建设、运营、置业、商业、物业及集团管理支撑等核心业务领域的业务对象、业务过程、业务规则的全面数字化，打造智能化、自主化的数字城轨底座，实现深圳地铁面向乘客及客户的安全、便捷、高效服务，不断创造价值，实现可持续发展。

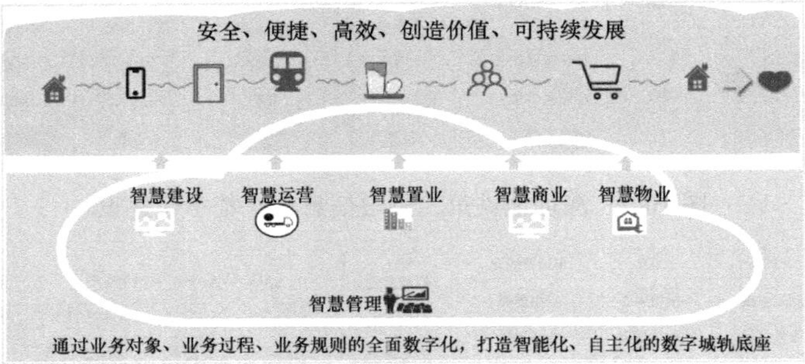

图 10-4　打造全球智慧城轨标杆

深圳地铁数字化转型落地依托深圳地铁四期工程建设。该期工程建设面向客户端到端的业务价值流，以乘客为中心，以价值为导向，以综合管理支撑作基础，以公司文化、战略规划执行为牵引。各业务领域通过围绕提升客户（包括乘客、业主、商家、消费者等）体验，不断提升业务能力水平，创造价值，实现可持续发展，如图 10-5 所示。

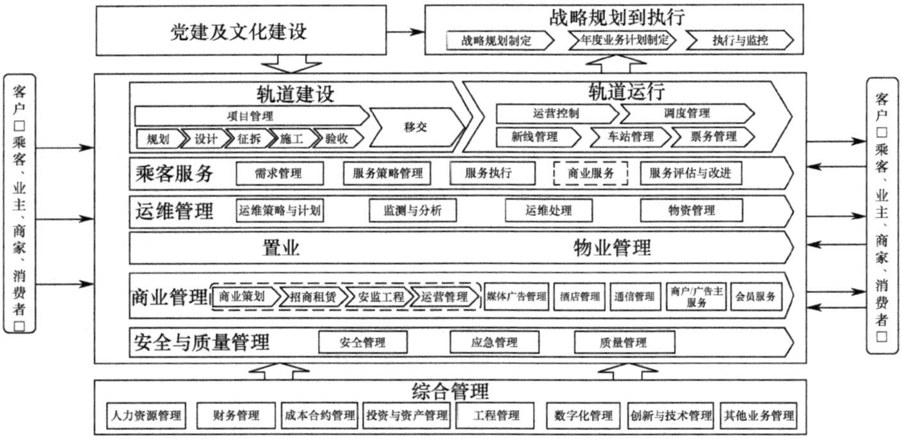

图 10-5　深圳市地铁集团端到端价值流

在数字化转型工作中，深圳市地铁集团首先对集团各业务领域价值流进行分析，总体业务能力框架如图 10-6 所示，包括 18 个能力类，103 个能力组，并基于深圳地铁数字化战略与目标系统识别出存在的差距，识别出需要重点建设的能力，指出改进的方向。

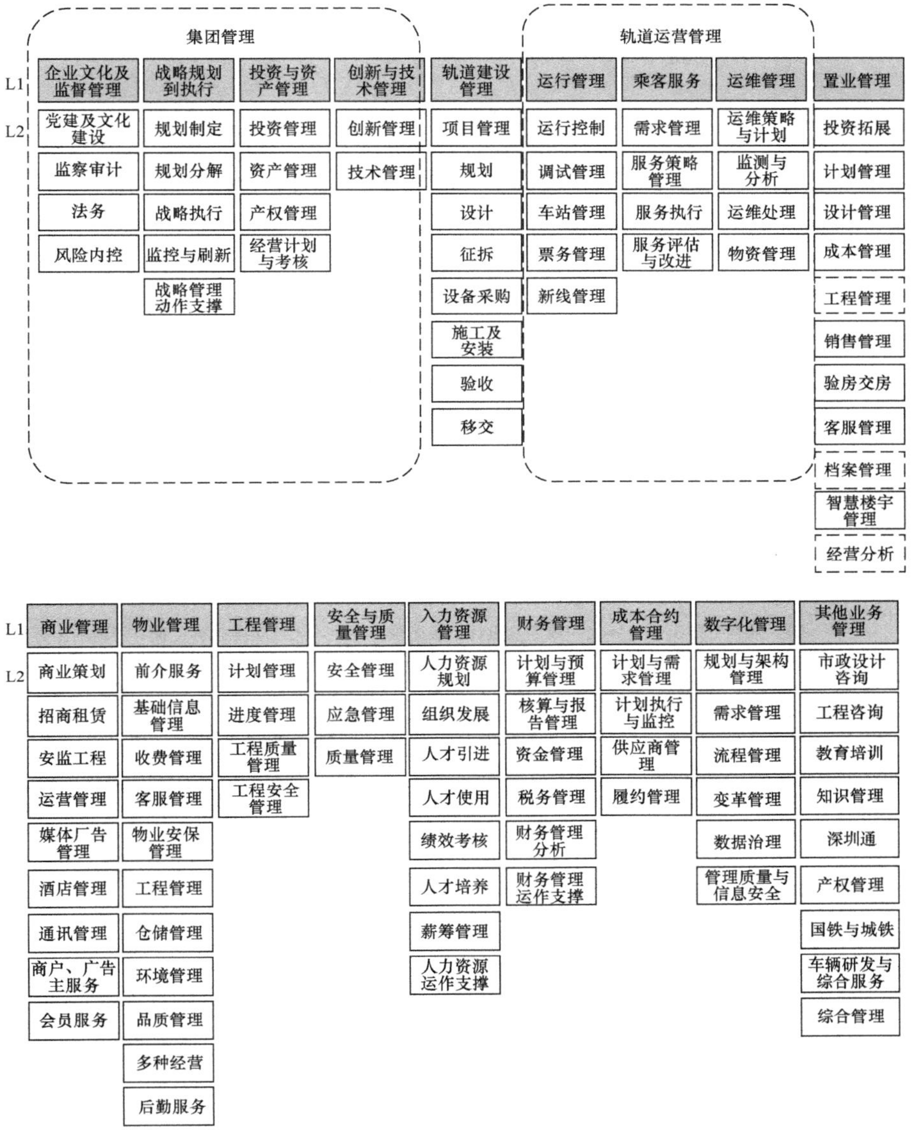

图 10-6　总体业务能力框架

通过原始问题和需求整理，提炼领域关键发现、全局关键发现，按问题重要性和急迫性，总结形成覆盖全业务的 15 大关键发现，并将其纳入顶层蓝图设计，如图 10-7 所示。

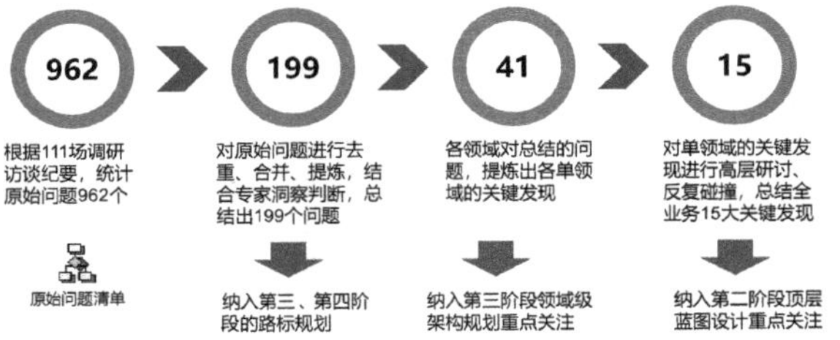

图 10-7　关键发现形成过程

15 大关键发现描述如表 10-1 所示。

表 10-1　15 大关键发现

序号	深圳市地铁集团 15 大关键发现
1	集团“一链双环，数智赋能”的战略虽向下分解了，但是下属版块承接不足，数智赋能未与战略有效结合
2	主要业务实施过程中的管控严重依赖供应商，核心能力不足，急需通过数字化手段构建端到端拉通的管控能力
3	轨道运维手段传统，效率低、成本高，急需通过转型实现数字化的高效运营和可持续发展
4	缺少乘客智慧出行一体化的规划及设计，敏捷服务不足，无法实现乘客便捷、舒适的出行极致体验
5	安全和应急管理主要依靠人，智能化应用不足，急需提升技防水平
6	成本合约管理缺乏统一的数字化采购平台，数据没有归集，缺少成本数据分析
7	集团及大部分下属版块信息化基础薄弱，专业人才匮乏，员工普遍反馈体验差、效率低
8	围绕乘客，急需解决内部从出行到商业的数据汇集、充分共享及广泛应用，支撑以乘客为中心的地铁端到端价值流的实现
9	在集团层面可视化不够，可视化穿透力不足，业务履行及运行情况不可视，无法支撑基于数据的高效业务运营及决策
10	单项目、单业务 IT 孤岛多，IT 技术七国八制，数据无法拉通及共享
11	缺少数据管理体系，基础数据质量差，数据价值没有有效体现
12	急需在集团层面进行统一的数字化顶层设计，对端层、基础设施及平台层进行统一建设
13	地铁集团当前处于数字化转型的起步阶段，急需要设置集中管控的 IT 治理组织，对数字化转型进行强有力的支撑
14	信息安全体系急需健全，技术力量和技术手段急需加强
15	缺乏市场化的创新机制，成果转化动力不足

通过以上关键发现的分析与解读，发现存在相互关联关系，且大部分问题与数字化规划及建设、数据挖掘与利用相关，可以优先开展相关改进工作，如图 10-8 所示。

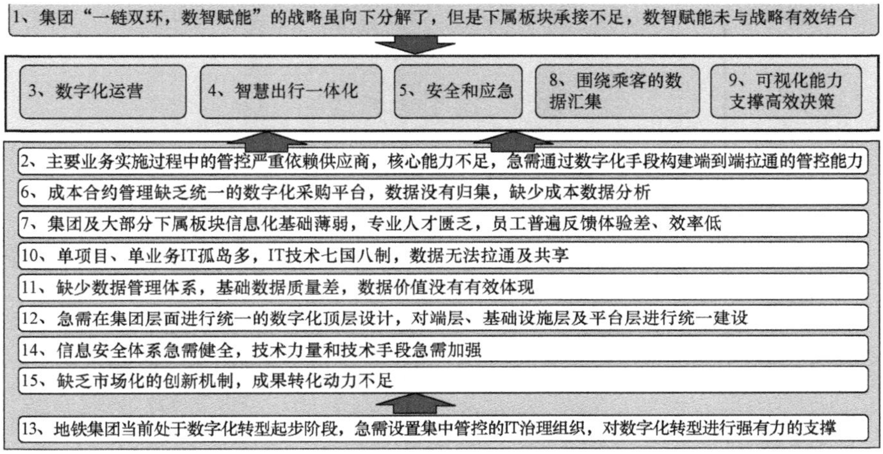

图 10-8　15 大关键发现关联关系

10.1.3　顶层蓝图规划

深圳市地铁集团的数字化转型顶层蓝图架构及路标规划，通过对典型业务场景数字化特性识别，提出对应的数字化解决方案构想，结合架构顶层设计（业务能力架构、数据架构、应用架构、技术架构）、治理顶层设计（数字化愿景与目标、数字化治理体系）等，以指导具体实施路径及落地项目清单规划，如图 10-9 所示。

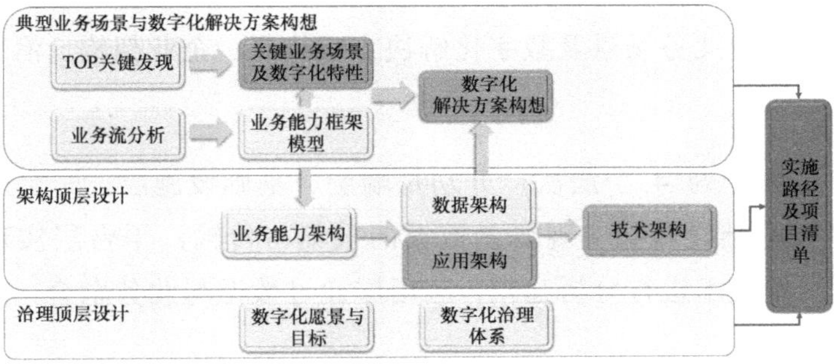

图 10-9　顶层蓝图设计方法

基于转型理念的指导，顶层蓝图规划从如下维度描绘深圳地铁的数字化转型蓝图，如图 10-10 所示。

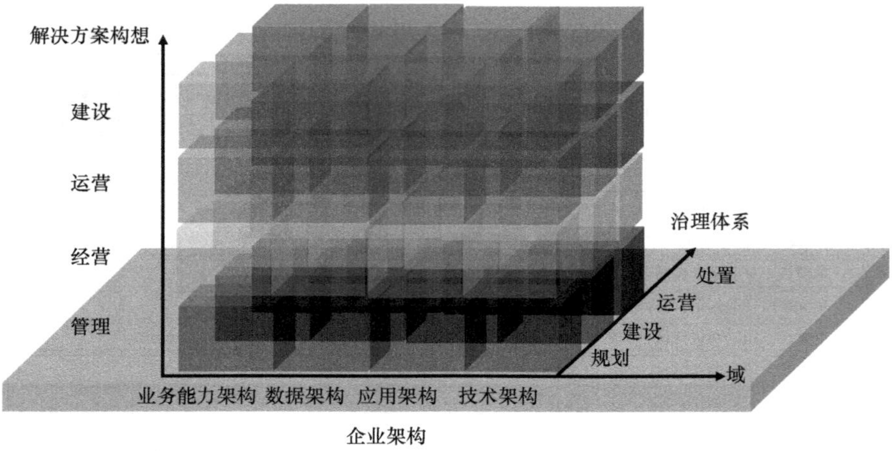

图 10-10　三维数字化蓝图

（1）业务解决方案：支撑业务发展。

（2）企业架构：管控和指导解决方案落地。

（3）治理体系：支持数字化体系运作。

基于以上分析，地铁数字化整体蓝图规划如图 10-11 所示，通过一张蓝图指导未来地铁实现“打造全球智慧城轨标杆”的目标，包括数字化愿景与目标、关键业务场景及数字化解决方案构想、企业架构、治理体系等主要模块。

技术架构分为 4 个层次，分别是端层、基础设施层、平台层和应用层。端层和基础设施层实现海量数据的采集与传输；平台层实现数据的汇聚，利用新技术进行分析建模；应用层通过数据与业务融合，为业务提供服务。

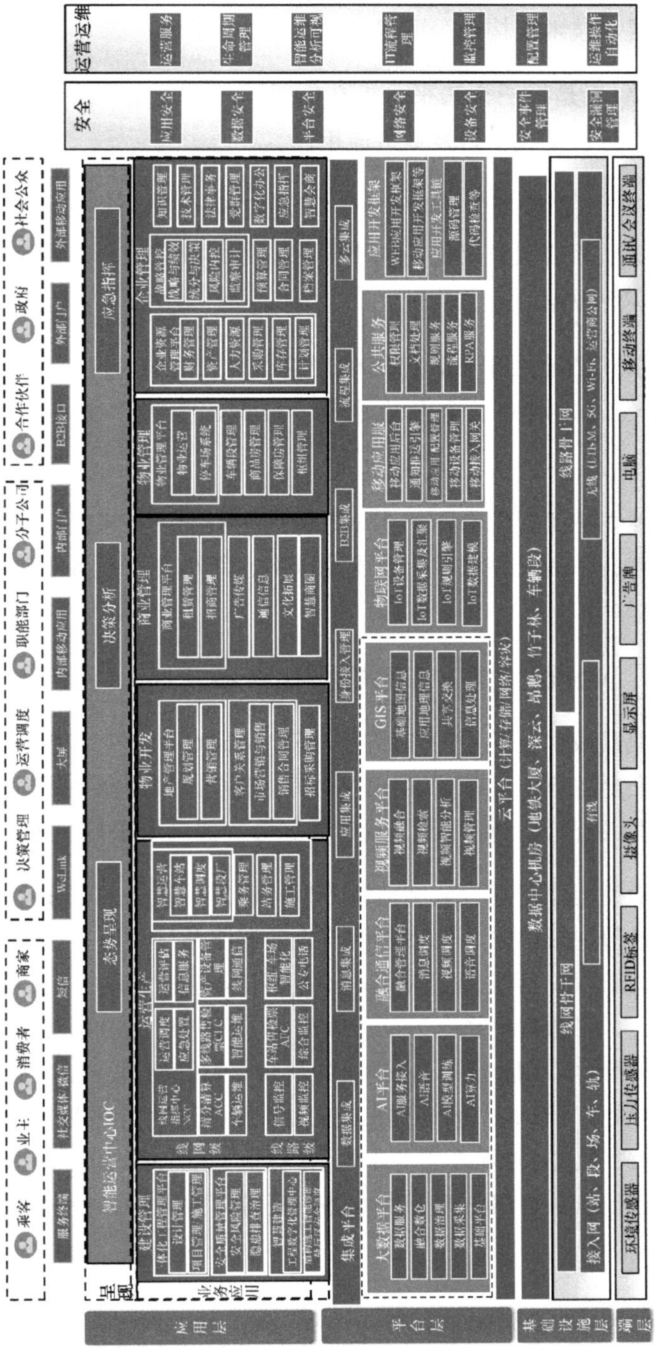

图 10-11　地铁数字化整体蓝图规划

在平台层，技术架构至少要包含“1+1+5”平台。

第一个“1”是指一个云平台，在集团层面建设统一的云平台，用于承载集团通用平台、集成平台及业务应用。

第二个“1”是指一个集成平台，即通过统一的总线提供各种服务，打通内外部系统之间的壁垒，使各类不同的业务系统以统一、标准的方式进行数据交互，实现数据的互通共融。

“5”是指5个通用平台，包括地理信息、大数据、视频服务、物联网、融合通信平台，分别提供全面的地理、数据、视频、物联、融合通信等服务。

深圳市地铁集团管理网由集团总部数据中心网络、集团广域网、地铁大厦总部局域网、车辆段局域网、分支局域网、网络安全设备及集团无线一张网统一组成。

10.1.4 NOCC 二期工程与数字化转型落地

在深圳地铁数字化转型的整体战略下，NOCC 二期工程应运而生，该项目综合考虑安全生产与运营管理中的效率与安全，根据业务场景定义深圳地铁“两朵云”（生产云、管理云）及边界划分，面向未来构建统一的云架构。

深圳市地铁集团已建设数字地铁一期，已对管理云的云安全、云网络、云管理、云备份、云容灾、云可靠性、大数据服务等进行了整体规划，并在数字地铁一期工程中落实，数字地铁一期工程构建三大系统（态势感知系统、决策分析系统、应急指挥系统）及八大平台［云计算 IaaS 服务平台、数据集成 PaaS 服务平台、智能分析 PaaS 服务平台、租户管理 PaaS 服务平台、通信调度 PaaS 服务平台、空间地理信息 PaaS 服务平台（地图）、可视化 SaaS 服务平台、数字化办公 SaaS 服务平台］，覆盖的业务范围包括深圳地铁集团总体业务、建设业务、房地产开发业务、资源开发业务、投融资及其他多种经营业务。

NOCC 二期工程在数字地铁一期工程的基础上进行整体扩容升级。在业务层面，重点将地铁调度指挥与乘客服务相关的业务系统上云，构建面向生产的生产云。同时打通生产与管理的功能边界，将数字地铁一期工程构建的面向集团办公信息化的管理云纳入整体规划。考虑环境、机房等物理资源限制，NOCC 二期工程在深云 NOCC 规划建设主用数据中心，其中管理区在数字地铁一期管理云基础上进行节点扩充，备用数据中心设置在深圳地铁四期工程 14 号线昂鹅车辆段。云数据中心按照"双活"标准构建。

考虑深圳市地铁集团整体云和大数据平台规划，以地铁大厦、深云 NOCC、昂鹅车辆段为骨干节点，覆盖集团各线路车辆段、"站城一体化"枢纽站、置业核心项目部、市政大厦等关键节点；分支机构按分级收敛的架构，汇聚至各分支总部管理，基于集团分公司业务需求，制定分层分级的网络运维和保障机制；通过完善的网络管理工具体系，从运维管理、网络可视化、应用性能管理到业务管理，强化网络的端到端管理；构建 SDN 使能、安全、虚拟化、融合的集团网络，如图 10-12 所示。

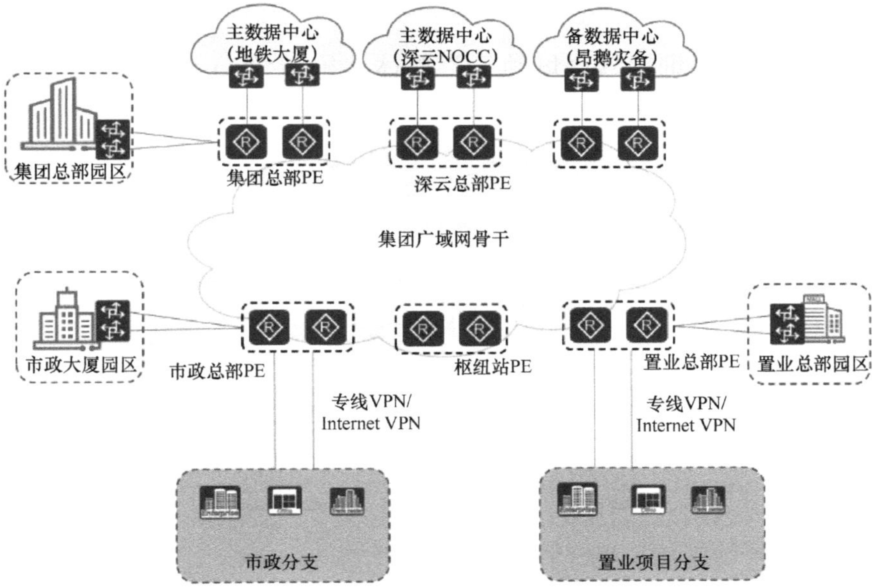

图 10-12　集团广域网骨干

集团总体网络建设规划路径如下。

（1）基于 NOCC 二期完成管理云和广域网数据中心互联节点建设。

（2）以分公司总部和车辆段、枢纽站作为汇聚节点，构建集团广域骨干网汇聚层。

（3）车辆段、站点各公司分支逐步迁移与汇聚节点设备连接，形成集团一张网；关键节点态势探针，建设整网安全管理平台，统一监管。

（4）建设统一无线网络，一期完成地铁大厦无线网络覆盖；二期完成分公司总部和关键汇聚节点无线网络覆盖；三期按需覆盖末端分支，统一认证。

在云平台建设上，基于业务特点建设生产云与管理云，网络安全采用“网间分级隔离”的策略，根据业务特点、安全性和可靠性的需求，对应安全生产网和管理网设置安全网闸，实现生产网数据与公共服务网数据交换，确保在系统安全的前提下，满足智慧客服系统在生产网与公共服务网数据交换效率；在管理网和公共服务网之间采用逻辑隔离方案，进行跨网数据交换和信息集成。同时，在保障安全的前提下，支持生产云逐渐迭代演进，未来多云之间将通过统一的云管理平台进行统一管理。

10.1.5 深圳地铁“城轨云”总体架构包含 IaaS、DaaS、PaaS、SaaS 四层架构

图 10-13 所示为深圳地铁“城轨云”总体架构。

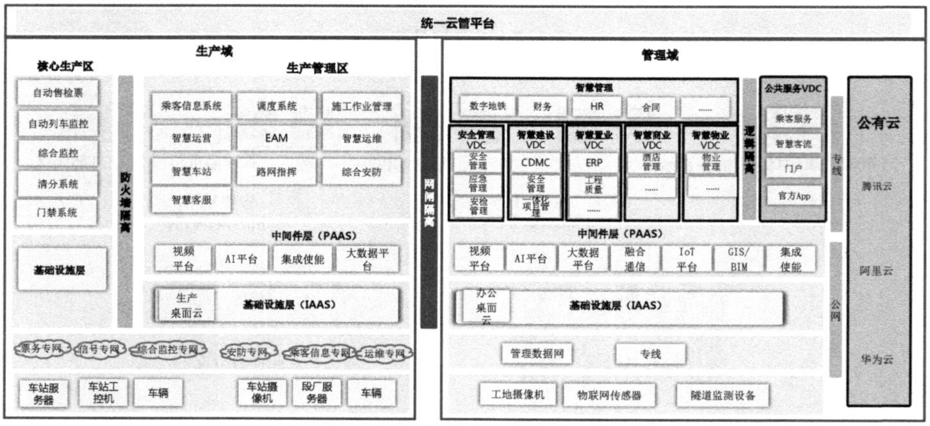

图 10-13 深圳地铁“城轨云”总体架构

IaaS 层提供基础设施服务，包括计算、网络、存储、安全的基础设施资源池，提供云主机、云存储、云安全等服务。为保护已建设在 NOCC 的 6、10 号线云平台及 NCC 一期硬件系统投资，避免单一云方案的脆弱性及后续应用升级演进路线被单一云实施方绑定，IaaS 层采用异构架构。

DaaS 层作为深圳地铁 NOCC 线网级的数据采集、处理、服务和运营的平台，通过“统一采集、统一存储、统一管理、统一运营和统一服务”，形成线网级的数据和服务共享能力。数据湖归整了结构化、半结构化、非结构化数据服务的统一数据访问接入方式与访问协议，提供统一的数据安全认证接入，整合多种数据形式的访问模式，屏蔽了底层异构分布式数据存储体系差异，向外部应用系统提供统一的标准接口访问数据。

PaaS 层的核心价值是将服务于地铁运行体系的企业级 IT 支撑能力体系进行有机整合，为 SaaS 层云应用提供各种核心技术能力支撑服务和进行应用支撑集群的管理。PaaS 云平台是一个支持分布式计算、分布式存储、多租户共享、可灵活扩展的云架构基础支撑平台；是连接 IaaS、DaaS 和 SaaS 的生态平台，支持快速云化传统应用，支持快速、高效开发和部署云应用的综合性平台。PaaS 平台本期项目将部署微服务平台、人工智能使能平台、跨平台应用开发平台、敏捷软件生产流水线平台、IoT 集成平台。

SaaS 层依托底层架构支撑，构建线网级指挥平台 NCC、清分中心 ACC、多线路售检票中心 CLC，以及智慧运维、智慧车站、智慧客服相关能力构建。

通过 NOCC 二期工程“城轨云”建设，深圳地铁将城市轨道交通各环节的优势资源集中，最大限度提高轨道交通系统功能及性能，同时为地铁的大数据分析奠定基础，可有效提升服务水平，提高乘客满意度，创造出巨大的社会效益；云计算技术的应用带来轨道交通资源有机整合，包括各条线路运营人员、维护人员，有利于人才的梯队建设；运营及运维管理手段也将在统一平台的基础上得到持续改进和完善。云技术应用将推动城轨交通行业各环节的人才、技术、管理的快速提升，顺应时代发展的需要。用云技术的城轨自动化系统，建设数据中心，整合相同 IT 架构的设备系统，大量减少车站级服务器的数量，减少运营后期维护工作量，同时将宝贵的地下建筑空间节约下来，转移到成本较低的地面空间，同时将设备房节省空间用于商业开发，后续线路建设可通过云计算技术应用，有效减小土建规模，其对土建工程的利好使其更具应用价值。此外，应用云技术的城轨自动化系统，可以提高计算、存储、网络资源利用率，减小车站规模，合并运营及运维站房，从而降低系统运行的能源消耗。

10.1.6 数字化转型的最佳实践对行业内其他企业的借鉴意义

轨道交通的数字化转型是一个庞大的系统工程，实施复杂度高，并具有开创性，对信息化与工业化融合、信息化深度应用、以数据驱动业务运营和以技术支撑业务创新提出了全新的要求。为实现这一目标，深圳市地铁集团以 NOCC 二期工程为立足点，推动城轨的建设、运营、维保向全面数字化、智能化方面转型升级，促进数据、计算、存储、共享、融合的架构转型，并以此适应城轨领域数据量大、计算强度高、业务场景多元化、业态快速创新的全新需求。

在实现技术框架的道路上，深圳地铁的数字化转型涉及生产效率的提升、运营管理的改善、经营模式的创新、公共服务能力的提升等多个方面，这些问题的解决需要打破目前城市轨道建设、管理和运维中条块分割的模式，通过构建平台来提供新 ICT 能力、沉淀客户共性需求，让智慧应用的开发更加简单，更有利于创新。在发展过程中，逐步明确信息管理中心的定位、职责、组织结构及人员结构，建立数字化人才选用育留机制。强化信息化部门的人力投入和技能提升。下属重要的二级公司设立归属集团的信息化组织，根据需求招募既懂数字化技术又熟悉地铁业务的专业人才，增加专业人才的培养及储备。

10.2 南方航空：全力打造“南航 e 行”，创建全流程一站式服务平台

10.2.1 企业概述

1. 企业发展历程

中国南方航空（以下简称南航）于 1991 年 2 月挂牌成立，其前身是 1959

年 1 月成立的民航广州管理局，至今已有 60 多年的发展历史。2019 年，南航旅客运输量 1.52 亿人次，位居亚洲第一、世界第三。南航机队规模超过 850 架，也是全球第一家同时运营空客 A380 和波音 787 的航空公司。在“一带一路”沿线，航线数量、航班频率、市场份额均在国内航空公司中居于首位，在 38 个国家和地区的 68 个城市开通了 102 条航线，年承运旅客 1500 多万人次。

2. 企业信息化、数字化发展历程

南航在信息化和数字化的创新上一直走在中国民航前列。南航是国内最早开启信息化的航空企业，可追溯到 1984 年民航广州管理局计算机办公室成立。1998—2007 年是南航信息化转型的发展阶段，里程碑事件为 1999 年南航投资 1 亿多元从美国引进全球最先进的运行管理与控制（SOC）系统，该系统是国内第一套运行管理和控制的系统。通过不断迭代、升级，南航已经掌握自主知识产权，现在管理 800 多架飞机。图 10-14 所示为南航数字化发展阶段。

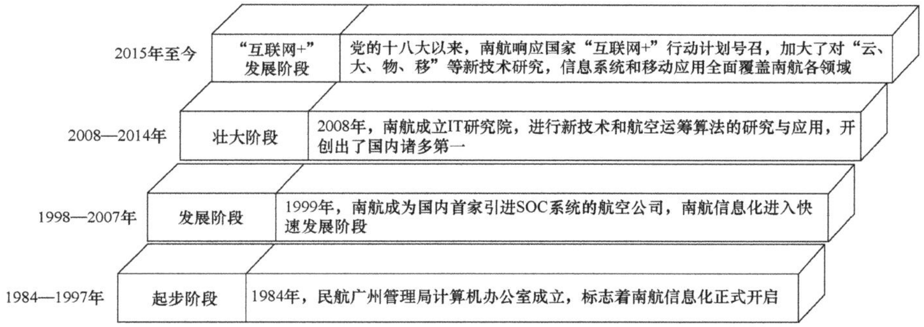

图 10-14　南航数字化发展阶段

在数字化发展阶段，南航加大对数字化技术深度研究和整合应用，信息系统把数字化融入各个业务领域，创造了诸多国内第一。

- 第一家引进航班运行控制系统。
- 第一家推出电子客票。
- 第一家推出“网上订座”服务。

- 第一家推出电子登机牌。
- 第一家提供人脸识别登机服务。

南航始终引领着中国民航发展的潮流，不断打造比较竞争优势。

10.2.2 企业数字化转型举措

1. 系统变革，推动南航数字化转型

南航人深刻认识到“数字化转型”不是简单的信息技术应用，而是体制机制和管理流程的深刻变革。2014 年，南航成立电子商务部，统筹电商产品研发。2016 年，南航将数字化转型上升到公司战略层面，全力打造“南航 e 行”，建立全流程一站式服务平台，如图 10-15 所示。

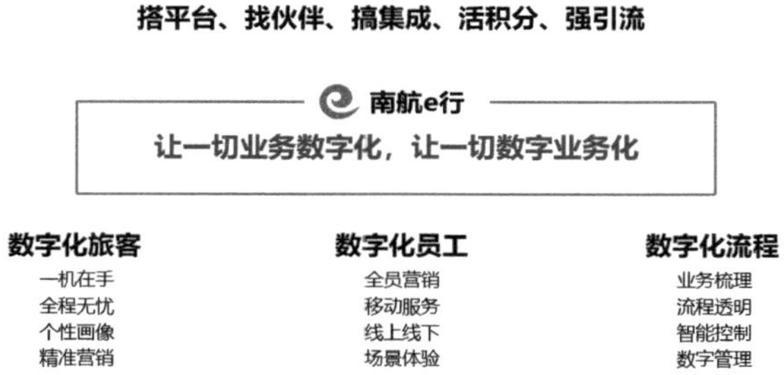

图 10-15 “南航 e 行”简介

南航数字化转型的核心组织架构分为三层，第一层是网络安全和科技信息化领导小组，组长是公司董事长和总经理；第二层是三个委员会，包括企业架构与流程管理委员会、信息与数据管理委员会、网络安全委员会；第三层是科技信息与流程管理部和信息中心，如图 10-16 所示。

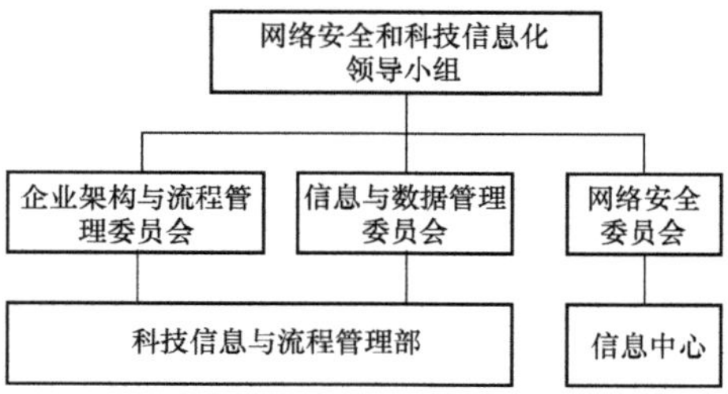

图 10-16 数字化管理架构

（1）企业架构与流程管理委员会主要负责公司架构及流程顶层的设计，制定公司架构及流程中长期演进路线及发展规划等。

（2）信息与数据管理委员会主要负责制定南航信息化、数字化、智能化建设的总体规划，制定信息化管理、数据管理的相关制度和流程等。

（3）网络安全委员会主要负责制定网络安全总体战略、防控体系、规章制度、流程标准、通报机制，指导和监督二级单位的网络安全工作等。

2. 注重创新，技术和管理双轮驱动

1）在管理方面

南航在科技数字化创新架构体系设立科学技术委员会，包括两个以技术为主的创新中心——民航维修工程技术研究中心和民航航空公司人工智能重点实验室，以及一个负责管理创新的明珠创新工作室，如图 10-17 所示。

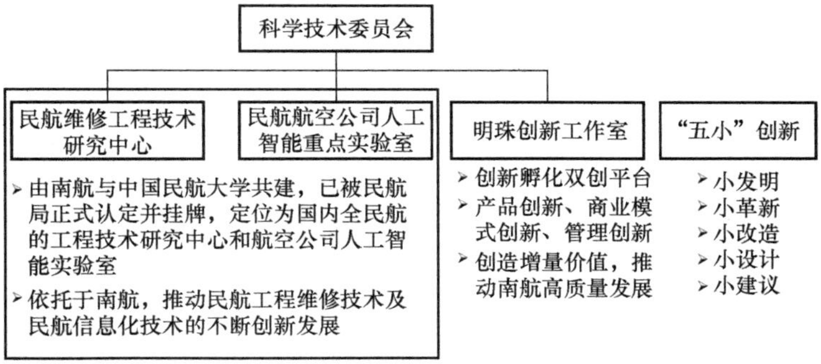

图 10-17　数字化创新体系

这 3 个实验室都取得了卓越的创新业绩。民航维修工程技术研究中心将飞机维修 APS 理论相关知识编入飞机维修基础执照考试大纲，成为对中国民航维修业的一大贡献；民航航空公司人工智能重点实验室在 2019 年 12 月被民航局认定为民航人工智能重点实验室，南航成为唯一入选的航空公司；明珠创新工作室孵化了多个优秀项目，包括“选座、值机一体化”“绿色飞行”等 100 多个案例。

图 10-18 所示为优秀项目案例一。

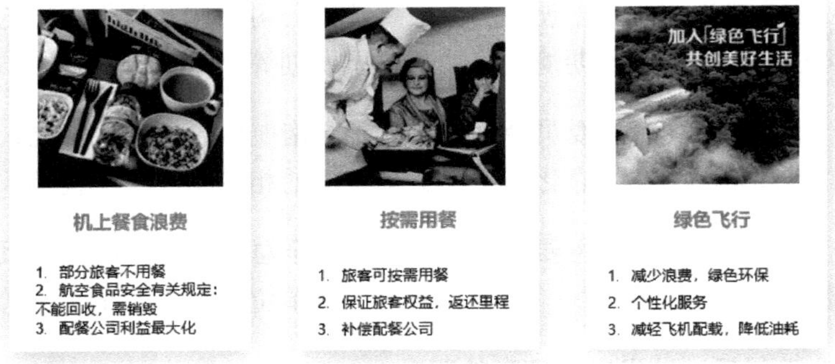

图 10-18　优秀项目案例一

2）在技术架构方面

南航以双中台建设为核心，所谓双中台建设，是对可复用的功能或能力进行标准化、模块化管理，通过减少“重复造轮子”，解决“慢”和“贵”的问题。中台不仅是技术手段，更是理念、架构，是企业内部全体组织利用平台化手段发现、沉淀与复用企业级能力的过程。

图 10-19 所示为“传统架构”与“云平台+双中台架构”对比。

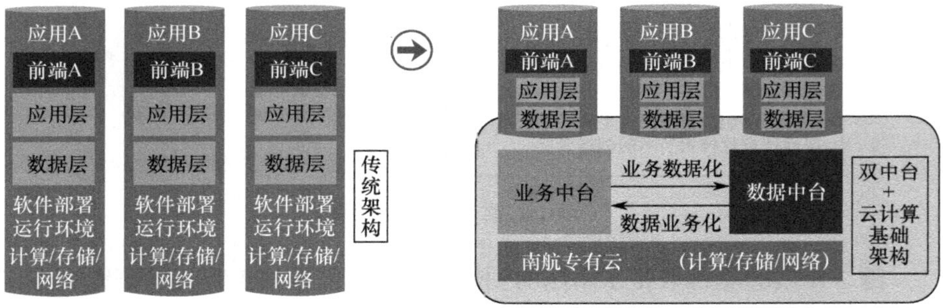

图 10-19　“传统架构”与“云平台+双中台架构”对比

通过“云平台+双中台架构”的搭建，南航推出了各类数据中台产品，如业务数据综合分析系统，有效对业务数据进行分析与合规监管，践行阳光南航；经营分析系统，完成核心数据上传云端，以及经营分析看板上线；运行效率与决策效能分析系统，充分发挥双中台在衡量航班运行正常贡献度、运行效率上的作用，通过数据实现精益管控运行成本、精准航班调控。

图 10-20 所示为优秀项目案例二。

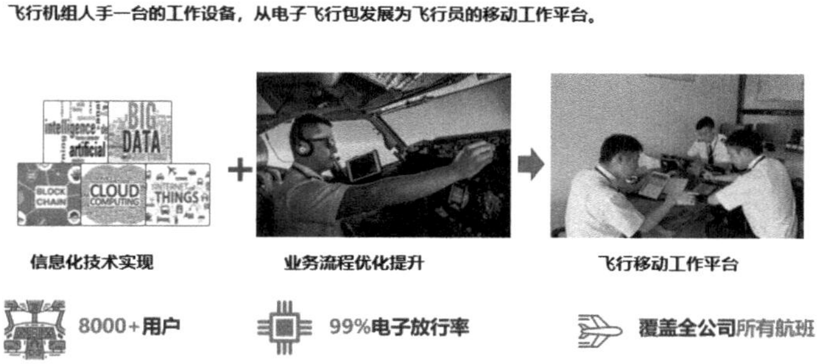

图 10-20 优秀项目案例二

3. 全面保障，支撑数字化转型落地实施

1）数字化转型适配组织及试点构建

逐步建立与数字化转型和双中台适配的组织机构，优化数字化工作流程，提升协同联动效率，加强运营保障能力，激发员工活力。在业务单位建立纵横两套职能，纵向职能负责业务领域中业务与流程架构、信息关联、数据关联、科技创新工作的实施，输出集成的领域级数字化转型方案；横向职能用利润中心模式实现责权利统一，扩大共享服务范围，提高共享服务水平，构建数字化转型关键能力。

2）数字文化建设

开展多渠道的数字化转型宣传及培训，提升全员数字化意识，初步形成数字化文化氛围。搭建数字化培训体系，开展全员在线数字化培训、“云 T”数字化人才培养、创新沙龙、数字化课程开发及教员培养等。打造数字化宣传阵地，通过明珠创翼、数智之光、云 T 公众号、数字化转型知识专栏及内部宣传渠道，积极推广数字化转型。

3）流程管理

计划搭建流程可视化管理平台，设计并发布公司各级流程，促进业务流程信息化，打牢数字化基础。

4）智慧南航企业架构设计

推进设计智慧南航企业架构的解决方案，在至少 1 个业务领域进行智慧南航企业架构的试点，实现数字化转型的总体目标。

5）信息化内部治理

以价值为导向，以产品运营为抓手，以人才队伍建设为支撑，深化改革信息化内部治理机制，落地业务先进理念。

10.2.3　现阶段企业数字化转型重点项目

南航立足客户视角、立足管理改进、立足先进理念，系统谋划推进数字化发展，不断提升发展的质量、效率、效益。南航响应“数字化转型”的战略规划，以智能化提高运行效率，以数字化提升服务质量，加强人工智能、工业互联网、物联网等新型基础设施建设。

随着“互联网+”时代的来临，旅客对旅游出行各个环节的电子化产品和服务比较重视，期望航旅移动应用（App）可以提供机票预订、值机选座、航班动态、旅游度假、酒店租车、接送机等综合服务。顺应“互联网+出行”的新形势，南航变革商业模式，实施“互联网+”战略，推出全流程一站式数字化服务平台——“南航 e 行”。

1. “南航 e 行”项目的最大亮点

（1）通过应用新的信息技术，加速业务优化升级和创新转型，创造、传递并获取新价值，已成为企业发展的必然趋势。移动互联网的发展和成熟为航空公司提升直销创造机会，行业也对简化流程，推进数字化、无纸化和提升航空公司销售、服务能力等形成共识。南航顺应发展趋势，面向旅客及合作伙伴打造全流程一站式电子化服务平台，以“数字化、移动化、平台化、社交化”方式，将航空出行上下游产品和全流程服务直接传递给客户，让旅客实现“一机在手，全程无忧”，让合作伙伴接入平台，实现“共享、共生”，共创价值。

（2）国内外旅游和航空出行生态发生变化。一方面，在线旅游商整合集成出行上下游资源，提供综合服务，对航空公司的销售和服务产生了很大的影响，旅客更多通过 OTA 厂商进行机票预订，而航空公司仅作为承运单位；另一方面，这类 OTA 平台通常只侧重出行中的某个环节，如商旅类 OTA 主要关注用户流量、产品销量，运营类平台只能提供航班运行信息服务，无法保障旅客出行过程中的实际服务体验。

“南航 e行”首先是借鉴此类互联网公司成功经验，综合运用互联网信息技术搭建平台，整合航空出行上下游行业资源，为旅客提供航空出行全流程一站式门对门的卓越服务，致力于打造航空出行生态圈。另外，充分利用航空公司处于各环节连接点和交汇点的优势，整合营销、服务、运行、售后环节，提供全流程、完整的出行服务；针对性的个性化服务；小众但与旅客出行体验切身相关的精细服务，如婴儿摇篮申请、携婴选座、老人轮椅等。避免出现第三方平台在垂直领域的精细化服务程度不够的缺点，平台推出 300 余项电子化服务，涵盖吃、住、行、游、娱、购等旅客需求，致力于建设数字化出行生态。

（3）对比航空市场充分发展成熟的市场，国内航空出行的普及程度、发展潜力还有较大的提升空间。乘机环节相对较多，大部分人对乘机流程不熟悉，乘机出行门槛高，“劝退”很多潜在旅客。“南航 e 行”围绕全流程服务的理念，连接打通“出行前、去机场、在机场、飞行中、目的地、出行后”旅客出行的各个环节，提供数字化服务与商品，通过一部手机满足南航旅客出行所有的个性化需求，实现“一机在手，全程无忧”。

2.“南航 e 行”技术路径及实现方式

实现“南航 e 行”主要可以分为如下 3 个阶段。

第一阶段，完成全流程一站式服务平台搭建，并在移动化平台实现出行服务核心功能，使电商业务初步具备移动化特点，旅客通过一部手机即可满足出行需求。在业务上，快速实现服务流程的电子化，实现“网上南航”：在技术上，一是建设统一、完善的技术服务平台，二是实现渠道广泛的触达平台。

第二阶段，进一步强化“南航 e 行”平台的核心功能，完善平台服务内容，满足旅客出行服务的全部需求，实现全流程、电子化的服务。围绕已经实现的数字化服务，一方面合理建模，抽象、封装形成业务中台，建成一批可复用的原子能力，支撑业务功能通过连接、组装快速实现，支持业务价值快速转化；另一方面，研究统一规划、收集、保存整个平台产生的所有业务数据，积累数字资产，建设大数据分析平台，形成以数据服务为核心的数据中台。

第三阶段，打造服务开放、能力共享的生态圈体系，融合上下游产业，丰富业务组合形态和个性化产品，实现零售化特点，建成综合性的移动商旅服务平台。基于建成的业务中台服务能力、数据中台的分析结果，探索实现业务服务的形式多样化，推进以旅客个性化诉求为中心的精准营销、开放服务能力实现共享及构建服务生态。

以上 3 个阶段主要的技术路径和实现方式对应如下。

1）构建数字化基础支撑

构建基础设施 IaaS 平台、组件 PaaS 平台，提供灵活的软件部署环境，同时满足不同环境之间的相互连接。

对 IaaS 平台的资源统一管理、分配、控制，向应用软件提供一致保障、按需使用的服务流程；基于 IaaS，统一搭建运行平台和运营，包括容器集群管理平台、消息平台、安全管控平台、数据平台、监控平台、日志平台等支撑软件运行的技术服务 PaaS 层，提供消息、日志、缓存、存储、监控等技术能力，向上层的业务应用赋能。

在数据平台方面，搭建运营数据采集分析、业务数据分析等多个数据平台，借助 PaaS 的消息和日志体系，统一收集和存储系统的所有运行数据。

构建适用于大规模软件开发的体系环境，包括建设移动应用开发平台、集成持续交付流程，以及推广应用大规模敏捷开发模型。

图 10-21 所示为数字化基础平台建设。

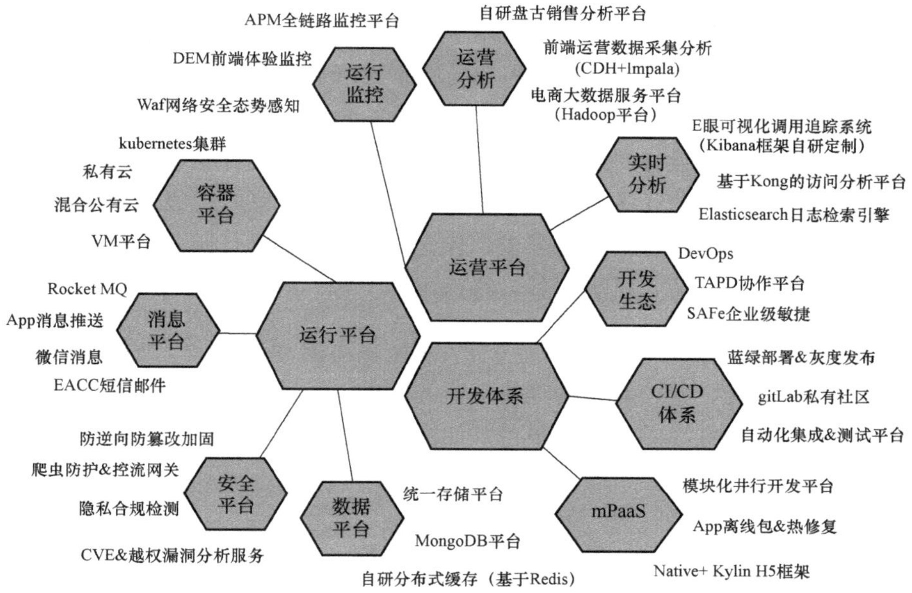

图 10-21　数字化基础平台建设

在应用系统层面，持续推进架构统一和微服务化，以适应海量业务需求数字化和快速实现价值的诉求，通过以“分治”的思路将需要实现的 300 多个功能点划分至相对独立的微服务项目。单个微服务独立开发部署，微服务之间通过 API 交互，支撑功能需求快速并行实现。结合容器化部署，对数量众多的微服务模块，建成轻量级、组件化、服务化的“蜂巢”微服务集群。在一个平台上实现大规模、多种类、业务齐全的数字化服务。

渠道平台是直接面向旅客的，而不同的用户有不同的使用习惯，因此，覆盖尽可能多的渠道，有助于数字化的服务以更合适的形式触达旅客。在渠道方面，“南航 e 行”建设涵盖 App、官网、小程序、公众号、H5、海外站点等移动端所有渠道，通过不同的形式向客户提供一致的数字化服务。

2）实现数字化业务平台

（1）业务营销领域规划与建模。“南航 e行”项目作为南航营销领域总的应用解决方案，其目标涉及的业务范围广大且复杂。

在业务数字化建设中，依托技术平台能力，以何种方式实现什么样的业务愿景，势必需要全局合理规划和布局。“南航 e行”围绕数字化旅客这一核心目标，以旅客需求为中心，从旅行时间线的角度，设计出串联主线上涉及的所有服务场景。设计“出行前、去机场、在机场、飞行中、目的地、出行后”6 个阶段清晰的业务服务集，解决大量业务聚合可能造成的杂乱无序。具体整理出几大类全流程服务需求，包含行程规划、预订服务、行程动态、特殊服务、机场服务、机上服务、特殊服务、客票服务。

除了出行全流程本身，“南航 e行”围绕旅客出行过程，规划与之直接相关的吃、住、行、游、娱、购等外延业务需求，推动与外部服务整合，打造成开放、合作、共享的生态圈平台，如图 10-22 所示。

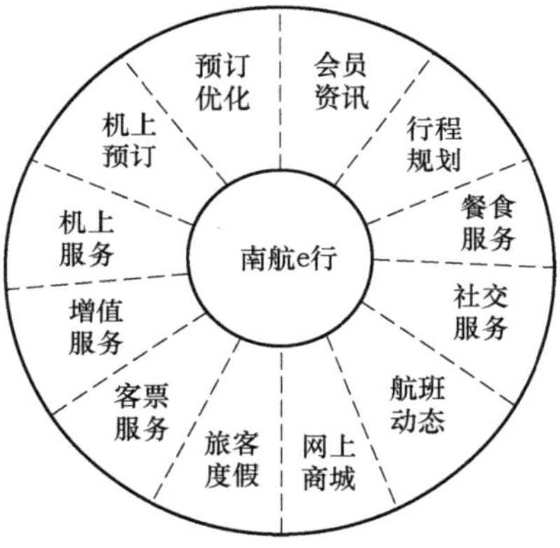

图 10-22 “南航 e 行”数字化业务规划

（2）面向过程的原子服务能力抽象。“南航 e行”平台涵盖的业务范围广、系统规模复杂庞大，随着数字化建设的持续推进，将建成的数字化服务行程资产，达到重复利用和运营，以适应产品快速迭代发展和市场变化，是数字化转型面临的重点问题。

南航借鉴中台建设理念，将企业的核心能力随着业务不断发展，以数字化形式沉淀到平台，形成以服务为中心，由业务中台和数据中台构建起数据闭环运转的运营体系，供企业更高效地进行业务探索和创新，实现以数字化资产的形态构建企业核心差异化竞争力。围绕电商业务，实现了以产品、订单、支付、用户、资源、内容、触达等核心领域为主的南航业务中台，各个业务中心建成一批可复用的原子能力，支撑业务功能通过连接、组装快速实现，支持业务价值快速转化。这些标准可复用的服务过程，逐步实现“开箱即用”，对于不同业务流程的底层实现无须关注过程细节，更注重于标准过程的组装，建设将更有效率。

（3）大数据分析和数字化决策。数字化转型的关键是数据，“南航 e行”基于系统运行大数据构建数据中台，数据领域涉及航空运行的方方面面，包括用户、合作伙伴、产品、交易、航线网络计划、航班运行、财务、机场等。

数据中台统一收集、保存、提供与南航运行相关的所有可用数据，在此能力之上，逐步构建大数据分析和决策过程。例如，将全量客票数据、航班变更数据、运价数据、规则数据结合使用，实现了国内首家支持全渠道客票自助退改；基于数据中台建立 360°客户视图，实现航空旅客画像分析，基于人工智能算法对客户进行画像并与服务策略相关联，进行主动营销。

图 10-23 所示为数字化“南航 e行”平台架构图。

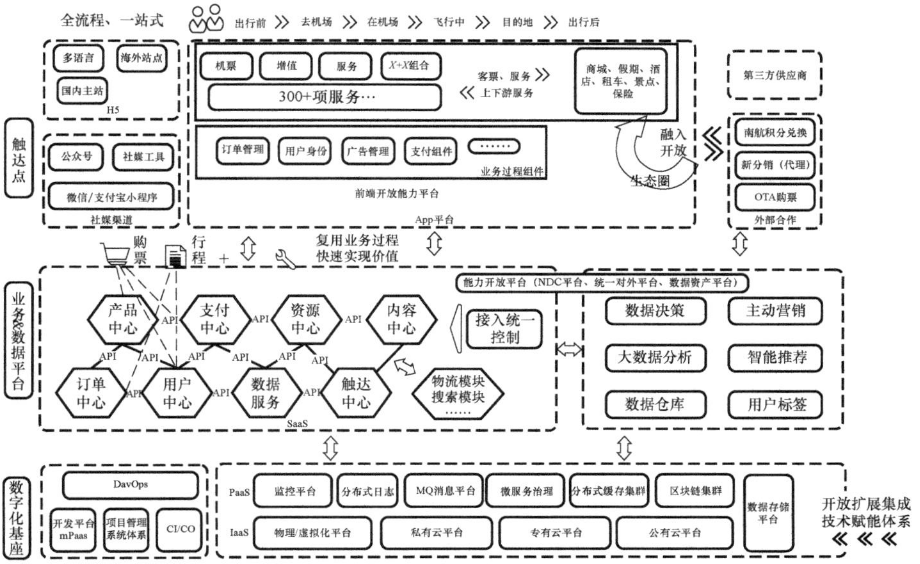

图 10-23　数字化“南航 e 行”平台架构

3）数字化资源整合、数字营销、新技术融合

案例 1：深度融合云计算、大数据、物联网、人工智能、区块链等新一代信息技术，推进业务流程重构，创新业务模式，实现营销和服务数字化。

应用人工智能打造新一代智能客服平台，首先在民航业实现了从纯人工服务阶段向半自动智能化服务阶段迈进。应用区块链打造新一代积分兑换平台，引入区块链技术到南航与企业合作伙伴之间的“里程—积分”兑换业务中，成为国内航空业首家成功完成区块链技术商业化应用落地的企业。应用人脸识别技术首创自助登机，成为国内首家落地人脸识别自助登机的航空公司。应用云计算实现服务永不下线，与阿里云合作，实现机票销售主流程、航班查询、订单生成、合作渠道等服务的云端部署，成为国内首家上云的航空公司，应用 VR（虚拟现实技术）实现客舱漫游及选座，提升用户体验。应用大数据实现业务价值创造，“南航 e 行”大数据平台通过建立 360°客户视图，实现航空旅客画像分析，基于人工智能算法实现从客户画像、服务定制到策略优化的丰富、全面的闭环差异化服务体系。

案例 2：依赖大数据和数字化业务解决人民出行痛点、难点问题。

长期以来，旅客购买机票后如果需要改期、退票，办理手续烦琐，代理商购票只能回原出票地处理，存在速度慢、环节多、费用不透明等问题。以下情形更是行业长期存在的痛点。

（1）突发事件引发的客票大规模退改需求和机场处理容量之间的矛盾突出。

（2）各类因素导致的变更引发的旅客行程被动变化，造成机场混乱、保障难度大等问题。

（3）代理和渠道商售后薄弱，加剧旅客在变更时的糟糕体验。

“南航 e 行”平台打通电子客票核心数据库、SOC 运行数据库，消除数据壁垒；利用分布式消息平台实现全域数据共享，构造行程大数据，所有业

务（动态、行程、退改等）提供统一数据视图（一致、准确、实时），做到信息清晰，让旅客心里有底。

以变更事件驱动，研发非自愿变更判定、基于事件的退改规则配置化、延误证明、自动理赔、信息主动发布、座位自动保护、关联服务自动退改等，一次性解决变更带来的连锁问题，让旅客易于接受，避免到处询问，多次反复更改。做到全包含、全支持，不管在哪里买的机票，只要是南航承运，App都支持退改。

案例3：数字化创造新价值。

航空业的两舱销售利润贡献占比很高，降低两舱虚耗既是提升旅客服务满意度的一种方式，也是提高企业利润的有效途径。通过大数据平台采集、分析乘机数据、订座数据等，实现了旅客行为分析及偏好分析的方式标识高价值的具有潜在升舱需求的旅客群体，形成高价值旅客标签。在旅客购票、值机后两个环节，结合航班旅客流量分析模型获得航班两舱座位数据，邀请这些高价值旅客享受升舱服务。开展国际航线邀约升舱、国内登机口升舱、机上升舱及休息室升舱共7个渠道升舱产品，通过旅客出行的不同环节实现差异化邀约服务。

基于大数据应用航空净推荐值（NPS）从国内第6位提升至第1位，国际排名从第16位提升至第12位。在大兴转场系列专题营销、登机口升舱业务、增值产品系列营销、高价值旅客入户邀约等领域实现了南航业务创新和价值创造。2020年逆市增长12.8%，完成公司约定净价值增量1亿元的目标，经济效益显著。

3. 项目效果情况

（1）提升旅客出行体验。“南航e行”平台将旅客出行全流程服务电子化，覆盖满足旅客出行服务的全部需求，包括出行前、去机场、在机场、飞行中、目的地、出行后6大环节。通过“价格保障、买贵全赔”“购票即可选座”“客票验真”“智能客服”等在线服务，打造面向全渠道所有用户的公开透明平台，提供统一的服务标准。通过电子登机牌、电子发票和按需用餐等服务措施，践行了绿色飞行的环保理念。2019 年非柜台值机率超过 80%，餐食绿色飞行超 200 万人，节约餐食 945 吨。实现 100%预选座位，支持全渠道选座、无纸化登机。截至 2020 年年底，电子发票开出 300 万张，相当于少砍伐 1200 棵大树。同时，吸引了超过 200 个商家入驻平台，满足旅客飞行、酒店、地面交通、景点及购物等一站式需求。2019 年，南航承运旅客 1.52 亿人次，“南航 e行” 平台 App 累计活跃用户 1.15 亿。

（2）助力抗击新冠肺炎疫情。新冠肺炎疫情期间，平台提供全流程无接触服务，通过健康申报管理，机组、旅客无一人感染；支持极速退改退款，旅客足不出户即可完成出行变更。2020 年健康申报超 960 万份，新冠肺炎疫情期间极速退款超 52 万单。

10.2.4 数字化转型的最佳实践对行业内其他企业的借鉴意义

2021 年是南航“十四五”规划的开局之年，也是南航实现高质量发展的关键之年。在全面推进高质量发展的当下，公司提出要把握大势、抓住机遇，加快推进数字化转型，使数字化成为驱动南航业务转型、引领南航向世界一流航空运输企业发展的重要手段。

1. 以数字化保障航空安全

南航将科技创新作为安全七大体系之一，推动安全管理从“人盯人”向“盯系统”转变，为安全管理赋能。运用大数据手段，对快速存取记录器（QAR）、发动机监控、驾驶舱语音记录仪的数据进行分析，发现问题，快速改进。建立飞行档案，构建智能化数据分析平台，做到精准培训、精细管理、精益飞行。截至 2020 年年底，南航连续保证了 254 个月的安全飞行，安全水平继续在中国民航领先。

2. 以智能化提高运行效率

南航打造统一的运行指挥信息平台，统一数据、标准和流程，为航路优化、航班编排、飞行跟踪、航延优化、机型调配、精益维修、航材库存优化等业务决策提供数据支撑，不断提高运行效率。2020 年，南航航班正常率 89.88%，比全行业高 1.36 个百分点，连续 5 年排名国内三大航第一。

3. 以数字化提升服务质量

南航持续打造“南航 e 行”，梳理完善全流程 300 多项服务点，优化航班动态、选座值机、全渠道退改、选餐等服务，大力推行行李全流程追踪，不断提升旅客体验。目前“南航 e 行”App 累计下载激活超 6800 万次，月活跃用户达 280 万，位居中国民航首位。2018 年，南航获评 Skytrax“全球最杰出进步航空公司奖”，2019 年入选年度中国品牌强国盛典榜样 100 品牌，2020 年再次获评全国“用户满意标杆企业”。

4. 以数字化推动绿色发展

2019 年 4 月，南航启动全球首家“绿色飞行”项目，通过提前获取旅客用餐需求、建设全流程跟踪平台，实现餐食数量灵活可调、配餐信息实时可查、节能降耗精准可控。截至 2020 年年底，参与“绿色飞行”的旅客达 120 万人次，减少的机上餐食浪费相当于节约了 570 吨粮食。

5. 以数字化提升管理水平

南航开展对标世界一流管理提升行动，将科技信息作为 10 个领域重点任务之一。在机队规划、航线网络、成本核算、航油管理、经营分析等领域实施数字化变革，建成网络收益管理、采购管理等系统，完成“航油 e 云”、财务机器人三期项目，打造“南航 e 家”办公平台，不断提升管理的规范化、科学化、精细化水平。

第 11 章

智慧教育蓬勃发展

在高校日常的教育、研究、管理、服务中，数据正在扮演着越来越重要的角色，基于数据的新场景、新应用、新需求也随之爆发，智慧校园加速开启。智慧教育的一小步，是社会发展的一大步。本章甄选全国知名学府同济大学、华中师范大学，看它们如何充分利用人工智能、大数据、云计算、物联网等数字化工具和手段，实现“以学生为中心”的数据化、网格化、协作一体化的教学、科研、管理和生活服务，真正实现常态化的信息化教学，推动智慧教育建设发展，带来更好的教育体验。

11.1 同济大学：基于微服务 PaaS 平台的云原生本研一体化教学管理信息系统实践

11.1.1 本研贯通的人才培养模式

1. 本研一体化目标

围绕“创建世界一流大学、构建高质量教育体系”的目标，“本硕博贯通式”人才培养模式日益成为国内众多高校的共识。其核心是以培养高层次创新型研究人才为目标，衔接本科教育阶段，贯通硕士和博士培养阶段，意在解决现有培养模式阶段割裂、科研训练环节重复、教育时间和教学资源未充分利用等问题，将学术型高端人才培养阶段前置，以保证连续、一致、充足的高端人才培养周期。

目前国内高校的本科生、研究生教学在管理机构设置、管理业务设计和管理信息系统建设上大多处于相互割裂和独立运行的状态，作为教学模式重要载体和支撑的教学管理信息系统，大多采用传统的单体架构或SOA架构。这导致教学管理信息系统的功能无法满足“本硕博”贯通式人才培养模式，其需求响应速度也赶不上高校业务需求变化速度，且无法支撑教育资源实现充分的共享。

同济大学早在2011年就率先对“本硕博贯通式”人才培养模式进行了探索和实施，着手构建了一套本研一体化教学管理信息系统——4m3.tongji.edu.cn。该系统于2014年上线运行，目前已被更新的“基于微服务PaaS平台的云原生本研一体化教学管理信息系统”所取代。

同济大学建设的本研一体化教学管理信息系统的设计理念蕴涵了对本科生、研究生的统一教学管理思想，追求实现对本、硕、博教学资源的统一调配、共享和管理。系统对本研教学业务进行整体规划，以一体化教学模型和数据为基础，以一体化服务和管理为导向，以稳定开放的平台为运行支撑，借助弹性灵活的系统架构，搭建柔性伸缩应用，打通各部门业务，实现了跨部门业务融合与数据共享，具体表现在以下几个方面。

（1）模型数据一体化。面向学生培养的全生命周期建立一致连续的教学管理模型和数据模型，综合设计本、研学生的一体化数据结构，实现分段式管理，按需组装，能够展现学生的教学信息全貌和全生命周期下的教学事件节点等。

（2）服务管理一体化。基于一体化整体规划，突出学生培养模式和教学管理个性化特点，对本科生、研究生教学业务从顶层设计角度进行整体规划和业务融合，形成整套教学管理与服务功能。采用微服务架构，建设应用服务中心，实现教学应用服务的注册、管理、发布、监控等。构建优质、稳定、高效的信息化教学服务体系，为教职工、学生提供“一站式”教学服务。为用户提供服务搜索、服务收藏、服务定制功能，提供跨终端的教学服务。

（3）教学资源一体化。统一管理教学资源，包括本、硕、博的课程资源、教师资源、教室资源等。统一调配师生教学业务运行过程中的资源使用，合理、高效利用系统资源，实现资源利用率最优化和资源共享。

（4）界面入口一体化。提供统一的本科生、研究生、教师、管理人员访问入口，集成学校的统一身份认证，支持和其他校内系统之间的单点登录，面向不同身份用户提供风格一致的界面效果和使用体验。

（5）数据分析和统计一体化。提供一体化的分析和统计报表功能，能够对本、硕、博学生及教职工等各项评价、监控指标提供丰富的报表统计功能，提供学习效果和教学质量等信息，为学校优化人才培养方案提供决策支持。

2. 同济大学本研一体化业务架构

同济大学教学管理信息系统紧紧围绕“本硕博贯通式”人才培养模式，聚焦关键教学业务，支持完全学分制和个性化培养。系统基于微服务架构和 Docker 容器技术的 PaaS 云平台建设，实现了融合服务化和 DevOps 一体化的持续开发和持续集成交付模式。

系统涵盖本科生、研究生的教学业务管理，完成了学生基础信息、院系专业信息、教学资源信息的统一标准化管理建设，实现了对本、硕、博的学生信息、课程资源、教师资源、教室资源的统一调配、资源共享。本研一体化教学管理信息系统功能结构如图 11-1 所示。

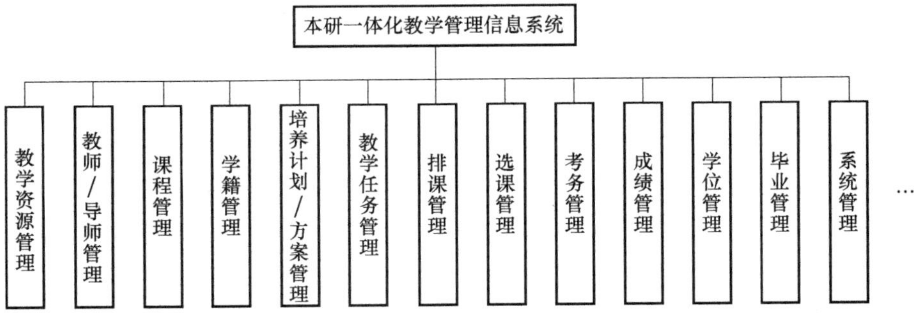

图 11-1 本研一体化教学管理信息系统功能结构

系统采用微服务架构实现。根据微服务划分原则，结合一体化教务管理模式对本研业务融合的需求，一体化教学管理信息系统服务划分如图 11-2 所示，主要分为 3 个层次：上层业务服务、基础数据服务、系统支撑服务。

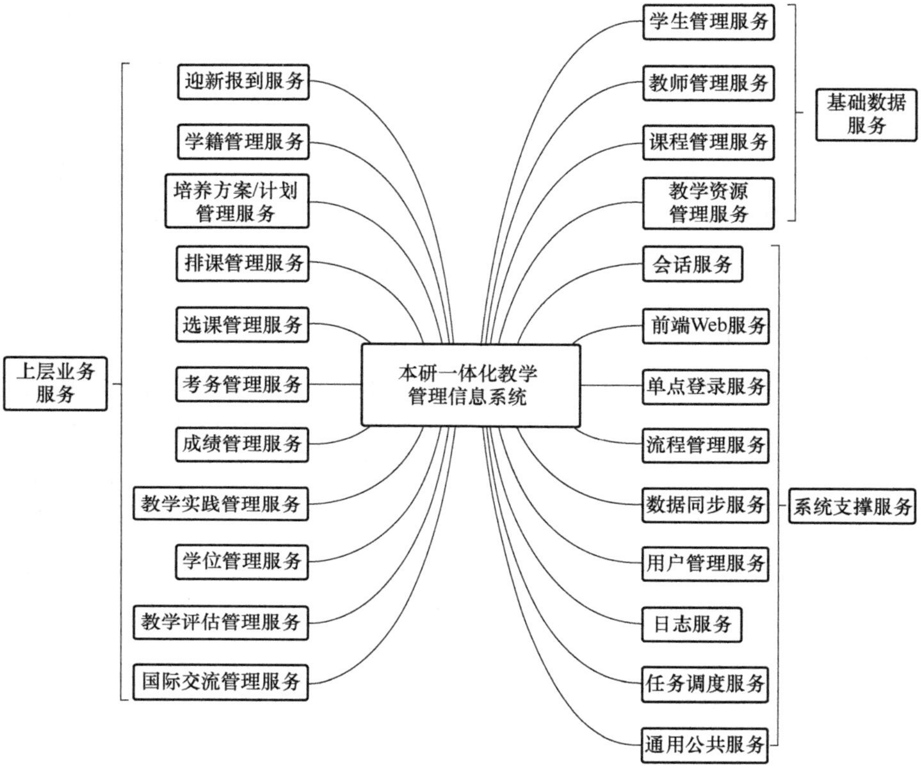

图 11-2　本研一体化教学管理信息系统服务划分

（1）上层业务服务：上层应用面向具体业务行为进行服务划分，基于高校教学流程，按照学生培养过程中的业务环节划分服务，同时考虑本研业务融合，形成本研模型、数据、业务一体的教学流程，每个流程负责学生培养过程中的一个单一完整的教学环节，包括从学生入学开始的迎新报到、学籍管理，直到学生毕业时的学位管理，同时包含学生培养过程中间的各个教学环节管理，如选课、成绩管理等。

（2）基础数据服务：底层公共的基础资源类服务，偏向业务领域模型，包括学生、教师、课程、教学资源等基础信息的管理服务。

（3）系统支撑服务：系统级公共服务，支撑业务系统运行的系统通用服务，如会话、前端 Web、单点登录等管理系统必备的基础功能服务。

11.1.2　同济大学对本研一体化教学管理信息系统的探索

1. 国内高校教学管理系统的现状

1）系统业务层面

当前国内各高校使用的教学管理系统，大多分为本科教务管理、研究生教务管理两个独立的系统，且常由不同的开发商建设。作为学校的核心业务，系统建设时间一般较早，多多少少都存在浏览器兼容性问题。同时，在使用过程中，为应对教学管理业务的不断变化，会对原系统不断进行功能变更和新增，或另外建设若干教学相关的小系统，以便尽可能覆盖教学管理业务。这些变更和新增，不仅造成了教学系统“小、散、乱”的问题，同时也由于用户和开发人员的变更、文档管理不规范及系统复杂性增加，造成系统性能、可用性和可维护性越来越差。

此外，各系统所实现的教学管理业务，基本以管理人员的需求为主，设计理念也以满足管理人员对教学信息的增删改查、教学业务办理审核的便捷性和完整性为主，面向普通师生的功能使用体验较差，服务类的功能普遍缺失。

2）架构层面

（1）单体架构是最传统的架构，其特点是系统结构简单，容易部署和测试。但随着系统规模越来越大，系统内的复杂度高，扩展能力有限，维护困难。而且单体架构的技术栈受限，不利于引入新技术。目前各高校的教学管理系统大多按照这种架构建设。

（2）SOA 架构将应用程序的不同功能单元（称为服务）进行拆分，并将这些服务通过定义良好的接口和协议（通常是 ESB）联系起来。服务之间的耦合度降低，系统复杂度也随之下降，扩展能力和可维护性有所提升。接口是采用中立方式定义的，独立于实现服务的硬件平台、操作系统和编程语言，各服务使用的技术栈原则上互不影响，可以更方便地引入新技术，推动技术演进。近几年部分高校的教学管理系统开始采用 SOA 架构进行重构建设，以分体应用的方式向各类人员提供服务。

（3）微服务架构以灵活高效为目标，提倡将单一的应用程序划分成一组小的服务，服务之间互相协调、互相配合，为用户提供最终价值。每个服务运行在其独立的进程中，服务与服务之间采用轻量级的通信机制。由此带来了更高的开发效率，项目启动快，容易修改和部署。但随着服务数量的提升，运维复杂度也随之上升，需要面对系统容错、网络延时、分布式事务等挑战。技术上也引入了服务治理、分布式调用链跟踪、系统监控和日志分析，来应对运维层面的复杂度。目前，只有很少部分业务系统采用微服务架构建设，不过由于其开发、运营和运维模式的优势，近两年开始成为复杂信息系统建设架构选型的主流趋势。

三种架构类型的示意图如图 11-3 所示。

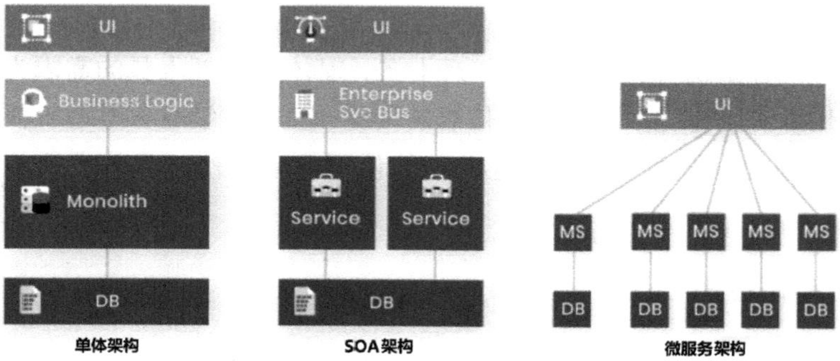

图 11-3　教学管理信息系统的不同架构类型

3）本研一体化层面

近几年部分高校开始探索本硕博贯通的人才培养模式，也陆续将业务、流程、管理系统甚至是管理部门进行了整合，进行了一定的本研一体化贯通教育模式的实践。不过由于本研业务在培养、学位等核心业务管理模式上的区别，真正能做到整合的，一般也只会包含教学资源、学籍及小部分可供本研互选的课程。针对此状况，不少教学管理专家提出了一个形象的“蝴蝶模型”概念，即只有小部分的业务是可以实现本研一体化的“蝴蝶躯干”，本科和研究生的大部分业务类似于蝴蝶的两个大翅膀，还是相对独立的。这是业务管理模式的客观因素所导致的，也是因为本科和研究生人才培养的目标和模式本来就存在不少差异。

2. 同济大学在 2011—2014 年第一阶段的探索

在 2011 年之前，同济大学本科和研究生培养管理有各自的管理系统，互相之间的业务和基础教学资源标准也不统一。为了初步实现本研一体化资源共享等理念和目标，同济大学在 2011 年立项建设了 4m3 系统，即老的本研一体化系统。其中，4 代表 4 年本科，m 代表硕士（学制可变），3 代表 3 年博士，以此来体现本硕博贯穿培养的理念。

该系统于 2014 年 9 月上线，由于年代比较久、架构也比较老，经过多次升级以后，衍生出很多模块和小系统。在使用过程中出现了业务耦合度高、稳定性差、Bug 多、界面不友好、浏览器不兼容、选课高并发时崩溃或卡顿等现象。

该系统建设之初的思路是将原有的本科教务管理系统和研究生教务管理系统合并成一个本研一体化教学管理系统，但最终结果是 3 个系统都在运行。

3. 第一阶段探索的成果与问题

1）成果

（1）对本研的部分业务进行了系统层面的整合管理，初步梳理明确了本研一体化的管理模式和理念。

（2）解决了小部分业务的浏览器兼容性问题。

（3）完成本研一体化教学概念的初步实践，为后续系统的建设提供了宝贵的经验。

2）问题

（1）原计划整合到一个系统，但是最终结果是 3 个系统都在运行，扩大了教学系统“小、散、乱”的问题，师生使用起来较为不便。

（2）3 个系统都存在浏览器兼容性问题。

（3）未解决选课高并发业务卡顿、崩溃等问题，体验较差。

（4）系统运维较为复杂，更新维护工作对系统的正常运行影响较大。

11.1.3 基于微服务 PaaS 平台的云原生本研一体化教学管理信息系统

1. 系统选型和部署方案

在当前学校教学业务场景下，单体架构已不足以应对复杂的本研一体化教学业务融合应用及其业务持续的变化，由此产生的解决方案就是将原有集中式的单体架构转型为分布式的微服务架构，如图 11-4 所示。左侧为传统教学管理系统单体架构，其所有功能模块集中于单个进程内，紧耦合，不易扩展，灵活性差；而右侧转型后的微服务架构则将系统业务分散到不同服务进程中，每个服务进程都是功能完整、独立自治的服务模块，能够单独对外输出业务能力，松耦合，易于扩展且更为灵活。随着一体化教学管理理念带来的系统重组与业务融合，教学管理系统业务复杂度将不断增加，此时微服务架构所带来的优势也将越发明显：①松耦合，将每个服务都当作一个产品，可由小团队独立开发、部署、运维；②进程独立，将每个服务都运行于独立进程中，单个服务故障不影响其他服务；③新功能可开发成独立微服务，解耦合，热插拔；④服务按需扩展，可以仅扩展造成系统瓶颈的服务，按需扩容，提高资源利用率。

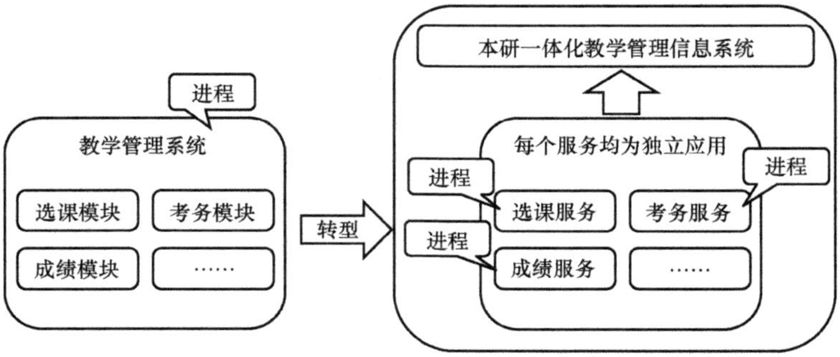

图 11-4　本研一体化教学管理信息系统向微服务技术架构转型

采用微服务架构实现一体化教学管理信息系统需要较高的技术平台支撑。通过对各大主流平台的功能完整性和可靠性调研对比，最终选用华为 ServiceStage 微服务平台，利用 VPC 方式部署的系统微服务技术架构如图 11-5 所示，主要包含以下层次。

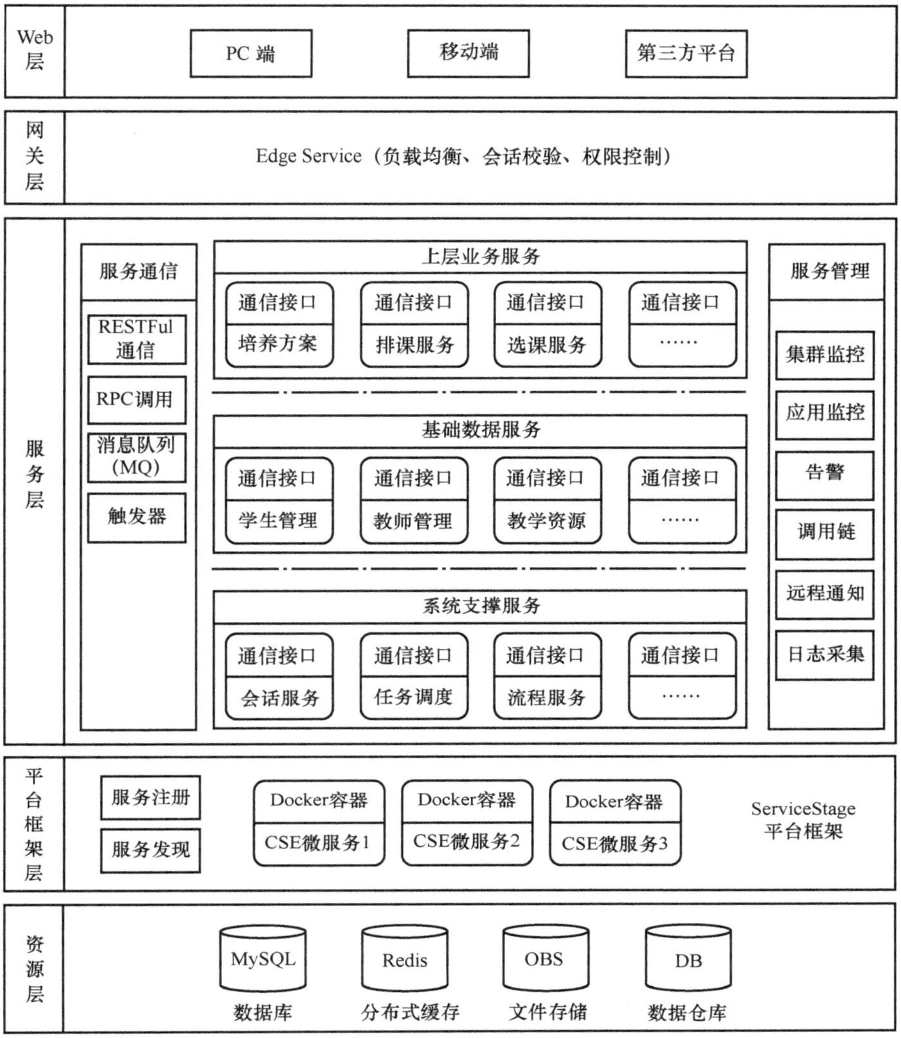

图 11-5　本研一体化教学管理信息系统微服务架构

（1）资源层：负责数据持久化存储，主要包含 MySQL 数据库、Redis 分布式缓存、文件存储及学校内部数据仓库。

（2）平台框架层：使用 ServiceStage 微服务平台，采用 CSE 微服务引擎，服务采用 Docker 容器部署，以便提高系统资源利用率。服务注册、发现等治理功能由平台提供，同时由于每个微服务均以独立进程方式存在，服务间通信需要通过网络调用完成，而网络调用无法保证可靠，因此，需要通过重试、降级、熔断等容错机制来保证服务间调用的可靠性。

（3）服务层：借助微服务平台，开发者只需关注服务层，根据系统服务划分方案，主要包括上层业务服务、基础数据服务和系统支撑服务 3 个层次，每个层次都包含各自具体的微服务模块，实现业务能力输出。此外，微服务平台提供服务通信和服务管理能力，保障服务的相互通信和监控运维。

（4）网关层：微服务访问入口，Web 层对微服务的访问都需要通过 API 网关实现请求传递。在微服务架构中，API 网关也称作边缘服务（Edge Service），通常采用 Nginx、Zuul 等反向代理实现，此处采用平台特有的 Node.js+ServiceMesh 实现。Node.js 负责接收外部 HTTP 请求；ServiceMesh 又称服务网格，可以将其理解为轻量级网络代理，ServiceMesh 通过与服务中心保持长连接以获取每个服务对应的实例信息，从而将不同服务的 HTTP 请求路由至相应服务。

（5）Web 层：主要通过 PC 端、移动端和第三方平台实现相关功能。

2. 系统架构特点与优势

如图 11-6 所示，在部署架构上，采用了云网融合的部署方式，以充分运用云资源的弹性负载均衡能力，形成应用的五大关键基础要素。

1）安全

在外网入口添加 DDoS 防护；通过专线直连学校私有云与华为云，既符合规范又避免系统直接暴露在公网中；启用 WAF 服务防御各种恶意入侵，并感知攻击态势。

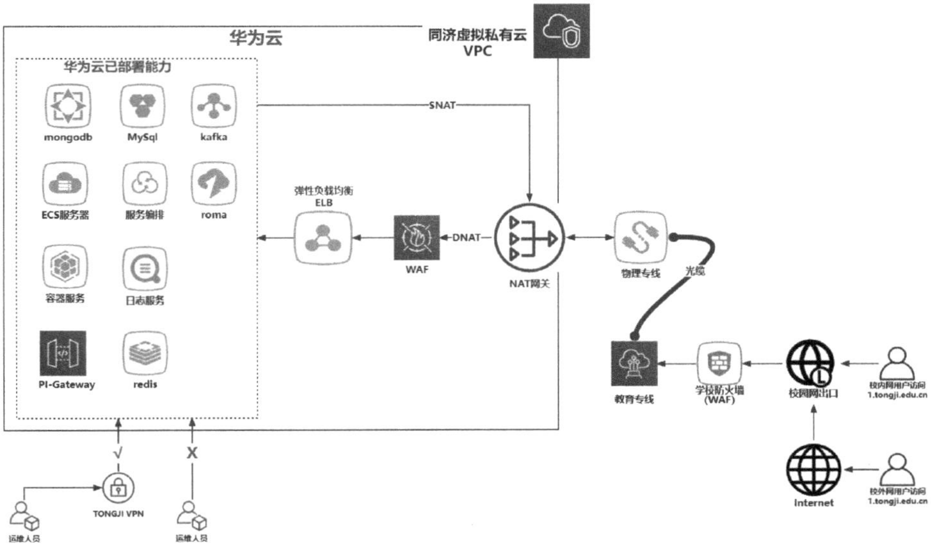

图 11-6　本研一体化教学管理信息系统的云网融合部署方式

2）高可用

启用 ELB，实现负载均衡与故障感知；高可用的 CCE 集群，无论管理节点还是资源池，都无单点风险；MySQL 的跨区主备模式提供了数据库的异地故障自动切换能力；Redis、Kafka、OBS 等中间件都采用“无单点”的配置。

3）高性能

ELB 负载均衡保证请求能分发给合理的负载，Kafka 分布式消息使应用层具备“削峰填谷”能力以应对突发访问高峰。

4）高可扩展性

WAF 服务集群按需扩展；云容器引擎 CCE 可以按需增减云服务器 ECS 节点；应用采用基于 CSE 微服务引擎的架构，应用层具备按服务拆分的垂直扩充的能力，每个服务又可以按需水平扩充；MySQL 按需增加读写分离节点，提供翻倍的读操作吞吐能力。

5）低成本

按需开通，分钟级交付。

3. 竞争性选课高并发问题

同济大学一体化教学管理信息系统日常的使用需求分散，对系统的吞吐能力要求不高。在选课的抢课阶段，由于学生需要竞争有限的课程席位，会高度集中地使用系统，形成了类似于网购时的“秒杀”，但在验证逻辑、故障容忍等方面又与网购中的“秒杀”具有不同特点的业务场景，对抢课过程中系统的吞吐能力、运算能力、并发控制与检验都提出了极严苛的要求。本系统充分运用云计算的特点，发挥平台和架构优势，较好地解决了上述问题。实际运行显示，系统支持 13000 多人同时在线，选课服务在 4kbit/s 的吞吐量下，整体响应时延低于 100ms。

4. 成果与问题

1）成果

（1）解决了困扰师生已久的教学管理相关系统散乱的问题，系统覆盖了几乎所有的教学管理功能，原有系统有序下线。

（2）解决了困扰师生已久的浏览器兼容性问题，符合学校发布的浏览器兼容性规范，能够在谷歌、IE 11 以上版本和 Edge 浏览器上流畅运行。

（3）系统功能涵盖了本科生、研究生的全局教学管理功能。系统完成了学生基础信息、院系专业信息、教学资源信息的统一标准化管理建设，实现了对本、硕、博学生信息、课程资源、教师资源、教室资源的统一调配、资源共享。以全生命周期的人才培养过程为主线，实现学生从入学到离校期间的所有教学过程的管理与服务线上化，有力支撑了“本硕博贯通式”培养模式。

（4）通过云原生和微服务架构，结合选课业务逻辑的优化，解决了以往选课高并发压力下频繁导致的系统崩溃或卡顿等体验差的问题，极大地提升了学生的使用体验。

2）问题

系统第一阶段的建设，完成了零散教学系统的整合，解决了浏览器兼容性问题，实现了本研一体化的学籍、基础信息、教学资源管理等业务的整合，重点主要放在了整合覆盖原有教学功能，解决核心突出问题上。在系统界面UI、师生易用性、庞大业务系统的去冗余等方面还有待优化。

系统第二阶段的建设，除将在数据库结构层面进行去冗余化外，部分难用模块重构，会着重放在师生服务与管理功能界面分离、UI 优化上，提供主动服务，提供更多的推送、提醒等功能，提升师生的使用体验。

11.1.4　最佳实践的借鉴意义

本系统作为第一个采用云原生架构建设的教学管理信息系统，也是高校中少数几个云网融合的大型业务系统，在稳定运行的两年内，积累了大量云网融合网络架构搭建、云端部署、运营及运维的经验，为有效利用云平台的各种能力，基于安全可靠的前提下，在保障系统稳定运行、横向扩展、动态资源调整、数据备份还原等方面输出了完整的方法和方案。

同时，针对微服务架构系统中“微服务该如何划分、如何设计”这个最复杂主观的问题，通过本系统的建设，提供了充足的教学微服务规划经验，其他高校可借鉴。

此外，高并发选课不稳定、“本研一体化”理念、扩展性差等高校教学业务共通的痛点问题，也在本次建设中有较好的解决方案可供借鉴。

11.2　华中师范大学：信息技术与教育教学深度融合的探索与实践

党的十八大以来，以习近平同志为核心的党中央把立德树人作为教育的根本任务，为中国特色社会主义教育事业发展指明了方向。“有本领”是树人的重点目标，也是投身强国伟业的时代要求，“要在增强综合素质上下功夫，教育引导学生培养综合能力，培养创新思维”。只有以学习者为中心，才能更好地提升人才培养质量，才能更好地调动学习者的学习主观能动性，才能培养有创新能力的体系人才。

华中师范大学提出“3–4–3”育人的综合素质目标，要求学生应具有批判性思维与解决问题的能力（Critical Thinking and Problem Solving）、有效的沟通能力（Effective Communication）、协作能力（Collaboration and Building）和创新能力（Creativity and Innovation），即“4C”能力。同时，传统的教师角色也发生了变化，教师成为学习者，不再是传统意义上简单的知识传授者，而是知识生命化的帮助者、知识生活化的引领者、知识生产化的促进者、知识生存化的合作者。人才培养的组织者与学习者的关系将是学习伙伴、协作伙伴，因而要注重教师对学生学习和生活过程的引导，教会学生“学会生存、热爱生活、珍爱生命”（“3 生”），又特别注重学生在学习和生活过程中的“自主学习（Self-Learning）、自主服务（Self-Service）、自我管理（Self-Management）”（“3S”），促进学生的养成教育。

没有信息化就没有现代化，传统的教育模式不能实现以学习者为中心的教学目的，必须借助信息技术手段，实现在大规模环境下的个性化的“学”和差异化的“教”。信息技术特别是互联网、云计算、大数据、人工智能等信息技术已经渗透到人们的生产、生活和学习之中，深刻影响着人类的思维，改变着人们的教育理念和教学方式，发挥着其对教育教学的革命性影响。在教育信息化的建设与发展中，不能再采取打补丁式的修修补补，而应该从宏观、微观各个层面共同推动，实现信息技术与教育教学的深度融合，充分发挥信息技术在人才培养领域的作用，达成育人目标。坚持以育人为本，以问题为导向，以创新为引领，以优质教育资源和信息化学习环境建设为基础，以学习方式和教育模式创新为核心，以体制机制改革为保障，变革传统课堂环境的课程观、教学观、教师观、学生观、管理观、评价观、质量观、教育发展观，对教育的过程、课堂的组织、教学的管理等进行重组和变革，甚至再造，使技术成为教育体系重构的关键推动力量，真正对教育创新发展发挥“革命性影响”，如图 11-7 所示。

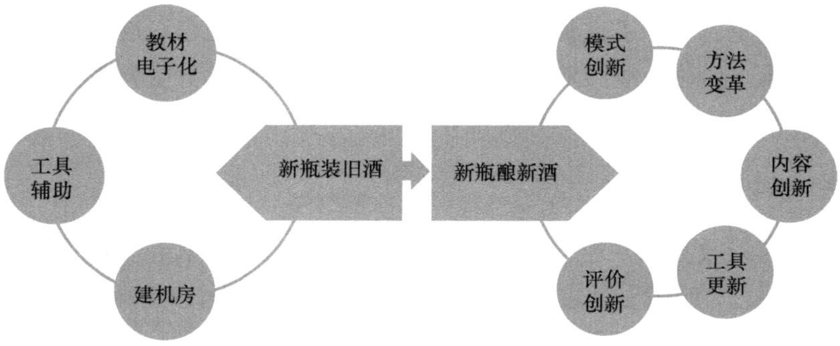

图 11-7 教育流程再造的维度与要素

11.2.1 重塑教育理念

学校在广泛调研的基础上，确立了以学习者为中心的理念，通过“两把、三融合、四转变”的举措构建以学为主、能力为先、更加开放和个性化的教育支撑体系。“两把”是指把方法教给学生，把时间还给学生。“三融合”是指将物理空间、资源空间和社交空间进行融合。“四转变”是指从以知识传授为重点向知识能力价值观培养并重转变，从以教师为中心向以学生为中心转变，从以课堂教学为主向课内外结合转变，从以结果评价为主向以结果和过程评价结合转变。在此理念的指导下，学校对本科人才培养方案进行了全面修订，在信息化背景下落实好教育培养理念和培养目标。

1. 修订培养目标

教育的总体目标是培养具有良好思想政治素质、人文素养和科学素养，以及较强的发展能力、实践能力、创新精神和国际视野，适应时代发展需要的学术型或应用型人才。

在师范生培养方面，开发教师教育类课程 200 余门，引进优质教师教育类课程资源进行共享，并吸收一线校长及优秀教师进入学校，开设针对性的、实操性的教师教育类课程。

在非师范生培养方面，学校专门设计了理论研究型、复合交叉型、创新创业型 3 个个性发展方向，相应调整学生应修读总学分。通过自主建设、校际合作、校企合作、引进优质在线开放课程、创新创业学分转换等形式，满足辅修、第二学位、拔尖双创训练营需求；实践课程学分支持学生实践创新活动，并制定详细的学分转化标准。

2. 重构课程体系

按照通识教育和专业教育相结合的原则，建设通识教育核心课程，开设新生研讨课程，明晰专业主干课程，设置个性发展课程，完善实践教育体系，按照专业学术型、交叉复合型、创新创业型和教师教育型分类培养人才，形成通专结合、类型清晰的培养体系。总课程学分压缩至 130 学分，实行学分收费制度。

11.2.2 重构教学环境

依据非线性学习理论，在学校智慧环境建设与应用标准、数字资源建设与课程认定标准，以及应用系统开发标准的规范要求下，华中师范大学创新性地设计与建设了信息化学与教的三维空间，即信息化教学的实体空间、虚拟空间和社会组织空间，并以“数字化学习共享空间”这一框架对实体空间、虚拟空间和社会组织空间进行了整合，构建了一种教学、科研、管理高度集成的一体化学校教育公共服务体系，为教师的教学、学生的学习、学校的管理提供了一种“一站式”的服务环境。硬件系统和环境的建设，为教学信息化改革、实践与创新提供了强有力的支持和保障，使得教学能够突破时空限制，改善了人才培养的生态环境。

其中，实体空间是非线性学习空间的基础，主要包括物理空间、硬件设施和服务设施。实体空间能够根据学习对象、教师和环境等因素融合不同的学习模式和学习风格，让非线性学习实践更富有吸引力和个性化。虚拟空间则是学习空间的软支持体，在内容上包括软件设施、信息资源及虚拟环境。社会组织空间主要是为教师、学生及师生之间创造社会交往空间，促进学习共同体的生成与发展，促进学习实践过程中积累的宝贵隐性知识与经验的传递。

1. 实体空间

建设云端结合的云端教室。华中师范大学基于云端教室教学环境建设与应用系列标准和高校教育云服务系列标准，按照促进教学内容、教学方式和学习方式的创新与变革，推进信息技术与学科教学深层次整合的目标，建设实施了云端结合的云端教室。云端教室是由软件、硬件、网络环境 3 要素构成的，以合理的方式将这 3 要素完美规划，形成一个完整、先进的系统。云端教室系统主要由 6 个部分构成，分别为 starC 教学平台、课程教学智能交互系统、图像识别智能跟踪系统、音频拾取及声音处理系统、录播系统、教室智能集控系统。其中，starC 教学平台是最重要的组成部分。starC 是华中师范大学教育云（师大云）的简称，它以资源云和学科工具及交互模块作为技术支撑，充分尊重教师教学设计的个性化与创造性，实现了课堂教学过程的序列化和标准化，实现了优质教学资源和教学设计的共享。starC 及云端教室的实践与应用，首次创造性地通过双通道并联组织方式来组织知识元素材，设计教学活动；将云计算技术与学科教学有机整合，为备课和课堂教学展开提供资源等服务，从根本上转变传统教与学的观念及相应的学习目标和方法；解决了混合网络多媒体传输 QoS 控制、多场景交互的传输问题，形成了一个实用化、支持移动学习终端的实时课堂学习环境。

建设全天候、全覆盖、全应用的无线校园网，实现“时时能学，处处可学”的网络环境布局。无线校园网为学校信息化提供了成熟稳定的基础保障。满足现代化教学的要求，确保师生能利用多种智能终端随时随地开展信息化教学；提高学校办公效率，借助移动终端进行远程办公、远程会议等；提供大数据分析承载平台，为师生及学校高层提供更好的服务和决策依据。

2. 虚拟资源空间

学校采用自建、共享、购置等方式多元协同推进教学资源数字化，完成全校各专业近 800 门必修课数字化资源建设，已建设 83 门通识教育核心课程，并引进了 160 余门境内外优质课程。

建设云端一体化测试、诊断与分析平台。收集学生线上线下海量学习数据，采用数据挖掘人工智能方法进行大数据分析，根据学生个人特性，推荐学习资源补救学习。根据功能需求，确定系统的体系结构，并梳理各模块之间的逻辑关系，系统用户包括校长、学科教师、学生，每位教与学的工作者均能享受诊断分析服务。

虚拟仿真实验教学平台。学校通过信息化建设专项资金建立了校级虚拟仿真实验教学管理平台，满足校内各院系建设、发布、管理、使用虚拟实验教学资源的需求，实现各种资源统一的集中管理和数据共享，支持课程和相应实验的扩展。同时提供完善的虚拟实验教学辅助功能，完成实验预习与准备、开课管理、实验库维护、教学安排、实验过程智能监控和在线指导、结果评价、成绩统计查询、教学效果统计分析等实验教学全过程管理，并为校际间虚拟仿真实验教学资源的开放共享、对比评价和学分互认等工作奠定了基础。

3. 社交组织空间

社交组织空间的发展离不开社会性媒体的支撑，利用互联网技术和工具，在人群中分享信息和讨论问题，通过不断地交互和提炼，能够有效地对某个主题达成一致，其影响速度、广度和深度是任何传统工具平台都无法比拟的。社会性媒体作为一种社会纽带，可以帮助师生发现与整合各种知识，将知识与学习经验、背景、环境、文化相互融通，学校利用自主研发“云+端”一体化教学平台为每位师生、每门课程提供网络空间服务，以“学生为中心”，探索云端一体化的教育云服务模式。着重强调教育内容、教学手段和教学方法的现代化，突出课堂教学设计和组织的作用，体现并适应教学个性化的需求，力求提高教师信息技术应用水平，更新教学观念，激发学生学习的兴趣和主动性，提高课堂教学的效率和效果，促进课堂教学的变革与创新。

11.2.3 创新教学方式

在重构课程体系、压缩课程学分的基础上，全面推进以学生为中心，以学为主、以问题为导向、以任务为驱动的研究型教学方式与学习方式改革，强化教师对学生的学习指导，明确要求授课教师对课堂教学进行学习辅导或开展课堂研讨，形成了以数字化、研究性和学习中心为特征的新型课堂教学形态。原则上每两个授课课时配备 1 个课时的指导时间，教学过程中师生互动研讨时间不低于总学时的 1/3。

华中师范大学新一轮的教学改革依托信息技术对传统实体课堂进行改革，推进研讨式教学，引进网络课堂、混合式课堂，借助信息技术（“云端一体化”的教育云服务体系），推动混合式教学，改变了传统课堂一统天下的格局，教学形态从一元化转向传统实体课堂、网络课堂（在线学习）、混合式课堂（传统面授课堂与网络课堂相结合、线上学习与线下学习相结合）等课堂形态多元化并存。

1. 依托“云端一体化学习平台”开设混合式课堂

华中师范大学从 2012 年开始立项建设网络、混合式等新型课堂。在原来传统课堂的基础上，课堂形态更加丰富。在网络版云教学平台的基础上，学校又进一步推出云教学平台手机客户端，使“移动课堂”变为可能，学生可以在全覆盖的无线校园网环境下，随时随地进行“移动学习”。这为学生创新性学习提供了极大的便利，无论在时间、空间，还是在技术、方法上。

2. 开展“同步互动直播课堂”

（1）慕课（MOOC）。为大力推进国际化与信息化建设，华中师范大学依托信息化建设平台，大力开展慕课建设，逐步扩大优质课程的引进力度，使广大学子享受到更多更好的学习资源，共同追求高等教育领域教与学质量的提升。

（2）全国教师教育网络联盟。为切实推进全国教师教育网络联盟计划，促进教师教育创新，全国教师教育网联联盟（以下简称全国网联）共同建设全国网联服务平台，与北京师范大学、华东师范大学、东北师范大学、西南大学等师范院校实现教师教育优质资源的共建共享、课程互选与学分互认。

（3）湖北教师教育网络联盟。为推动湖北教师教育优质资源共享共建，以教育信息化带动高等教育现代化，湖北省教育厅在华中师范大学召开湖北教师教育网络联盟（以下简称省网联）成立大会。省网联由华中师范大学牵头，以 17 所举办有教师教育和承担教师培训任务的高校为主体，部分中小学参与组建，主要内容涵盖本科教育、研究生教育和在职教师培训。

3. 开展“新生研讨课”

学校开设新生研讨课程，培养学生的问题意识，使学生初步了解科学研究过程，熟悉资料（或实验数据）搜集、解读、运用的能力，把方法教给学生，引导学生自主学习能力的发展，学会学习，运用自主学习、合作学习、探究学习、实践（体验）学习等学习方式学习。

11.2.4 提升教师信息化教学素养

华中师范大学推出了《华中师范大学“教师持续发展计划”》（以下简称《计划》），将教育信息化培训纳入《计划》中教师岗位业务能力培训项目，规定了具体的培训内容和培训时数，并将培训合格与否作为必选项目，与教师的业绩考核、职称评聘挂钩。在培训过程中，明确教师角色应实现 6 个转变，如图 11-8 所示，构建相应教师信息化教学能力发展体系要求，依据该标准开展教师教育技术应用能力测评，完善教师培训环境，合理设计并开展课程培训活动，科学设置培训课程，丰富教师专业课程资源，进而提升教师队伍信息技术素养，促进教师专业发展。

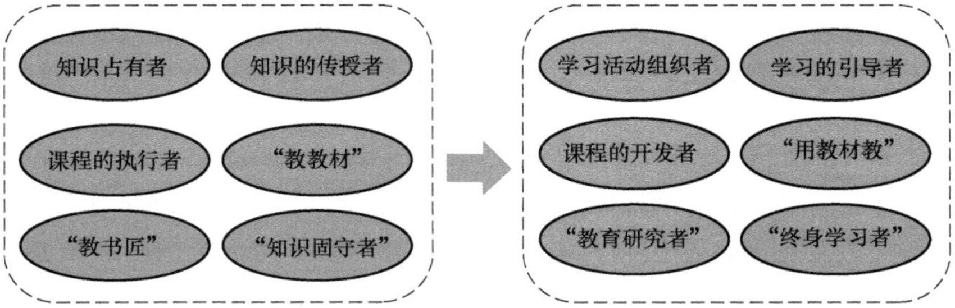

图 11-8　信息化条件下的教师角色转型

1. 信息技术基本素养培训

信息技术基本素养培训主要是针对新进教师展开的信息化教学能力培训、媒体技术与云端一体化平台应用培训。

新进教师信息化教学能力培训，主要是教学基本功、信息化教学技能和技术、教学研究方法、教师职业生涯规划、教师职业幸福感等，帮助新进教师更好更快地适应高校的教学工作，提升信息化教学能力，顺利完成各项教学任务。培训的方式主要是专家报告、教学示范、交流研讨、前辈经验分享、教学演练等模式。

媒体技术与云端一体化平台应用培训，帮助教师了解“信息化环境下人才培养政策和要求”“云端一体化平台的功能和应用技术”“云端一体化平台相关问题解答”“混合课堂教学实践”“云端课堂数字化教学资源的制作如图片、音频、视频等技术”，为教师提供云端课堂的技术支持和信息化教学的培训。培训的方式采取专家现场演练与学员同步操作相结合，直到学员掌握云平台应用技术为止。

2. 信息化与教学深度融合培训

解决教师在信息化教学中存在的教学效果、教学资源设计与制作等方面的困难和问题。培训的内容有“云端平台在教学中的应用”“多媒体教学软件的应用”“混合式课堂教学设计和教学实践案例分析”“混合式课程资源设计与制作”，以及一些优秀教师教学经验分享与交流等。培训的方式有专家现场示范、优秀案例分享与研讨、学员教学实践操作等，主要是传播信息化教学理念，介绍信息化教学方法、经验和技术，引领学员转变教学理念，增强教学创新意识，提高信息化教学创新能力。

3. 信息化教学专项培训

信息化教学专项培训主要是混合课堂教学培训，以专家示范、优秀案例分享，以及学员之间、学员与专家之间的研讨交流等形式为主，主要目的是开阔学员教学新视野，启发学员教学新思维，提高学员信息化教学能力。共培训 184 人次。

4. 信息化教学能力海外拓展培训

组织种子教师赴美国纽约州立大学奥茨威戈分校进行 TPACK（学科与现代信息技术及教学法的整合）研修；开展了信息化与教学深度融合培训——微软全球教师教育计划 21 世纪学习设计高级研修班学校教师教育发展中心与微软合作，承办了“信息化与教学深度融合培训——微软全球教师教育计划——21 世纪学习设计高级研修班”，邀请微软专家来校传授信息化教学技术，传授信息化资源应用方法和技能；组织种子教师赴台湾和香港的高校进行信息化教学经验交流和学习。选派种子教师访问了台湾大学、台湾师范大学、台湾清华大学、香港理工大学、香港中文大学、香港科技大学、香港教育学院，了解他们的混合课堂教学方法、教师教学能力培训、教师教学发展、信息化教学理念、方法和技术等。学习归来后，将种子教师的成果收集、整理，出版发行著作《教海扬波——华中师范大学青年教师教学行思录》。

11.2.5 丰富教学资源

1. 建立数字资源及应用的评价标准与评价机制

根据《华中师范大学教学数字化课程建设与应用认证标准》的相关要求，学校完成多批本科教学数字化课程资源建设的 A、B、C 类课程认证，并确立了先建设、后认证，滚动资助与奖励，分级评价机制。目前，学校采用自建、共享、购置等方式多元协同推进教学资源数字化，完成全校各专业近 1000 门必修课数字化资源建设，全部在学校云教学平台上开放运行。

2. 建设数字资源制作环境

建设包括“体验式学习”“集中常态课堂”“微资源”录播环境，以及数字全媒体演播厅、资源规划与设计工作室。其中，“体验式学习”录播环境还分为讨论辩论录播教室、探究活动资源录播教室、实验教学资源录播室、小班教学资源录播室、研究型学习录播室，为各类数字化资源建设提供了多元化的制作环境。

3. 建设数字图书馆学习资源

教育部针对高等教育数字图书资源开发先后启动了“中国高等教育文献保障系统”“大学数字图书馆国际合作计划”等项目，极大地丰富了我国高校的数字教育资源。高校图书馆主要依托现代网络条件和技术，以高校师生为服务对象，建立纸本馆藏文献和网上电子文献相结合的文献资源体系与网上公共服务体系，提供的资源主要包括电子期刊、电子图书、网络数据库及多媒体光盘资源等。

4. 建设各类精品课程资源

继“质量工程”“本科教学工程”建设，学校狠抓高质量课程建设，已建成国家级精品资源共享课程、国家级教师教育精品资源共享课程、国家级精品视频公开课程、省级精品资源共享课程等。

5. 建设虚拟仿真实验教学资源

学校各实验中心根据学科特点，对资源布局进行策划，对虚拟仿真实验项目的内容、要求及科学性进行把关，采取自主研发或校企合作的方式，积极研发具有自主知识产权的虚拟仿真实验教学资源。

11.2.6 变革教学评价

建立教学基本状态数据库，全面采集学情诊断、学业规划所需的教学过程和结果数据；依托云平台开展大数据支持的学习过程跟踪，实现基于数据的过程性、发展性评价。

改革教学评价内容，实行多元评价。不仅评价学生专业知识与技能，而且把自我管理能力、学习能力、合作能力等也列入评价体系。

改革评价手段，实施在线评教。实施新的教师课堂教学测评指标，突出对学生的引导和教学理念、方式、空间等的全面变革。

改革评价方法，基于大数据进行学习分析和过程监管。建立教学基本状态数据库，形成以师生自我评估为基础，学校相关部门及第三方专门机构参与，相互监督与制约的信息化教学管理与质量监测体系。

11.2.7 营造教学文化

华中师范大学首创并连续举办多届“教学节”品牌活动，探讨信息化环境下教学的规律，打造重视教育文化；多次开展培训和信息化工作推进会议，达成推动信息技术与教育教学深度融合的共识；开展教学创新奖评比，重点关注教师教学创新策略和学生学习效果，对获奖教师在职称评聘方面予以倾斜；充分发挥学校在教育信息化方向的国家级科研基地优势，实施科教结合、协同育人，营造重视教学、崇尚创新的文化氛围。

第12章

数字化赋能服务型政府

在“十四五”规划下，信息技术应用创新发展加速，成为数字化转型升级的新动能。其中，在数字化战略转型建设的关键阶段，对政府治理能力和公共服务能力提出了更高更新的要求，数字政府需求异常火热。政府部门要让“数据多跑路，百姓少跑腿”，简化政务工作、打破信息孤岛、简化审批流程、全方位协同办公成为当前的主要工作任务。郑州政务打造政务服务标杆城市，充分利用大数据、云计算等数字化技术，科学调配、整合数据资源，打通各部门壁垒，引领各单位协作配合，快速回应社会需求，构建全省统一的“四端融合”一体化政务服务平台建设。本章将介绍“数字郑州”的故事，探讨数字化政务改革如何激发城市新活力。

12.1 郑州政务：一网通办、一次办成，“郑好”让群众真的叫好

12.1.1 信息化发展推动政务服务进入新时期

信息化高速发展的今天，政务服务的形式与场景得到很大的拓展，公众对便民服务的要求也越来越高。提高市民生活的便利性和宜居性，以及群众和企业办事的便捷性，优化城市的营商环境，一直以来都是摆在政府面前的关键命题。早在2016年，政府工作报告就首次提出要大力推进“互联网+政务服务”，实现部门间的数据共享，让居民和企业少跑腿、好办事、不添堵，聚焦深化“放管服”改革、优化营商环境等重点任务。国务院办公厅印发《进一步深化“互联网+政务服务”推进政务服务“一网、一门、一次”改革实施方案》，明确要求“整合各级政府部门分散的政务服务资源和网上服务入

口，加快推动各级政府部门业务信息系统接入本级或上级政务服务平台”。随着“一网、一门、一次”改革的大力推进，我国“互联网+政务服务”改革得到迅猛发展，服务渠道不断拓展，服务内容不断丰富，服务形式不断创新，政策环境、社会环境、技术环境也随之不断演变。政务服务从大厅、窗口向互联网和移动终端延伸，更加突出了信息共享、业务协同，数据多跑路、群众少跑腿，“一网通办”改革和实践进入新时期。

2020 年 1 月下旬，新冠肺炎疫情突然来袭，郑州市在全力打好“数字战疫”、阻断疫情传播、减少疫情蔓延扩散的同时，因为实体大厅不能开放，网上办事能力迎来真正的“大考”。2020 年 2 月 2 日，郑州市下发了《关于暂停市政务服务大厅线下服务 全面实行“网上办、不见面”审批的通告》，在实际运行过程中发现，市政务服务网、政务 App 等网上受理渠道在服务效能、服务体验上，离先进城市、企业和群众的需求，还有很大的差距。主要体现在网上办事广度不够，只有32%的事项“网上可办”，并且网上办事的体验感差，网上办事深度不够，网上办事业务中查询事项占比高，真正的办件业务很少，信息孤岛依然存在，群众办事仍然需要“跑多网、进多站”。

郑州市委于 2020 年 2 月 19 日召开专题会议，明确提出：聚焦企业和群众办事难点、堵点、痛点，加快推进以一件“事”为牵引的“一网通办、一次办成”政务服务改革，建设有强大功能的网上办事系统。2020 年 3 月 12 日，《郑州市进一步推进“一网通办、一次办成”政务服务改革工作实施方案》（郑政办〔2020〕11 号）印发，文件提出“一网通办”政务服务改革要聚焦企业和群众办事难点、堵点、痛点，以“一件事、一张网、跑一次、不见面”为目标，以“一件事”集成服务为引领，以第三方评估为检验；各级机关事业单位制作的证照、文书、资料等原则上共享获取。“一网通办”政务服务改革攻坚工作在郑州市全面推进，取得了突破性进展。

截至 2021 年 2 月底，按照“一网通办、一次办成”的标准要求，依托政务服务网、“郑好办”App 上线运行市级、县（市）级“一件事”和政务服务高频事项，便民应用共 1754 项，郑好办上线“掌上办”1563 项，其中“零材料”“刷脸办”事项达 252 项。方便、快捷的办事体验吸引了越来越多的办事群众，尤其是“足不出户、随时随地”的体验感让“郑好办”产生了“口碑效应”，累计实名注册用户突破 1000 万人，累计办件 326.5 万件，信息查询类超 2300 万项。在中央党校（国家行政学院）发布的“省级政府和重点城市网上政务服务能力（政务服务“好差评”）调查评估”中，郑州在 32 个重点城市排名中连创佳绩，从 2018 年的第 22 名到 2019 年的第 16 名，再到 2020 年位列第 10 名，连续两年大幅度提升。在国家发改委 2020 年全国营商环境评价中，相比 2019 年，郑州 2020 年营商环境便利度综合得分提升 20 分以上，营商便利度排名百分位提升了 30 个点以上，成功晋级全球营商环境友好城市 100 强，进入中国城市综合竞争力 20 强。

12.1.2　业务梳理和系统建设同步推进

1. 开展流程再造、业务集成，形成“一件事”成果清单

一是聚焦群众需求梳理“一件事”。2020 年 3 月攻坚伊始，在分析 2019 年企业群众 100 件高频办理事项的基础上，广泛征求职能部门、企业和群众的意见及建议，首选公积金、社保、户籍、住房等重点领域高频便民事项攻坚，通过与各部门逐项沟通确认，形成“一件事”目录。在事项要素梳理的过程中，根据群众办事需求进行细分、整合、延伸、拓展，确保“一件事”便民易办。

二是统筹做好权责事项梳理。在借鉴上海、杭州等地区先进经验的基础上，依托市、县两级政务服务事项目录，将政府依法提供的行政审批、公共服务和便民服务事项全部纳入“一件事”事项梳理范围。在事项梳理前，市政务办、大数据局与相关部门共同商定梳理标准。在事项梳理中，政务办牵头，大数据局、技术团队、职能部门、司法局法制审核五方共同讨论商定、确认。在事项梳理交付后，由大数据局牵头，其他部门配合做好调研、技术开发、系统打通工作。

三是编制“三个一”实施清单。开展“减环节、减材料、减时限、减跑动”工作，最大限度压减审批时限，减少群众跑动次数。逐项编制实施清单，用一张联办申请表将“一件事”涉及事项的申请表单整合为一张表单，用一

张要素标准化清单规范实施依据、办理条件、材料名称、共享需求、办理流程等 36 个要素，用一张审批流程图落实“一套材料、一次提交、并联办理、一窗出证”的运行机制。

四是强化系统对接和数据共享。逐事项确定需信息共享的材料、打通的系统，逐表单确定要共享的字段，对政府机关核发的证照、文书、资料等审批决定，一律采取系统共享获取的方式，按需打通系统，实现数据的集成和共享。

2. 加强系统顶层设计，构建“四端协同”一体化政务服务平台

打造了基于业务、数据“双中台”技术架构为支撑，集政务服务、公共服务和便民事项为一体、“四端协同”的一体化政务服务平台。通过系统打通整合，把传统割裂的数据、用户、表单、事项、接口等，统一由中台支撑，变成可以复用的资源，以适用于面向市民的各类服务场景，能够快速开发、上线、优化和迭代。四端的含义如下：“郑好办”App 实现手机端“掌上办”，郑州市政务服务网实现 PC 端“网上办”，政务大厅四级联动政务服务系统实现实体大厅“一窗办”，部署办理综合业务的自助一体机实现街道社区“就近办”。

3. 聚焦系统打通和数据共享，变“群众跑”为“数据跑”

一是聚焦系统打通，数据共享。系统打通和数据共享是政务服务“一网通办”的难点和堵点。根据一件“事”应用场景及群众企业办事高频事项，106 个专网业务系统实现互联互通，通过接口对接提供人口、婚姻、残疾人、企业法人、学历、购房合同、不动产登记证明共享核验等接口服务；通过电子证照归集专项工作，推动历史证照和新产生证照信息同步更新入库，累计归集生成市本级 152 类 545 余万张电子证照、20 个种类 5.2 万余个电子批文。跻身全国电子营业执照和电子印章试点城市，实现 1.4 亿市场主体电子营业执照的实时调取共享。

二是流程再造，业务集成。广泛征求职能部门、企业和群众的意见与建议，形成攻坚事项清单，依据清单不断优化审批流程，持续开展“四减”工

作。公积金提取、小学新生入学等全国首创“掌上办、零材料、零跑腿”。商事登记按照“1+X”模式，将“1”事项（工商设立登记、公安印章刻制、税务登记、社保医保登记、银行开户）和“X”前后置许可事项，进行材料精简、流程再造、表单整合，涉及市级、省级部门业务专网系统全部打通，实现在线业务协同和实时数据共享，“一张表单申请、一套材料申报、一个窗口受理、一次信息采集、一个流程办理”；材料减少了 76%，环节减少了 80%，时间减少了 80%，跑动减少了 80%。通过去重和信息共享，“一表制”表单从原来填报 305 个要素降低至 164 个要素，减少了 46%。

4. 以“运”促改，持续提升群众和企业的服务体验

根据群众的意见和建议，进行统计分析，精心打磨已上线的服务事项，对办件量较低或受理、审批缓慢，存在办件积压的事项，确保内部业务、技术全链路畅通，并通过数据校验、接口回填等方式，持续优化服务体验，提高事项的办结率。同时，定期向主管单位提交运营数据，以通报、督查督办等措施，与业务部门联动解决办件积压或办结率低的问题。通过有效的运营机制，促进郑州市一体化政务服务平台服务能力持续增强，服务体验稳步提升，政务服务“网上办、掌上办”真正从“可用”到群众“好用、爱用、易用”。

12.1.3　“一网通办”的实践案例

1. 公积金提取“刷脸秒办”

打通了公安、民政、房管、不动产中心、人社、残联 6 个部门的业务专网系统，共享了身份信息、婚姻信息、商品房买卖合同、存量房买卖合同、无房证明、不动产信息、离退休人员信息、最低生活保障人员信息、残疾人信息 9 类数据，共实现了 11 种线上办理业务场景。政府部门间的数据共享，减少、代替了群众办事材料的提交。通过“郑好办”App 进行公积金提取，所需的一系列材料在后台自行流转，完成核验，市民只需“刷脸”进行身份验证，系统即可自动识别出是否符合提取条件，让群众一次不用跑，一份材料不用带，坐在家里即可享受公积金提取“刷脸秒批”，做到了“零跑腿，零材料，刷脸办，秒到账”。截至 2022 年 2 月底，已办结超 73.4 万笔，支取

90 亿元，占郑州市所有公积金提取办理渠道的 60%以上。

2. 契税补贴申领

2020 年 6 月，郑州市各区相继发布了契税补贴的优惠政策。一些市民为了早日申领到补贴，冒着高温酷暑，聚集在政务大厅和街道办服务中心排长队。为尽快解决这一问题，在两周内完成契税补贴系统的开发及部署，通过政府部门间的数据共享，打通公安、房管、税务 3 个部门的身份信息、购房合同信息、契税完税凭证 3 项数据。符合各区域契税补贴政策的纳税人，在“郑好办”App 中申请契税补贴，只需通过人脸识别核验真实身份信息后，准确填写税票上的原凭证号码、购房合同备案编号，系统会自动关联出购房合同及契税信息。申请人提交办件信息后，办件信息推送至对应的街道办（乡镇）或社区审核。审核结果可实时在“郑好办”App 中查询，并收到短信提示，从开始申请至补贴到账，不需提交任何资料，一次也不用跑，市民足不出户就能通过手机在线申报，领取到契税补贴，真正实现了“让数据跑腿代替群众跑路”。

契税补贴申领自 2020 年 7 月 1 日在“郑好办”App 上线发布，根据各区政策需求，支撑、服务了 10 个县（市、区）、116 个街道办（乡镇）。2020 年市民通过“郑好办”渠道领取到契税补贴 13 万多笔，2021 年达 6 万多笔。

3. 小学新生入学

小学新生入学时，家长需要携带居民户口簿、二代居民身份证、房屋所有权证、预防接种证等材料到郑州市教育局公布的划片小学提交报名，登记学生入学事宜。一些小学地处人口相对集中的居民区，承载量远不能满足周边适龄儿童的入学需求，不少家长为了让孩子能够就近入学，甚至从凌晨就带着纸质材料在学校门口排队报名。2020 年 8 月，通过政府部门间的数据共享，打通公安、房管、疾控、不动产 4 个部门专网系统，共享了身份信息、户籍信息、不动产信息、婚姻信息、购房合同信息、疫苗接种信息 6 项数据。群众在“郑好办”App 办理新生入学时，系统会自动关联校验申请对象的房产和户籍地址等信息，判断是否符合条件，对符合条件的孩子及时推送至市教育局业务系统进行审批。郑州市教育局根据共享的信息，可及时划分并确定学生的入学资格，并通过“郑好办”App 内的消息通知及郑州市政务服务平台短信通知的形式，告知学生入学的学校信息及入学时间，实现了新生入学一件事全程“零材料”“零跑腿”和“无接触”的受理、审批。2020 年入学季共有 15645 人通过线上渠道报名成功；2021 年，为进一步方便群众“零跑腿、掌上办”，对小学新生入学业务重新梳理，共实现小学线上报名 82501 人。

4. 探索公租房申请“1+1+*N*”模式

打通人社、民政、公安、公积金、房管、工商、税务、教育 8 个部门的专网系统，共享了社保缴纳信息、婚姻信息、特困人员救助供养信息、低收入家庭救助信息、城市居民最低生活保障金领取信息、户籍信息、居住证、公积金缴存信息、房产信息、工商注册信息、购车发票信息、学籍信息 12 项数据，通过跨部门、跨系统、跨层级的深度融合和高效协同，实现系统联查与高效集约化管理，将原来需 44 天才能办结的串联式“多材料、多部门、多次跑”，优化、再造为所有政府部门出具的证照、证明信息系统自动关联、比对和分析，将申请材料由原来的 12 种减少到“1+1+*N*”，即 1 张身份证、1 份授权承诺书、*N* 份自证材料（对政务数据信息尚未联网共享的，申请对象可拍照上传或至窗口提交），实现“掌上办”“零跑动”“当日办结”，让市民足不出户即可在“掌上”App 中申请公租房。“掌上”App 自 2021 年 1 月上线以来申请量达 11.64 万件，申请通过 2.09 万人。

5. 居住证快速核发

根据《郑州市人民政府办公厅关于进一步明确我市居住证办理有关事项的通知》（郑政办〔2021〕8 号），通过简化群众办事流程，确定了购房满半年、租房满半年、取得营业执照满半年、缴纳社保满半年、与郑州户籍人员结婚、在郑州入学满半年、取得高层次人才证的本人及直系亲属 7 种快速核发居住证的情形。通过打通公安局、房管局、不动产中心、市场监管局、人社局、民政局 6 个部门的信息，以及购房合同信息、房屋租赁登记备案信息、不动产信息、营业执照信息、社保信息、高层次人才信息、婚姻信息，将传统的办理暂住登记半年后才可申领居住证，优化为通过政务数据校验在郑州是否居住半年，实现居住证申领 5 日审核、10 日领证，大幅度缩短了居民领证时间，简化了办理流程。群众在办理时，无须自行提供材料，实现“刷脸办”。该系统自 2021 年 2 月上线以来，申请量达 18.8 万件，累计申请通过 14.5 万人。

郑州市“一网通办”政务服务改革，充分运用了“互联网+”思维，促进互联网与政府公共服务体系，特别是政务服务的深度融合，打破部门界限，践行整体政府理念，“数字+改革”的双赋能彰显了数字化管理在“互联网+政务服务”提质增效中的突出作用，是以数字化、网络化、智能化，践行以人民为中心的发展理念，满足人民群众对服务型政府建设的客观需要，是推动数字政府建设、推进国家治理体系和治理能力现代化的题中应有之义。

第 13 章

ICT 生态进入价值型增长的新时代

随着“十四五”规划和新基建的落地，数字化建设成为发展的主基调。新冠肺炎疫情引发全面数字化优先战略再燃起，云原生引领数字化行业生态再变革，人工智能原生应用驱动产业再创新，5G 场景开发强化数字技术再融合，安全隐私重视推动数字信任再升级，远程虚拟办公深化未来工作再流行，碳达峰碳中和大目标让技术再普惠……本就在风口浪尖的 ICT 行业迎来了前所未有的机遇和挑战。本章介绍 ICT 行业领军企业华为、软通动力，看它们如何推进业务与技术的深度融合发展，如何在新产品、新业务、新模式等方面持续发力。

13.1 华为：深耕数字化，构建企业高质量竞争力

华为从 2016 年开始把数字化转型作为公司的战略，已经全面推行数字化转型 5 年。基于华为的认知，数字化转型是企业构建全球高质量竞争力所要做出的必答题。

数字化转型要支撑企业的主业成功，要以实现客户满意、业务持续增长、企业运营运行效率大幅改善为目标，要从业务重构的角度构建数字能力，以业务重构为核心，构建数字能力为基础，形成转型必需的组织能力，通过企业数字化转型带来企业根本上的改变。最重要的是，数字化转型不仅是技术驱动的，更需要企业核心一把手的战略决心，各个业务一把手对此要高度关注、持续投入，为实现数字化转型提供保障。

2016 年，华为全面推进数字化转型战略，加速实现全链接的智能华为，

在追求客户满意的同时，追求效率效益的提升。如图 13-1 所示，企业的数字化转型，要支撑企业的主业成功，不仅要确保足够的战略决心和转型保障，还要做好业务重构、升级数字能力。业务重构要做好重构体验、重构流程、重构运营，通过价值流重塑带来体验、作业、运营的深刻变化，实现可组合业务能力（Packaged Business Capability，PBC），快速、低成本组装支持业务“6+1 可”（可研发、可营销、可供采制、可人力资源管理、可财经、可行政办公，以及可审计/监管）。升级数字能力，要搭建好应用现代化、轻量化、可组合、可复用的统一数字平台，实现 IT as a Service（IT 即服务），同时升级新型数字化基础设施，全面云化。

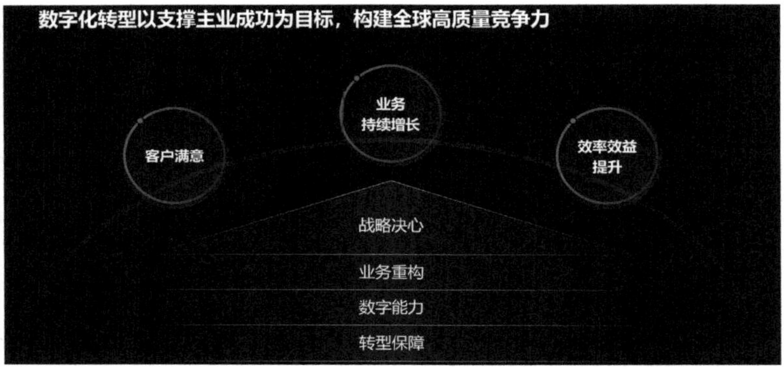

图 13-1 数字化转型以支撑主业成功为目标，构建全球高质量竞争力

数字化转型要以业务和技术“双轮驱动”，通过“5 个转变”，围绕面向对象的精益协同，提升体验与效率，进而通过模式创新实现新的增长。华为自身的数字化转型不仅提升了华为的核心竞争力，更帮助华为实现了自身管理和运营能力的升级，并且希望能结合华为与合作伙伴的经验打造数字化转型的中国方案。

13.1.1 数字化转型要立足 5 个转变，准备 3 个关键能力

5 个转变：转意识，由业务需求为主导，实现业务与技术“双轮驱动”；转组织，由业务与 IT 组成一体化团队，共同开展数字化工作；转文化，转变之前各自为战、重复建设、不开放共享的文化，建立大平台支撑下的精兵

作战模式，每个部门、每个人既能从平台中获取能力来支撑自己成功，又能反哺平台去支撑他人成功；转方法，实现对象数字化、流程数字化、规则数字化，在打好数字化基础的同时，不断丰富和完善数字化场景和方案；转模式，建立同源共享的数据平台，复用历史资产，用新技术和管理模式来重构业务流程、打造全新的用户体验。

3 个关键能力：全量全要素的连接和实时反馈系统是作为基础保障的关键能力，完善的网络安全和数据资产保护是作为入门条件的关键能力，基于数据的智能生产决策和运营系统是作为核心要素的关键能力。

13.1.2　在推进数字化转型的过程中，要对准 3 个重要方向

第一个方向是重构用户体验，实现面向对象的精益协同。在企业信息化和数字化的过程中，首先诞生的是面向业务过程和活动的功能型信息系统，如耳熟能详的 ERP、CRM 等。后续随着移动互联网的发展，特别是智能手机的普及，以人为中心的社交化应用获得蓬勃发展。未来，企业应用将以业务对象为中心，加上人员社交化协同，共同构筑面向对象的精益协同。通过对企业业务对象的数字化、业务活动的数字化和业务规则的数字化，打破过去烟囱式孤立的应用系统，形成应用找人的模式，而不是人找应用，让所有的业务活动运作更高效。

华为在这方面做了大量探索，以“合同 360”服务为例，华为公司的合同分为采购合同、销售合同、服务合同、员工合同，包括合同基本信息、文档、风险、条款 4 大业务对象，涉及 100 多个元数据。为此，华为构建了一个元数据驱动的系统，所有业务活动围绕合同对象进行模块化、服务化，实现高效协同。由此带来的变化是，华为原来在投标过程中需要多人完成一个标书，如同火炬传递，现在实现了多人同时对一个合同进行高质量、高效率的协同处理，使很多业务活动发生了巨大变化。如果遇到不可预期的风险，能够很快知道有多少合同、客户、产品和人因此受到影响。所以，企业数字化转型，第一个重要方向就是要重构用户体验，把过去面向功能的 IT 系统转换成以人为中心、为用户服务的 IT 系统。

第二个方向是重构流程，要对准业务作战，重构业务作业模式，其实就是要实现企业业务的数字化仿真。在数字化转型过程中，永远离不开一个词——数字孪生。

数字孪生覆盖了一个产品或一个业务活动的设计态、运行态及制造态，这在过去类似于交通警察各管一段，每段都有一套相应的 IT 系统，例如，PLM 是产品设计态，ERP、MES、MRPⅡ是产品制造态，而很多运维和服务的软件又在服务态或运行态，真正构建的数字孪生是覆盖全业务链条的数字时代的新 IT，华为将之视为数字时代的“JIT”。这充分利用了数字世界重复成本、规模成本和时间成本趋于 0 的特征，可以大大提高企业业务的运行效率和创新速度。

华为公司整个产品研发和制造一体化的全流程，已基本打通了从产品开发设计到制造整个产品的全业务数字化仿真，实现无纸化传递，极大加速了产品试制和创新的过程。

第三个方向是重构运营模式，实现数据驱动的智能决策。一是用数，就是要用好数字技术和企业数据。数据在过去的信息系统里被烟囱式分割，被作为私产，这样的保护对企业不利。所以，华为在推进数字化转型过程中，花了 18 个月打通了整个公司的数据，数据资产被统一管理，同时又不是封起来，而是在一定规则下有效促进共享，这样才能发挥出数据的最大价值。二是赋智，就是利用智能化手段，结合业务场景、算法、算力和数据，形成人工智能的“拉瓦尔喷管”。很多海量重复高频的业务场景，通过人工智能最终实现决策、分析和行动的高效运转。

重构运营模式，关键是从事后系统、报告系统转变为一个真正全面实时反馈的运营系统。过去，业务运营过分关注 BI（商业智能），未来真正的运营模式应该是一个从感知、预测、分析、决策、行动到复盘，全自动的完整的全业务的运营系统。华为通过这几年的数字化建设，已经在所有的业务部门形成了一个完整的真正的运营中心。过去，华为的 IT 部门都忙着给业务部门做报表，现在是业务部门自己做报表，例如，供应链的 IOC，就是由供应链部门和 IT 技术部门共同构建运营系统的。

在重构体验、重构流程、重构运营过程中，企业要实现一套可组合的业务服务能力，IT 应用与业务能力深度融合，形成一套可自治、可发现、可编排的 PBC 服务，面向企业可标准化组装，要有可组合思维，指导不确定性下的业务变革；要有可组合的业务架构，适应业务快速变化的架构蓝图，要有可组合技术，如元数据/Service Mesh/云。华为从单一业务发展到多种业务形态，通过一套可组装的 PBC 服务，面向各业务单元快速提供所需的“6+1 可”数字化能力。

真正的数字化转型将触碰企业的灵魂，带来的必然是业务流程的再造与重构。华为在全面推进数字化转型战略的过程中，通过重构用户体验、重构作业模式、重构运营模式，实现全联接的智能华为，在追求客户满意的同时，追求效率效益的提升。在用户体验方面，面向 6 类用户，通过 WeLink 统一数字化应用入口，实现跨功能、跨平台、跨业务的一站式体验，新冠肺炎疫情期间“客户关系不降温、业务不中断”；在作业模式方面，对准业务 IT 一体化，提升 200+业务场景作业效率，实现全业务数字仿真；在运营模式方面，用数赋智，实现数据驱动的智能决策；搭建“运营指挥平台+铁骑”，以及快速实时运作的智能运营中心。

未来的 IT 是一种“平台+服务”模式，上层是可拆可合的应用现代化，形成可组合的应用能力；中间层是一个强大的平台，它是数字化能力的体现，向上使能应用，向下连接硬件；底层是网络和计算存储等资源，要升级为新型数字化基础设施。

构建未来的数字化能力，要做好三件事。

第一，应用现代化，面向产业/区域提供完整的“6+1 可”服务，支撑主干贯通、场景适配，应用可分可管、天级部署，快速响应产业分设、分立及各地区代表处“村自为战”要求。实现模板化可组装，沉淀通用的 IT 服务能力，通过预置的集成和解决方案实现场景化、模板化的 IT 能力组装，快速响应业务需求。元数据驱动可定制，元数据多租实现“一套服务，多租运行，快速适配”，通过平台能力共享，快速提供开箱即用的解决方案，适配各产业多业态、多场景的业务诉求。任何一个实体经济，要想在未来构建全球高质量的竞争力，必须要有快速响应市场变化，满足用户快速变化和多样性的需求的能力。一个传统企业要真正插上科技的翅膀，充分发挥数字领导力，必须要做好应用现代化。

第二，打造智能企业数字化操作系统，沉淀 IT 架构/安全/数据 AI/运维运营等实践和治理经验，管理企业 IT 边界，形成企业 Know-how。企业业务包含研发、营销、服务、供采制、人力资源、财经、行政等，华为在为业务服务时，为了要能够“村自为战”，但又不各自为战，需要构筑企业统一的数字化战斗力，就是要打造一个强有力的数字化平台，基于此支撑公司各个业务快速开发本业务领域的应用。华为将此平台称为“企业数字化操作系统”，其可极大提升企业数字化水平。在过去 5 年的实践中，华为结合自身经验打造了华为数字化平台——“鸿源云道”，并以此推进整个数字基础设施转向云化新型基础设施。华为加大使用公有云，也建设了华为云，构建了全面的多云系统。

第三，建好云化新型基础设施，充分使用云技术，升级智能装备，实现 IT/OT 融合。使用云技术，装备加智能，软件定义调度，通过多云异构混编，提升资源使用效率；通过网络智能调度，实现等距体验；通过算力和装备升级，实现数字化高效作业。作为一个实体经济，要致富先修路，就是要把面向未来的数字化信息高速公路先修好，没有面向未来的云化新型数字基础设施，就不可能让一个公司变成高速发展的数字化企业。

“独行快，众行远”，如图 13-2 所示，一个企业或行业的数字化转型需要合作伙伴和生态的大力支持，像华为这样的技术公司，在通用底座上能够以乐高积木的方式形成通用技术，而行业伙伴可以沉淀行业数据模型、行业应用的预置模板及行业标准流程，形成行业通用能力。这样将技术和行业相结合，让每家联盟企业可以站在一个巨人的肩膀上，加速自身数字化转型，促进企业形成全球高质量竞争力。行业加数字化的转型，应该集众智、聚众力，设计数字化转型的中国方案，沉淀中国经验，共筑全球高质量竞争力。

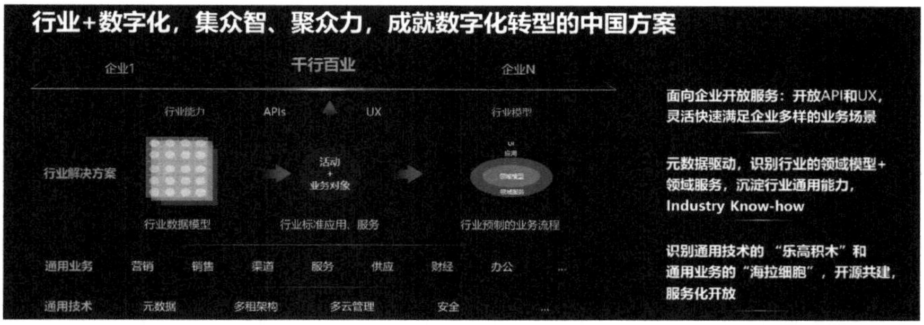

图 13-2　行业+数字化，集众智、聚众力，成就数字化转型的中国方案

13.2　软通动力：以业务数字化、管理数字化和企业新基建赋能数字化转型

社会正在步入以数字化生产力为主要标志的发展新阶段。“十四五”时期，科技创新和数字化变革持续为新发展格局注入新动力。如图 13-3 所示，软通动力经过近 20 年的探索和创新，已经成为一家面向全球客户提供咨询与解决方案、数字技术、通用技术和数字化运营等全生命周期服务的数字技术服务企业，并成功在创业板上市，完成了其发展史上最为重大的一次变革。截至目前，软通动力在全球 40 余个城市设有近百个分支机构和超过 20 个全球交付中心，行业标杆客户超过 1000 家，其中，200 家为全球和中国 500 强企业。软通动力顺应国家科技强国战略和数字经济发展大势，深度参与到行业的数字化转型浪潮中，不断提升关键技术创新与高精尖产业服务能力。

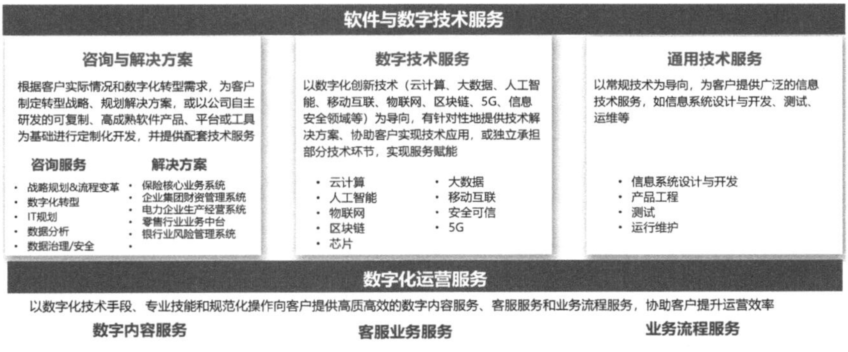

图 13-3　软件与数字技术服务

作为数字化转型的使能者，软通动力一方面为客户提供数字化转型服务，另一方面将自身打造成一家数字化、平台化和生态型企业。数字化转型的核心目的是加强企业的敏捷性，尤其是面对客户需求、行业发展态势及各种特殊事件的敏捷性。

经过长期实践，软通动力总结出自身的数字化转型发展路径，即一套数字化转型战略和 3 个关键要素。数字化企业必须拥有一套清晰明确的数字化转型战略作为指引，如同企业的文化、使命、愿景、价值观，管理层和全体员工应该耳熟能详，并始终贯穿于企业管理全过程。数字化建设的 3 个要素为管理数字化、业务数字化和企业新基建。

管理数字化，是基于软通动力内生视角，以平台战略和供给侧战略为核心，通过中台的打造，为企业的业务运营、管理应用和战略决策提供平台和工具支撑，实现内部管理的智能化、生态化、平台化。

业务数字化，即赋能客户，通过联合产业链合作伙伴，为客户提供数字化解决方案和服务，推动客户的数字化转型，使其业务发展、商业模式等能顺应产业的数字化变革，从而使参与变革的产业链各方都能从中获益。

企业新基建，是在数字技术引领下的新型 IT 基础设施建设。现阶段，更大程度是在云原生 2.0 之上兼顾敏捷、弹性和先进性的数字化基础设施，为管理数字化、业务数字化的创新发展提供支撑底座，如图 13-4 所示。

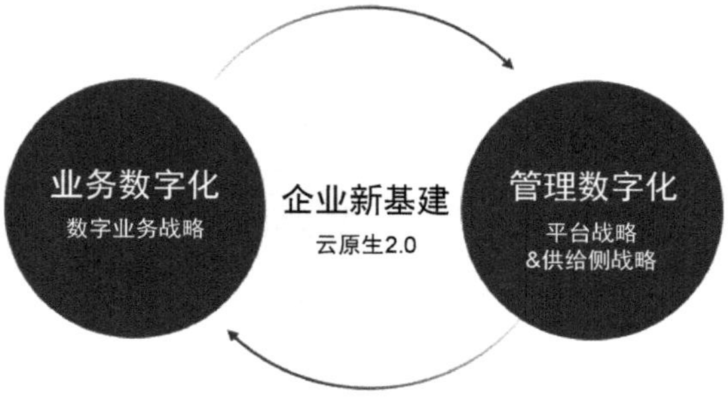

图 13-4　企业新基建

数字化转型，不仅涉及技术问题，还需要解决企业业务发展和组织管理的问题，更涉及企业可持续发展的重大战略，因此，必须由企业“一把手”亲自领导、规划和推进。软通动力从成立之初就非常重视企业信息化，引入了专业服务领域的管理思想（Professional Service Automation，PSA）并一直沿用至今。

13.2.1　管理数字化的核心是建设适配业务发展的业财一体化体系，以商业化方式推进，实现降本增效

软通动力的管理数字化分为 4 个阶段。从业务自动化开始，到实施大型 ERP 系统奠定企业管理基本面，之后建设完整的业财一体化管理体系，完善并升级财务管理体系，最后实现企业管理决策自动化的闭环管理。相较其他企业，实施路径可能稍有不同，但殊途同归。企业数字化要想更好地发挥作用，企业战略、组织变革和商业化推动的三者协同是重要因素。

2018 年，软通动力推动中台变革。中台建设既是一次刀刃向内的自我变革，也是一次精心打磨中台的最佳实践。传统企业运营面临的问题是在各种规则、制度和流程制约下，一线业务能力得不到完全施展。要改变这种现状，又不至于管理失控，软通动力摸索出一套方法，即管理与服务剥离，同时将监督、执行、协调和风险控制置于一体。

“管理中台”是将部分前台业务职能后移，将部分后台管理职能前移。在此过程中，既要强调后台管理的恪尽职守，坚守风险管控、合法合规、监察监督等红线标准，又要强调中台组织的协同服务，为前台各事业群组的良性运转保驾护航，前、中、后端互为齿轮，唇齿相依。

目前，软通动力结合自身业务特点，已从数字技术、资源供给、企业服务和生态服务 4 个层面完成组织重构。“管理中台”建设主要包括生态交付平台、人才供给与发展平台、企业服务平台、数字化技术与服务平台，既面向内部业务部门共享能力，也面向员工提供企业服务；既是面向企业内部的资源平台，也是面向企业外部拓展的生态平台。

（1）生态交付平台：对内实现生态交付能力的提升，对外则聚沙成塔，建立了高黏性的生态圈。

（2）人才供给与发展平台：包括人才培养和人才招聘两大功能模块，整合了此前软通人才发展中心（iCollege 培训平台）、软通招聘（通聘宝平台）两项业务，向前台各业务板块提供高质量、低成本、大批量的人才供给，构筑人力资源核心竞争优势。

（3）企业服务平台：包括财务共享服务中心、人力资源共享服务中心等功能模块，面向员工提供差旅报销、行政服务、人力资源等专业高效低成本的企业服务。员工如遇买房、贷款、出国等事项，可通过自助服务终端机，打印企业证照，开具资质证明、身份证明。

（4）数字化技术与服务平台：对内提供系统交付、应用开发、系统运维等 IT 服务；对外输出软通动力服务能力，以数字化技术驱动效率和生产力的提升，支持企业数字化转型。

通过中台建设，让公司的业务能力和服务更接近一线、服务一线，并在大数据、人工智能等手段加持下，不断总结创新服务模式，利用数字化技术提高生产力和生产效率，为前台减负，为后台增值，为组织及员工赋能。

13.2.2 业务数字化核心是企业为用户提供数字化的产品和服务，通过建立新型生态企业，向产业链要效益

软通动力一直致力于用数字技术提升客户价值，自身的业务数字化转型核心在于提升客户的数字化体验，通过创新更多直接服务客户的软件产品和行业应用工具，创新更高效的数字化服务模式，不断拓深拓宽数字经济领域的新产品、新业态、新模式，打造出围绕企业数字化转型的产业生态圈。

软通动力提出的“数字软通”战略，服务新基建、信创产业发展和企业数字化转型的需求，积极开发数字化服务的新模式与新应用。在咨询与解决方案、云智能服务、智能终端，以及开源鸿蒙、欧拉等操作系统等领域创新发展，努力成为客户信赖的数字化转型首选合作伙伴。软通动力坚持采用与战略合作伙伴、行业客户共创的方式，通过模式创新，提供更具创新力的新产品和新服务，并与战略客户实现研发、销售、服务一体化协同。

13.2.3　数字新基建提升企业数字化转型的敏捷性，支撑业务数字化和管理数字化

数字化转型依赖新型企业 IT 基础设施，以容器、微服务、DevOps、低代码平台、数据中台与数据智能、AI+RPA 超级自动化技术等为代表的云原生 2.0 技术是企业 IT 基础设施转型和企业数字新基建的核心诉求，企业数字新基建就是企业 IT 技术的转型过程。现阶段，企业数字化建立在云原生 2.0 技术之上，其在基础架构、应用、行业等层面加速推动数字基础设施升级、赋能业务应用云上运行，促使各行业生产力得到全面提升。

云原生是数字化创新的新基建和加速器，是企业数字化转型必经之路。

“自己造的降落伞自己先跳”，这是软通动力长期以来始终坚持的服务理念，也是从知到行的实践核心。从 2017 年开始，历时 3 年，采用“云原生+应用”的策略，将基础设施、业务、管理等实现全面云化，公司网站、产品与解决方案、办公核心系统及研发环境等均实现上云，成功转变为一家“云上”公司，也成为大型集团基于华为云平台转型为云原生企业的规模化实践标杆。

目前，软通动力在管理数字化方面 PaaS 层级的云原生技术应用比例高达 52%，大量云原生技术和理念的应用，有效推动了企业走向智能化。譬如，基于云原生打造的数字化管理系统，已覆盖数据驱动决策管理、销售管理、专业服务自动化、企业服务、人才供给等平台，实现了人员、技术和流程的有效整合，全面提升了管理效率和运营效益。

通过云原生技术的广泛应用，在公司内部，企业数字化技术架构的迭代升级频次明显加速，使得项目开发的效率大幅提升。数据显示，版本迭代从 1 个月缩减为 1 周，部署从 1 天减少至 10 分钟；开发效率提升超 30%，运维成本降低 60%以上；在运行态，资源动态扩容、应用性能管理、可用性和灾备、应用运维管理等都实现了巨大的提升。

在赋能产品和项目交付方面，云原生技术的应用同样效果显著。基于云原生技术底座打造的 DevOps 敏捷工程管理平台，形成了安全可信的云上数字服务交付流程。以意健险核心产品为例，其通过结合华为云原生能力升级，在弹性、扩展性、智能化等方面都迈向了新台阶。

云原生是企业数字新基建的重要支撑，没有云原生，就没有真正的数字化和智能化。软通动力的技术能力坚持生于云、长于云，在“数字软通”战略基础上，进一步提出“云战略”，软通动力与战略合作伙伴将对客户的数字化支撑，从原来的研发、营销、IT 服务延伸到咨询和解决方案等高附加值领域，构建了一套全栈式、端到端的云智能服务能力。

13.2.4 “一把手”的数字化工具：业绩目标管理系统和三层管理模型

数字化是“一把手”工程，但“一把手”往往缺少可用、能用和有效的数字化工具。软通动力的目标管理系统是企业“一把手”使用在线数据管理公司的实践案例，展现了如何通过数字化工具和数据驱动战略落地和业务增长。

1. 数据治理促进数字化运营体系完善

长期的数据治理投入，为业务发展带来了实际可量化的收益。软通动力从多、快、好、省（多方业务融合、应对快速变化、做好数字化运营、节省人力成本）等方面总结出明确的量化指标，可体现数字化转型在实效性、效率、决策等方面都取得的非常显著的成效。

2. 构建数据中台，持续驱动数字化运营管理体系

从数据应用可持续角度，软通动力总结了 3 层数据管理模型，通过业绩目标管理系统、月季度经营分析系统、业务交付能效管理系统进行落地实现，如图 13-5 所示。

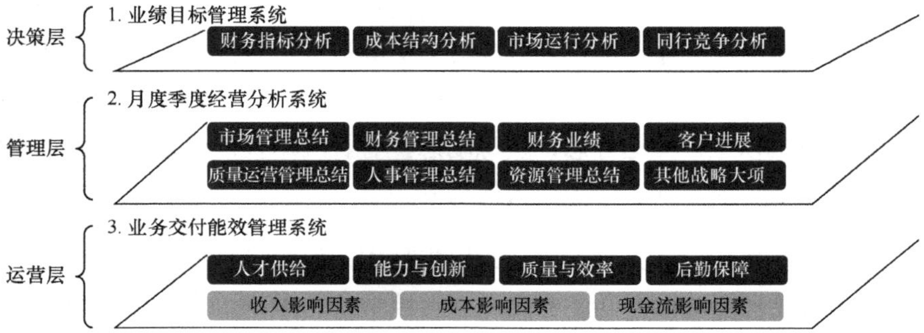

图 13-5　3 层数据管理模型

1）业绩目标管理系统

业绩目标管理系统服务于公司战略，从宏观（经济周期）、中观（行业环境、市场类型、企业所处行业地位和竞争力）、微观（企业核心竞争力与财务运营）层面支持集团级经营分析会，辅助集团领导层监控业绩目标实现情况，制定调整战略决策。

模型的定义是数据项目的关键。模型需要考虑服务企业的内外部环境和业务，从行业监管、投资分析、业绩达成、客户价值、客户体验、成本结构等角度驱动模型建设。不考虑大环境、监管和客户诉求，主观创造指标是很多企业没有实施好的关键，具体到经营全局指标，需要充分考虑行业的特点。

2）月度季度经营分析系统

月度季度经营分析系统，是基于财务、客户、运营、人员、资源等业务数据，对集团经营情况、竞争结构化执行情况、专题工作报告等进行分析，为经营分析会议提供支撑。

月度季度经营分析会，也是软通动力实践得比较好的应用场景。系统以支持公司月度经营分析会议为目标，在定期自动生成财务报告、客户报告、运营报告、人员报告、资源报告的基础上，对集团经营情况、主要竞争结构化执行情况、专题工作报告等部分进行分析、洞察，为下一月度经营策略调整提供数据支持。

3）业务交付能效管理系统

业务交付能效管理系统是以客户为中心，贯通客户服务的整个价值链。业务交付能效一方面驱动为客户服务的各维度的质量和能力的提升，做到从流程和服务模式的持续改进；另一方面，深度挖掘服务数据，持续提炼、设计服务模型，通过模型和服务标尺指导为客户服务的过程。

业务交付能效是数据驱动运营的引擎和平台，实现数字化运营需要正确重构和提升数字化业务模型，是一个以数据重塑业务定义的过程。

13.2.5 前景与展望

当前，企业数字化转型处于起步阶段，存在广阔的发展和提升空间。数字经济下的数字化转型，企业应从业务数字化、管理数字化及企业数字新基建等维度推动数字化转型，以信息化为起点或升级信息化，以平台化、智能化、生态化为手段，逐步实现从结果数字化到过程数字化，再到决策数字化的转型。

面向未来，软通动力将继续围绕增强集团管控、满足监管要求、深化业务转型、实现产业覆盖的建设目标，加速精进自身的数字化转型进程。面对企业数字化转型的市场机遇，软通动力也将打开未来发展的空间，开启公司新一轮快速增长，成为数字经济中的数字技术服务领军企业。